중국선교의 과제와 방향

최요한 지음

명동출판사

중국선교의 과제와 방향

증보판 발행 2020년 11월 26일
지은이 최요한
발행인 최요한
발행처 명동출판사
등 록 2018. 6. 29
주 소 서울시 중구 퇴계로 134, 402호(계림빌딩)
전 화 010-3767-0347
이메일 cm21yohan@hanmail.net
ISBN 979-11-964632-1-2
정 가 15,000
편집/디자인 현대기획

잘못 만들어진 책은 교환해 드립니다.
저자와 출판사의 허락없이 책의 전부 또는 일부 내용을 사용할 수 없습니다.

추천서

　최요한 선교사의 중국선교의 열정과 헌신은 하나님께서 부어주셨다고 생각합니다. 최선교사와 우리 명선교회의 만남은 2002년이었지만 본격적인 후원사역은 2006년도부터였습니다. 그 해 CUCE(China Union Evangelism Council-중국복음주의연합)란 이름으로 선교회를 조직하고 뜻을 같이 하는 많은 분들이 중국교회 목회자를 세우는 일에 함께 해주셨습니다.

　최선교사는 이 일에 앞장서왔고 모두가 염려할 만큼 자기 몸을 돌아보지 않고 선교하는 일에 혼신의 힘을 다해왔습니다. 몇 년 전 중국정부의 선교사 추방정책에 따라 선교거점을 우리나라로 옮길 수밖에 없었지만 선교의 열정은 그때 못지않습니다.

　이번 출간되는 「중국선교의 과제와 방향」은 그동안 중국선교 사역현장에서 경험된 일들과 여러 난관을 헤쳐 나가는 모습이 담겨 있어 중국선교에 관심 있는 분들에게 좋은 지침이 될 듯합니다. 이 책을 읽으시는 모든 분들께 주님의 은총을 빕니다.

명선교회 담임목사 **배성태**

머리말

시대를 관조하는 거시적인 안목으로 …

중국 선교에 대한 열정과 영혼 사랑에 대한 애착은 어느 목회자나 선교사를 막론하고 간절합니다. 그러나 현대사회는 열정만으로 해결할 수 있는 것이 있는 반면, 단번에 열정을 꺾어 버릴 수 있는 변수가 선교현장 주변에 너무도 많이 도사리고 있습니다. 그럴 때마다 자신 있게 내딛던 발걸음마저 멈칫거리는 모습 속에 자신의 나약함과 하나님의 임재하심과 성령의 도움을 사모하는 간절함은 어느 한 순간도 멈출 수가 없답니다.

자신을 버리고 타문화권 속에서의 그들과 함께 그 민족을 위해 눈물 뿌려 기도할 수밖에 없는 선교사의 삶이란, 어쩌면 하나님의 특별하신 축복이라 확신합니다. 선택받은 백성의 가장 영광스런 순교의 장이 될 수도 있다는 각오로 파송예배에 임했던 말씀을 생각하면 아골 골짝 빈 들에도 복음 들고 가오리다. 라는 찬송이야말로 입술의 고백을 통한 선교사의 삶을 실천해 보이는 간절한 절망 가운데 소망을 바라보게 하는 하나님의 섭리임을 다시 한 번 깨닫게 하는 채찍으로 여겨집니다.

중국 영혼사랑에 대한 물결은 어쩌면 한국 민족에게 주신 그분의 특별한 축복이요, 우리를 향하신 하나님의 섭리일 것입니다. 이 땅에 복음이 증거 되어 지기까지 미국 선교사들의 피땀 어린 기도와 수많은 물질과 우리 선조들의 헌신이 가져다준 사랑의 열매인 것처럼 우리는 사랑의 빚진 자들임을 알고 있습니다.

 저와 우리 민족과 대한민국을 통하여 중국 대륙의 복음 전파사역의 교두보로 사용하시는 하나님의 축복의 통로임을 확신합니다. 영혼구령에 시행착오는 자칫하면 자기 구원의 특권마저 소멸할 수 있는 위기가 도사리고 있는 만큼, 열정 하나만으로는 현실적으로 불가능함을 깨닫게 됩니다. 준비된 자만이 준비된 이상의 역할과 기능을 발휘할 수 있음을 인정해야 합니다.

 시행착오를 줄이는 만큼, 효율적인 선교사역을 힘 있게 펼칠 수 있는 것은 전문가다운 프로의 세계를 지향해야 한다는 반증입니다. 중국 선교에 대한 한국교회의 딜레마를 해결해야 할 우선과제가 다름 아닌, 그동안 교회 중심으로 온정의 손길로 쏟아 부었던 열정은 한계에 봉착했다는 것입니다. 마치 밑 빠진 독에 물 붓는 식의 끊임없는 갈증을 채워주다 못해, 그나마 선교의 끈마저 끊어버리는 자포자기의 상태를 회복시켜주지 않고서는 돌파구를 모색하기란 쉽지 않아 보입니다.

 이러한 때에 그동안 중국 현지에서의 다양한 선교활동과 사역을 통하여 몸소 체험하고 하나님의 역사하심을 펼쳐 보일 때마다 고민한 흔적들을 한 권의 책으로 묶어 내게 되었습니다. 막연한 환상적인 선교사역을 벗어나 전략적이고 구체적이고도 치밀한 전문가적인 활동을 전개할 수밖에 없는 시대의 요청을 함께 나눌 수 있는 소중한 계기를 마련해 주신 하나님께 영광을 돌려드립니다.

 특히 지난 세월동안 개인적인 삶의 나침반처럼 변함없는 학문의 좌표가 되어주셨고, 한국 신학의 거장임에도 불구하고 보잘 것 없는 한 선교사의 선교현장에 동역자로 자원해주시고 때로는 아버지 같은 인자

함으로 묵묵히 지켜보시며 힘이 되어주신 민경배 총장님께 감사드립니다.

　선교사역에 있어 물심양면으로 가장 든든한 후원자가 되어주신 각 교회와 목사님, 사랑하는 성도님, 가족, 친지, 지인 모든 한 분 한 분들께 진심으로 머리 숙여 감사드립니다.

　저 역시, 사랑의 빚진 자로서 여러분들의 눈물어린 기도와 여러분의 생명만큼이나 소중하게 여기는 물질을 구별하여 하나님의 선교사역을 위해 헌신하신 그 이상으로 하나님의 축복하심이 함께 하시길 간절히 기원합니다.

최 요 한

민경배총장의 서평/'중국선교의 과제와 방향' 대한 ....
민경배 (전, 백석대 총장)

　나의 친애하는 畏友 최요한 박사께서 이번에 삶의 이야기를 간행하였습니다. 중국 선교사로 그 어간 중국에서 모진 시련과 위험을 무릎 쓰고 선교사역에 헌신하면서 깊이 생각한 것들을 하나하나 묶어서 이런 알찬 서책으로 상재(上梓)한 것입니다.

　우리 한국교회는 외국 특히 미국선교사들의 오래고도 희생적인 선교로 해서 세계적인 교회로 부상하였습니다. 한국교회는 세계교회의 근대사에서는 기적이요 신비라고까지 불려 졌습니다. 한데 그런 성장과 거대화는 우리 교회가 다른 나라 사람들에게 대해서 걸머져야할 선교의 사명을 확인시켜주는 것이나 다름이 없었습니다.

　최요한 목사님께서는 한국교회의 이런 역사적 책무를 절실하게 느껴 마침내 그 중년의 나이에 중국 대지를 행해 가족과 함께 떠났던 것입니다. 그리고 그 선교의 사역을 수행하면서도 선교문제에 대한 생각을 골돌하게 하면서 한국교회의 선교신학 그 원초적 신학체계의 골격을 묶어 놓을 수가 있었습니다. 그것이 바로 이 책입니다.

　최요한 목사님의 한국교회 역사상의 위치나 의미는 바로 여기에 있는 것입니다. 그는 요컨대 한국교회 그 독자의 선교신학의 체계화에 대한 도전을 하고 있는 것입니다. 선교 특히 아랍권이라든가 중국과 같은 공산사회주의 국가에 대한 선교는 소박한 휴머니즘이라든가 불타는 열정 그리고 감상적 소명감만으로는 그 실천이 어려운 문제들을 깊숙이 안고 있다는 것을 지적하고 있는 것입니다.

　이제 우리는 최요한 목사님이 여기에 제시한 것과 같은 그 현장의 정황과 그 배경에 깔린 가치체계와 신념, 언어와 역사 그리고 문화적인 섬유(纖維)의 핵심을 소재로 하여서 한국교회 중국선교신학이라든가 더 나아가서는 일반적인 한국교회 선교신학의 체계화를 마무리할 수 있는 길이 바로 열린 것이라고 볼 수 있습니다.

 우선 그는 중국의 종교적인 상황에 대한 깊은 이해를 하고 있습니다. 삼자교회라든가 지하교회 그리고 양회(기독교협회와 삼자애국위원)와 같은 조직들과 공산당 및 중국정부와의 관계, 신학교와 교회당을 세우고 돕는 데에 국가가 막대한 지원을 하고 있다는 정보, 그리고 한국인들의 선교에 대한 정보를 중국정부가 훤히 꿰뚫고 있으면서도 어떤 목적으로 묵인하고 있다는 것, 이런 현실적인 사정들을 그는 통괄하고 있는 것입니다.
 더구나 그는 선교에 있어서의 역사적인 시대적 의미를 놀라운 혜안(慧眼)으로 판독(判讀)하고 있습니다. 어떤 세계의식을 가지게 하고 기독교 문명의 보편성에 따라 종교나 인권과 같은 세계질서에 거대국가로서는 합류하지 않을 수 없는 필연성이 있다는 것을 감지하고 있는 것입니다. 이것을 절호의 기회라고 단언하는 최요한 목사님의 역사 감각은 놀라울 뿐입니다.
 그러나 아울러 사스와 같은 역질(疫疾)의 만염에서 중국정부의 끈질긴 교회 탄압, 탈북자 체포와 북한 강제 귀환 조치 등에 대한 심판의 손길도 보고 있는 것입니다.
 그는 이처럼 중국 전체를 시간이나 공간에서 일괄 전망하고 조망(眺望)하는 선교전략을 세울 수 있다고 보고 있는 것입니다. 그는 중국이 21세계에서 차지하는 엄청난 세계사적 의미에 스스로도 황홀해 하고 있습니다.

한국교회가 바로 지리적으로 거기 가장 가깝게 위치한 것도 섭리라고 봅니다. 더구나 중국의 해안과 내륙의 차이에 대한 현저한 정치적 경제적 문화적 차이에 대한 각론화(各論化)나, 주변 15개국에 대한 지정학적 구도가 선교에 주는 의미를 부각시킨 것과 같은 관찰 능력은 그의 냉정하고도 유연하고 아울러 대국적(大局的)인 체계에 그 실질적 선교전략의 실효성과 그 정당성을 입증해 주고 있는 것입니다.

우리는 또 하나 놀라는 것이 있습니다. 그의 이러한 차원을 높인 포괄적 거시성(巨視性) 정보와 관찰이 언제나 아주 구체적이고 자세한 미시성(微視性) 자료들의 수집과 피로(披露) 그리고 해석과 균형을 이루어, 그 거대 국가 중국을 구성하고 있는 50여 민족들의 풀뿌리 실상과 진실을 파악하고 있다는 것입니다. 때로는 그들이 일상적으로 쓰고 있는 숙어(熟語)의 편법이나 또 언어철학적 해석으로 중국인의 심층에 이르게 하는 일도 병행하고 있습니다.

최요한 목사님은 예수 믿고 달라진 중국교인들의 이야기를 감격과 흥분으로 적고 있는 것이 많습니다. 그것은 한 인간의 입신이후의 인간의 변화 그것만이 아니라, 세계의 변화와 역사의 변화를 말하여 주고 있어서 마침내 세계가 기독교화 하는 파노라마를 보는 것 같은 감동을 주고 있습니다. 일종의 사도행전을 방불하게 하고 있습니다.

선교사역에서 눈물을 머금게 하는 것은 바로 이런 곳에 있습니다. 그 교인 가정들에게 구체적으로 실정에 맞는 생활문제의 해결을 따라 따로 하나씩 하여 주고 피차 감동으로 소매 붙잡고 기뻐하는 일들은 읽으면, 선교는 바로 인간의 가장 고귀한 행복을 약속하는 일이구나, 참

구원의 길이 여기 있구나, 하는 것을 사무치게 느끼지 않을 수 없게 하여 줍니다. 그런 글을 최요한 목사님은 남겨놓고 있습니다.

이는 최요한 목사님이 스스로의 선교사역에 대하여 얼마나 깊이 생각하고 있는가 하는 것을 나타내 보여주는 면이기도 합니다. 이것은 선교활동과 선교신학의 이론적 정립에 대한 그의 기초적 구도가 완전하고도 건전하다는 것을 입증하여 주는 것입니다.

선교신학의 정립에 대한 이러한 자료적 가치로서의 이 글은 더 나아가 중국에서 바라본 한국과 한국교회의 자화상에 대한 철저한 소묘(素描)와 비판으로서도 하나 더 커다란 총괄구도를 완성시켜주고 있습니다. 그리고 더 나아가 중국에서 그런 사역으로 살아가는 그분 스스로의 가정생활도 함께 적어, 선교사의 사역이 저렇게 멀리 떨어진 성자(聖者)들의 수행(修行)이 아니라, 믿음을 가지고 변모와 갈등 그리고 일상사의 루틴 속에서 살아가되 복음의 기치를 그때마다 드는 인간의 삶이라는 것을 그렇게 정답게 그러나 가슴 여이게 쓰고 있는 데가 많이 있습니다.

이제 최요한 목사님의 글이 상재되면 우리는 한 선교사의 인간적인 고뇌와 감격 그리고 하나님의 역사 경륜과 그 신묘함을 알게 되고, 그리고 그분이 남겨놓은 거대 자료들이 결국은 한국교회 중국선교신학이 체계화하는 절차가 시작되는 날이라는 것을 알게 될 것입니다.

최요한 목사님의 선교사역에 우리는 다 같이 뜨거운 찬사를 보내드리면서, 더구나 그 바쁜 틈마다 한국교회의 선교 그 미래와 확대를 하여서 그렇게 값진 자료들과 그 판단력을 남겨놓은 일에 대하여 우리는 만강의 찬하를 올리는 바입니다. 최요한 목사님의 중국선교가 우리 역사의 한 전환기가 된 것을 다시 축하드리면서 각필(閣筆)합니다.

복 있는 사람은 악인들의 꾀를 따르지 아니하며 죄인들의 길에 서지 아니하며 오만한 자들의 자리에 앉지 아니하고

오직 여호와의 율법을 즐거워하여 그의 율법을 주야로 묵상하는도다

그는 시냇가에 심은 나무가 철을 따라 열매를 맺으며 그 잎사귀가 마르지 아니함 같으니 그가 하는 모든 일이 다 형통하리로다

악인들은 그렇지 아니함이여 오직 바람에 나는 겨와 같도다

그러므로 악인들은 심판을 견디지 못하며 죄인들이 의인들의 모임에 들지 못하리로다

무릇 의인들의 길은 여호와께서 인정하시나 악인들의 길은 망하리로다

〈시편1편〉

추천서 ·· 명선교회 담임목사 배성태
머리말 – 시대를 관조하는 거시적인 안목으로 ···················· 최요한
서 평 – 중국선교의 과제와 방향' 대한 ····························· 민경배

목 차

1. 중국선교 역사의 언덕에서 ··· 1
2. 해외에서 바라본 오늘의 한국문제 ···································· 3
3. 자살하는 사회에 보내는 희망의 메시지 ····························· 5
4. 한국교회에 보내는 중국교회의 메시지 ······························ 8
5. 삼위일체로 하나 되는 아름다운 선교 현장 ······················· 11
6. 두 얼굴의 모습으로 살아가는 선교사들 ··························· 14
7. 한국교회는 중국교회에 빚을 지고 있다 ··························· 16
8. 역동적 삶이 소용돌이치는 한국의 소망 ··························· 19
9. 한국교회 사역의 우선순위 제고 촉구 ······························ 22
10. 민간 외교관의 사명을 감당하는 선교사들 ······················ 26
11. 한국교회를 향한 선교사들의 외침 ································ 30
12. 자정 능력을 상실한 한국교회, 대안은 없는가? ··············· 34
13. 거대한 골리앗인 중국을 복음의 능력으로 ······················ 38
14. 선교의 횃불을 재 점화해야 될 한국교회 ······················· 41
15. 제2의 종교개혁이 일어나야 할 한국교회 ······················· 45
16. 한국교회는 더 이상 조선족 선교에 연연하지 말라 ·········· 49
17. 한국교회는 선교현장을 선교사들에게 위임하라 ·············· 53
18. 선교현장의 승패는 협력사역이 좌우 한다 ····················· 58

19. 역량을 갖춘 선교사를 필요로 하는 중국교회 ·············· 62
20. 한국교회는 선교현장의 소리를 외면하지 말라 ············ 66
21. 보편적인 중국문화 이해의 첫 걸음 ····················· 70
22. 불의는 참아도 불이익은 못 참는다? ··················· 72
23. 우리가 배워야 할 중국인들의 삶 ······················ 76
24. 중국교회 올바르게 이해하기 ·························· 79
25. 중국선교 이제는 새로워져야 한다 ····················· 82
26. 타문화권 선교, 대안은 없는가? ······················· 87
27. 시행착오를 경험하면서 배우는 중국사역 ················ 89
28. 삼자교회에 대한 왜곡된 정보 바로잡기 ················· 94
29. 중국인으로 하여금 중국 선교 전략을 ·················· 97
30. 가정교회 사역자들을 향한 삼자교회의 요구 ············ 100
31. 배움의 열기를 더해 가는 중국교회 ··················· 104
32. 황금물결 출렁이는 영적 추수의 현장 ················· 106
33. 지금이 중국선교의 최대 호기이다 ···················· 110
34. 중국선교 바로 알고 대처하자 ························ 113
35. 새롭게 접목할 수 있는 기독교 문화 창출 ·············· 117
36. 물질주의로 변질되어 가는 중국교회 ·················· 121
37. 삼자교회에 대한 인식전환의 중요성 ·················· 126
38. 중국 속에 살아가는 조선족 교회의 모습 ·············· 130
39. 복음의 효율성이 가져다주는 축복 ···················· 132
40. 가슴 뭉클한 중국교회 지도자의 주님 사랑 ············ 134
41. 중국에서 사역하는 선교사들의 고민과 삶 ············· 137

42. 총성 없는 영적 전쟁을 치르는 선교 현장 ················· 140
43. 한파도 녹이는 중국교회 지도자의 주님 사랑 ············ 144
44. 중국정부에 보내는 한국교회의 메시지 ···················· 148
45. 영적 대지진이 시작되고 있는 중국교회의 현장 ·········· 151
46. 외로운 행진 속에 사역을 감당하는 선교사들 ············ 155
47. 사역의 고삐를 늦출 수 없는 대재앙 앞에서 ············· 160
48. '로뎀 나무의 축복이 가져다주는 열매' ····················· 164
49. 청결한마음과 선한양심과 거짓이 없는 믿음 ············· 167
50. 포기 할 수 있는 것도 은혜 ································ 168
51. 영혼구령의 열정이 빚어내는 아름다운 작품 ············· 170
52. 요원의 불길처럼 타오르는 중국 복음의 현장 ············ 171
53. 자질이 부족한 한 선교사의 무언의 고백 ················· 175
54. 서부지역 개발은 선교의 역사적 전환점 ··················· 179
55. 거시안적인 관점이 필요한 중국 선교 ····················· 183
56. 한국 교회에 요청되는 선교사 위기관리 시스템 ·········· 187
57. 중국 교회의 양극화 현상, 어떻게 극복할 것인가 ········ 191
58. 중국의 새로운 변화에 대처하는 선교 방향 설정 ········· 194
59. 급변하고 있는 중국 선교 현장의 패러다임 ··············· 199
60. 중국 교회, 부흥과 선교운동을 통한 제2의 영적 각성 운동 ···· 204
61. 중국 선교 전략의 다변화 방안 모색 ······················· 208
62. 관계문화 속에서의 관계를 통한 중국 사역의 다변화 모색 ·· 212
63. 이제는 올림픽 이후를 대비해야 할 때 ···················· 216
64. 시대에 맞는 패러다임으로 중국 교회의 역동적 사역을 ···· 221
65. 한국인 유엔 사무총장 피선과 세계 선교의 함수관계 ······· 225

66. 네트워크를 통한 중국 선교의 효율성 극대화 방안 ·········· 228
67. 오늘의 중국 교회, 지금이 위기다 ························· 232
68. 한국 선교 사상 최대의 선교지인 중국 ···················· 236
69. 중국 선교, 보편적 해법을 통한 대안 ······················ 240
70. 중국 선교 사역의 효율성 극대화 방안 ···················· 244
71. 총성 없는 영적 전쟁터에서 살아가는 선교사들 ············ 248
72. 패러다임 전환을 통한 새로운 중국 선교 전략 ············· 252
73. 중국 선교 사역의 사회적 책임과 상관관계 ················ 255
74. 중국 교회와 아랍권 선교의 상관관계 이해 ················ 260
75. 새롭게 디자인되어야 하는 중국 선교 ····················· 265
76. 사천 성 대지진, 시대를 향한 주님의 경고 ················ 270
77. 새로운 패러다임을 요구하는 중국 선교 ··················· 274
78. 중국 선교, 화교 자원을 네트워크화하자 ·················· 278
79. 상생과 윈윈(win-win) 전략을 통한 효율성 ················ 283
80. 새로운 비전을 제시해야 할 중국 선교의 전환점 ··········· 288
81. 중국 선교, 한국 교회에 새로운 방향을 제안하다 ·········· 292
82. 새로운 전술과 전략이 요구되는 중국 선교 ················ 296
83. 전략적 민첩성이 요구되는 중국 선교 ····················· 300
84. 급변하는 시대, 중국 사역의 새로운 해법 찾기 ············ 306
85. 중국선교 과제와 방향 ··································· 310
86. 한국교회 주어진 과제 ··································· 311

여호와는 나의 목자시니 내게 부족함이 없으리로다

그가 나를 푸른 풀밭에 누이시며 쉴 만한 물 가로 인도하시는도다

내 영혼을 소생시키시고 자기 이름을 위하여 의의 길로 인도하시는도다

내가 사망의 음침한 골짜기로 다닐지라도 해를 두려워하지 않을 것은 주께서 나와 함께 하심이라 주의 지팡이와 막대기가 나를 안위하시나이다

주께서 내 원수의 목전에서 내게 상을 차려 주시고 기름을 내 머리에 부으셨으니 내 잔이 넘치나이다

내 평생에 선하심과 인자하심이 반드시 나를 따르리니 내가 여호와의 집에 영원히 살리로다

〈시편 23편〉

1. 중국선교 역사의 언덕에서

중국에 관련한 글들은 시중 서점에 진열된 책만 어림잡아 수백 종에 이르는 방대한 지식을 우리에게 제공하고 있다고 해도 과언이 아닙니다. 각 분야의 전문가들이 각자의 영역에서 쓴 글들이 중국사역을 하는 우리들 에게는 방향을 제시해 주는 나침반의 역할과 지침서와 같으며 때로는 길잡이 역할을 해 주기에 힘이 되고 있습니다.

시중에 나와 있는 그 많은 책들 가운데 실제적인 중국사역에 대한 방향제시나 사역에 도움을 주는 책들은 쉽게 찾아 볼 수 없어 아쉬움을 주고 있는 실정 입니다. 현장사역을 통해 습득한 경험이나 지식 노하우에 대한 실제적인 참고서 역할을 할 수 있는 책들이 많이 발간되었으면 하는 바램입니다.

초기 중국사역은 조선족 동포에 집중 할 수밖에 없는 언어의 장벽과 문화의 장벽에서 찾아 볼 수 있습니다. 중국을 향한 한국의 통행로 역할을 하는 조선족이 있었기에 우리 한국교회는 어렵지 않게 중국선교에 질풍노도와 같이 북방선교의 바람에 휩쓸려 떠내려가기 시작 했다고 볼 수 있습니다.

하나님께서 일찍이 우리 민족을 사랑 하셔서 중국 에 조선족 동포를 앞서 보내셔서 준비를 시킨 사실을 우리가 재평가를 해야 한다는 사실입니다. 마치 이스라엘 민족을 구원 하시려고 요셉을 앞서 보내셔서 하나님의 구원역사를 베푼 것 과 같습니다.

중국에 조선족 동포를 예비 해두지 않으셨다면 우리 한국의 중국선교는 그 만큼 많은 어려움을 겪었으리라 생각 합니다. 이 모든 것은 하나님의 절대적인 은혜의 섭리라는 사실을 직시해야 합니다. 중국을 사랑 하시는 하나님의 역사요 한국교회에 선교의 교두보를 마련해 주셔서 시대적인 사명을 감당하게 하신 은혜의 귀결 이라 생각 합니다.

초기 중국사역은 한마디로 열정 그 자체였습니다. 열정은 있었지만 중국에 대한 이해가 부족 했기에 많은 사람들이 비싼 수업료를 지불 할 수밖에 없는 시행착오를 모두 다 경험 했어야 했습니다. 옛말에 '선무당이 사람 잡는다'고 했듯이 우리 모두가 중국에 대한 기본적인 지식조차도 없이 오직 믿음으로 뛰어 들어 선교를 하다 보니 파열음이 생기게 되고 불신과 반목이 깊어졌으며 민족적 배타주의도 자리 잡게 되었고 우월감으로 인한 부작용이 곳곳에서 돌출이 되었습니다.

한국 특유의 '빨리 빨리' 문화의 조급증이 선교 현장에도 그대로 적용이 되어 과정을 무시하고 실적에만 치중하는 선교를 시행 하다 보니 다양한 문제점만 드러나 성숙하지 못한 성인아이 같은 현상을 초래 했다고 볼 수 있습니다. 한마디로 중국교회와 지도자들에게 오만한 모습만 비춰졌으며 우리식만의 특유의 고집이 오늘의 중국교회를 당황하게 만들고 마는 우를 범하고 말았습니다.

이제 우리 한국교회는 스스로 자정능력을 가지고 중국교회와 선교현장에 새로운 패러다임으로 말씀에 입각한 선교의 역기능적인 면 보다는 순기능적인 시각으로 다가가야 할 때임을 알아야 합니다. 열정과 헌신이 무엇보다도 중요 하지만 그동안의 시행착오나 오류들을 과감하게 수정하여 새롭게 중국교회에 방향을 제시해 주어야 한다고 생각 합니다.

2. 해외에서 바라본 오늘의 한국 문제

누군가 '고국을 떠나 이국땅에 살게 되면 愛國者가 된다' 는 말이 실감 나게 되는 것은 왠지 모를 일입니다. 애써 고국 소식에 초연한 마음을 가지려고 해도 인생의 半平生 이상을 살아온 곳이라 어쩔 수 없나 봅니다. 오늘의 韓國 問題를 나름대로 진단해 보면서 우리 모두 함께 고국의 現實 앞에서 새로운 代安을 모색 할 수 있는 마음들이 되었으면 하는 바램 입니다.

한국은 지금 새로운 젊은(?)大統領을 맞이하여 코드(Code)맞추기에 여념이 없는 듯 마음들이 분주해 보입니다. 한나라의 國政 指導者와 마음을 같이 한다는 사실은 지극히 正常的입니다. 그러나 중요한 것은 지도자의 思想과 理念 性向 그리고 통치 방향에 따라 달라진다는 사실 입니다.

지금 한국은 國運을 좌우할 만큼 중대한 갈림길에 서 있는 듯합니다. 전쟁의 傷痕이 채 아물기도 전에 北核 문제로 지금 國論이 분열되고 있는 昨今의 현실 앞에 다시 한 번 중대한 危機를 맡고 있는 가운데 裂强들의 틈바구니 속에서 줄다리기 외교를 하고 있는 애처로운 모습이 엿 보이기 때문입니다.

현재의 大統領은 젊은 네티즌들의 힘에 의해서 當選이 되었다고 해도 과언이 아닌 것은 우리나라가 국민의 정부 이후에 世界的 으로 인터넷 강국이 되었기 때문입니다. 일찍부터 인터넷을 통한 선거혁명을 예견한 대통령이기에 철저하게 준비를 하여 이번 선거에 승리를 가져왔습니다. 그러다 보니 核心 측근들이 자연적으로 386세대 인 것은 두

말할 나위가 없습니다. 젊은 한국을 指向 하는 것은 21세기에 바람직한 일이나 新, 舊 간의 갈등이나 進保와 保守간의 갈등, 그리고 係層간의 갈등 현상이 극명하게 드러나기 시작한 것입니다.

지금 한국은 信用社會로 나아가는 길목에서 신용 不良者 350만 시대로 접어들었을 뿐만 아니라 개인 워크아웃 신청자만 만 명이 넘어서고 있다는 것입니다. 그리고 70% 이상이 젊은 세대들 이라는 사실 앞에 아연 실색해 집니다. 우선 쓰고 보자는 대책 없는 젊은 세대들의 무분별한 행동에 실망 하게 됩니다.

오늘의 勞, 社 문제는 集團 利機 主義가 빚어낸 또 하나의 갈등을 초래 하고 있습니다. 화물차 運送 問題로 전국의 해운 항만 노조원 들이 集團 行動의 결과 輸出에 막대한 피해를 초래 하여 가뜩이나 경제가 어려운 때에 국익에 엄청난 손해를 가져 왔습니다.

또한 국민의 정부에서 敎育의 실패를 경험 했음에도 NEIS 문제로 교총과 전교조가 맞 붙어 싸워 극단적 이기주의의 표상이 교육현장을 무너지게 만든 요인이 되고 말았습니다.

이제는 정부의 趙興 銀行 매각으로 인하여 집단 사표를 제출 하는 등 대치 정국이 되고 있으며 갈수록 암울해 보이기만 합니다. 아직도 식을 줄 모르는 로또 福券의 熱風이 많은 사람들에게 한탕주의 사행심을 가져와 많은 사람들에게 더 많은 허탈감을 안겨 주고 있습니다.

지금 政治現場은 국민들의 民生 問題에는 아랑곳없이 제 밥그릇 챙기기에 여념이 없이 서로 물고 찢는 형국이 되고 있습니다. 大選에서 승리한 민주당은 지금 分黨 초읽기에 들어갔으며 한나라당도 代表競選에 멍들어 가고 있습니다.

뿐만 아니라 한국의 基督敎가 본연의 사명을 제대로 감당 하지 못함으로 인해 얼마 전에는 베트남의 승려 이며 시인인 틱낫한 스님의 熱風이 한동안 고국의 大地를 한동안 뜨겁게 달구는 모습을 目激 하였습니다. 이제 '危機는 機會'라는 말이 있듯이 지금 이때에 우리 크리스천의 기도와 자기 省察이 절실하게 필요 한때 입니다.

진정으로 국가와 민족을 위해 '행동하는 그리스도인'이 많아지기를 기대해 봅니다. '세상의 소금과 빛'으로서 우리 기독교가 다시 한 번 거듭 나서 이 땅과 이민족을 을 치료하고 더 나아가서는 세계선교에 일익을 감당 할 수 있기를 촉구 합니다.

3. 자살하는 사회에 보내는 희망의 메시지

지난번 한국 최대의 재벌 기업 이라고 할 수 있는 현대기업 총수인 정몽헌 회장의 자살 사건이 가져다 준 충격적인 파장은 한국뿐 아니라 세계적으로도 많은 사람들에게 아픔을 가져다 준 사건이었다. 이 사건에 대해 아직도 네티즌들과 언론에서 많은 말들이 오가고 있는 것은 그만큼 역사 속에서 끼친 영향이 크다는 것을 반증해 주고 있기 때문이다.

한나라의 경제뿐만 아니라 세계 경제에도 적지 않은 영향을 끼쳐온 재벌 기업 이며 동시에 남, 북 관계개선을 위해 중추적인 역할을 하였다는 사실은 후세에 억사가 새롭게 평가 할 것임에 틀림이 없다. 현대기업을 일으켜 세워 '현대 신화'를 창출하고 역사에 남는 업적을 남기고 유명을 달리하신 정주영 회장의 '북한사랑'은 많은 사람들의 가슴에 심금을 가져다주기에 충분하다고 볼 수 있다.

국가의 소명과 아버지의 유지를 받들어 남, 북의 평화의 화합을 위해 지렛대의 역할을 성실하게 수행해온 정몽헌 회장의 자살은 많은 사람들에게 허탈감과 상실감을 가져다주었으며 사회적으로 반향을 불러 일으켰다는 사실이다. 정 회장의 역할은 남, 북 경협의 물꼬를 텃으며 통일을 향한 가교의 역할을 자임 하였을 뿐만 아니라 이를 위해 희생해온 기업 이라는 이미지가 더욱더 사람들의 마음을 아프게 하였다. 현대 기업이 한국 경제사에 미친 영향력은 실로 지대하다고 볼 수 있다.

그러나 우리는 이 시점에서 냉철하게 생각해야 되는 것은 과연 자살이 모든 문제를 해결할 수 있는 비상 탈출구 가 아니라는 사실이다. 우리 사회에 IMF 이후에 나타난 현상은 경제적 위기로 인해 가족 공동체가 무너져 내리고 많은 사람들의 가치관이 변하였으며 여러 가지 사회 문제가 결국에는 사람들을 죽음으로 내몰고 있다는 사실이다.

오늘날 지식 정보화 시대에 살아가는 사람들은 농경시대나 산업화 시대와는 달리 위기에 대처하는 능력이 결여되어 어떤 돌발적인 상황을 만나면 쉽게 인생을 포기 한다는 사실에서 문제점을 찾아볼 수 있다. 그리고 많은 사람들은 스트레스 에서 오는 중압감을 견디지 못하여 목숨을 끊는 길 만이 상책 이라고 생각하는 경향이 있다.

이러한 사람들은 어떤 명분의 이유가 있든지 간에 자신의 죽음으로 인하여 파생되어 지는 제반 문제에는 관심이 없다. 자신의 죽음으로 모든 문제가 해결될 수 있다는 착각과 자신의 죽음으로 남겨진 유족들과 지인들의 가슴속에 안겨주는 상처는 생각하지 않는 이기주의적 발상 이기도하다. 그리고 어떻게 보면 자살하는 사람들은 현실 책임을 도피해 보겠다는 나약한 심성의 소유자들이기도 하다.

우리나라에 하루 평균 30 여명이 넘는 즉 1년에 만 명이 넘는 사람들이 자살 한다는 통계가 나와 경악케 하고 있다. 자살하는 사람들은 대부분 자신들의 마음을 통제하지 못함으로 인해 오는 결과이다. 경쟁 사회 속에서 살아간다는 것은 쉬운 일이 아니지만 반면에 다양한 삶의 희열을 가져다준다는 사실 또한 간과해서는 안 된다는 사실이다.

대부분 자살하는 사람들의 심리상태는 타인으로부터 자신의 인격적 자존심이 크게 상처를 입게 되면 극도의 모멸감과 자괴감에 시달리며 자책감에 사로잡히게 된다. 그리고 도저히 자신을 용납하지 못하는 심적 부담감을 안게 된다. 뿐만 아니라 어떤 일에 실패를 하여 도저히 재기불능의 복구할 수 없는 상태를 경험 하는 경우에도 마찬 가지이다.

사람은 누구나 삶을 살아가는 과정 속에서 위기상황은 언제나 있으며 어떤 일에 충격을 받게 되면 누구나 자살하고 싶은 충동을 한 두 번씩 느끼며 살아가기 마련이다 .지구상의 어느 누구도 여기에 자유로울 수는 없지만 다만 그 상황 속에서 슬기롭게 헤쳐 나가는 정신이 문제이다. 이 문제를 해결 하는 길은 오직 복음의 능력 안에서 만이 가능 하다.

우리 사회가 물질문명의 발달이 가져온 폐단이 정신문명의 고갈로 인하여 영적인 황무지가 되어 가고 있다. 이러한 때에 교회가 이일을 위해 고군분투해야 될 때 이다. 천하보다 고귀한 생명이 헛되게 인생을 마감하는 일이 없도록 심혈을 기울여야 될 때이다. 교회 안에서 믿는 사람들끼리 희희 낙낙할 것이 아니라 '세상 속으로'들어가서 병든 세상을 치유해야 한다.

교회의 역할과 사명이 작금의 현실에 절대적으로 필요한 때이다. 삶과 인생을 비관하며 살아가는 사람들에게 희망의 메시지를 던져 주어야 한다. 올바른 비전의 제시가 없기에 사람들은 영적으로나 육적으로 방황할 수밖에 없는 것이다.'너희는 세상의 빛이요 소금'이라는 주님의 말씀을 다시 한 번 기억하고 천국문화를 포기 하시고 이 땅에 오신 주님의 심정을 가지고 세상을 치료하고 살리는 교회와 크리스천들이 되기를 기원해본다.

4. 한국교회에 보내는 중국교회의 메시지

한국과 중국이 1992년도에 정식으로 수교를 맺은 이래 그동안 兩國 관계는 모든 分野(정치적,경제적, 문화적, 인적)에서 괄목할 정도로 진전을 하였다는 사실이다. 그리고 이제는 서로의 必要에 따라 21세기에 한국과 중국이 同半者的 관계로 까지 發展을 하였음을 어느 누구도 부인하지 않는다.

그런 가운데 우리 韓國 敎會는 수교 이후에 中國 政府가 원치 않음에도 유형, 무형의 선교를 통해 적지 않은 影向力을 끼쳐 중국 정부가 종교 문제에 대해서는 內政 간섭 이라는 전제하에 緊長관계를 유발 시켰다는 사실이다. 차제에 우리는 중국교회가 요구하는 메시지에 귀를 기울여 볼 필요가 있다는 사실이다.

먼저 중국교회는 한국교회에 무분별한 物質宣敎를 자제해 달라는 것이다. 그동안 한국 교회는 중국의 所得 수준(한 달 평균 소득/10만원~15만원)을 감안하지 않고 無紛別하게 물질을 통해 중국교회 지도자들(특히 조선족)의 順粹性과 거룩 성을 파괴 하였다는 사실 이다. 순수하던 중국교회 사역자들에게 물질을 통해 하나님을 의지하기보다는 물질을 숭배하는 우를 범했다는 사실이다.

그 결과 信仰 양심을 팔아먹는 지도자가 생겨 使命의식 보다도 물질 때문에 사역을 하는 삯군 指道者들이 많이 탄생 하였다는 사실이다. 평신도들 가운데 스스로 교회를 차려 한국교회 牧會者들을 이용하여 선교 비를 챙기는 교회도 늘어나고 있는 추세에 있다.

또한 중국교회는 資質을 갖춘 선교사들을 파송해 달라는 것이다. 그동안 한국교회 에서 파송된 많은 선교사들의 含量 微達로 인한 자질 시비로 인하여 중국 교회가 善義의 피해를 입고 있다는 사실이다. 牧會的 경륜을 지닌 力量있는 참된 사역자들을 요구하고 있음에도 그동안 한국교회의 사역자 파송은 주로 목회에 실패한 사람들의 逃避處 역할에서 더 나아가 주로 부교역자 몫이었다.

그 결과 선교지 현장에서의 修行 能力은 평점 이하로 치부될 수밖에 없음은 자명한 사실이다. 實積을 앞세우는 한국교회의 宣敎 구조가 갱신되지 않는 한 훌륭한 使役者들을 기대 하기는 쉽지 않음을 보여주는 대목이다. 이제 중국교회도 乳兒期를 벗어나 靑少年期로 접어들고 있는 시점에 도달해 있다.

그리고 중국교회는 現地敎會와 同半者的인 協力宣敎를 요구 하고 있다. 수많은 한국 선교사들 가운데 잘못된 先入觀과 聖經觀의 부족으로 삼자교회와 가정교회(지하교회, 광야교회)의 兩極化 現狀 속에서 갈등의 폭을 좁히지 못하고 偏狹된 사고로 인해 선교에 걸림돌을 초래 하고 있다는 사실이다.

대부분의 한국 선교사들은 三自敎會는 공산당 교회라는 인식 하에서 부정적인 시각을 가지고 있다. 家庭敎會 사역자들과 성도들에게 정부와 삼자교회를 敵對敵으로 가르치고 있다는 사실 이다. 잘못된 認識을 바로 잡아야 할 때이다. 二分法的인 사고를 통해서는 바른 선교를 기대하기 란 어렵다. '하나님의 교회'라는 觀点에서 삼자교회와 가정교회를 同一示 하는 시각이 필요하다.

더 나아가서 중국교회를 尊重하고 중국교회가 처한 現實을 直示하는 眼目을 가져 달라는 것이다. 중국의 公産黨이 1949년 수립된 이래 교회가 핍박과 환란을 겪어 왔으며 1966년부터 10년간의 文化 大革命을 겪어 오면서 시련과 환란을 통해 중국교회는 鍊斷을 받아온 교회 이다. 이제 우리는 중국교회가 처한 政治的 環景이나 여건을 토대로 중국교회를 새롭게 바라보는 示覺을 가져야 한다.

중국교회와 성도를 향해 긍휼히 여기시는 하나님의 은혜를 忘覺 해서는 안 된다. 중국의 文化를 바로 이해하고 저들의 삶을 새롭게 照明함으로서 새로운 패러다임의 구조 속에서 진단하여야 할 것이다. 중국은 21세기에 主導的 役活을 할 것임에는 틀림이 없다. 서로 섬기며 사랑하면서 하나님의 뜻을 이루어 나가는 은혜를 잊지 말아야 할 것이다.

5. 삼위일체로 하나 되는 아름다운 선교 현장

　이제 한국교회도 복음이 들어온 지 120 여년의 역사를 지나오면서 받던 교회 에서 주는 교회로 자리매김을 하였다. 세계 선교의 역사를 새롭게 쓰고 있는 시점에 선교단체나 교단 그리고 교회마다 열과 성을 다해 나름대로의 전략을 가지고 열심히 하고 있다. '선교'라는 명제가 이제 어색하지 않을 정도로 영향력 있게 파급 되어 다양한 선교 전략으로 한 차원 높은 선교를 전개하고 있다고 볼 수 있다.
　어떻게 보면 이제 서구교회가 선교 중심의 주도권 역할을 하던 시대는 서서히 지나가고 있음을 역사가 증명 하고 있다는 사실이다. 특별한 하나님의 뜻과 섭리 가운데 한국교회에 부어주신 선교의 소명이 이제는 그 사명을 감당하기 위해 고군분투 하고 있는 것을 보더라도 은혜요 축복이 아닐 수 없다.
　선교 2세기를 접어들면서 특별히 한국교회에 당부하고 싶은 중요한 한 가지 사실은 전근대적인 사고방식에서 탈피하여 새로운 패러다임에 순응할 줄 아는 합리적인 사고를 할 수 있었으면 한다. 실적이나 업적 위주의 선교를 지양 하고 선교 이기주의의 산물인 자기 공명심이나 한건 위주의 선교 방식에서 이제는 탈피해야 될 때임을 잊지 말아야 한다.

　선교는 교회(교단, 선교단체)와 선교사와 현지교회가 삼위일체로 되어 질 때 아름다운 하모니를 연출 할 수 있다. 탁상위주의 선교방식도 개선되어져야 할 것은 지극히 당연하다. 무엇보다도 선교사의 성숙된 자질이 우선되어 져야 할 것은 현지의 정확한 리서치의 바탕 위에서 한국교회와 현지교회간의 가교 역할을 해야 된다는 것이다.

그럼에도 불구하고 현지의 편협 된 사고방식으로 정보를 잘못 전달해 줌으로 선교지 현장의 중복된 투자와 경제원칙(최소의 비용으로 최대의 효과를 내는 것)을 도외시함으로 빚어지는 일들이 많다는 사실이다. 한국교회는 우선적으로 중량급의 역량 있는 선교사를 파송해야 한다. 그 이유는 선교사는 민간 외교관 의 역할을 해야 함으로 함량 미달의 선교사들로 인하여 부작용을 최소화 할 수 있어야 한다.

그리고 현지에 보내어진 선교사를 신임하고 선교사는 현지의 필요를 정확하게 진단함으로 현지의 상황에 맞는 프로그램을 개발 하여 현지의 필요를 채워 주는 역할을 제대로 하게 될 때에 아름다운 족적을 남길 수 있다. 현지의 많은 선교사 들은 대부분 현지 교회와 상관없이 독자적인 일을 추진하여 현지교회의 영적 질서를 깨뜨리고 마찰을 일으킴 으로 갈등 구조를 야기 시키는 경우가 많이 발생하게 된다는 사실이다.

중요한 것은 선교사의 사역 자체도 중요 하겠지만 그것보다도 현지 교회와 조화를 이룰 수 있어야 한다. 그럼에도 선교사들은 오히려 자기 공명심에 불타 현지의 상황은 무시하고 실적이나 업적 위주의 선교를 실행하는 폐단이 있다. 선교사들은 서로를 신뢰하고 함께 살아가는 공동체 중심의 구심점 역할을 해야 한다는 사실이다.

그럼에도 불구하고 한국교회는 개 교단 이기주의나 개 교회 이기주의로 인해 결국은 현지 교회가 피해를 입고 있다는 현실이다. 이제는 교회도 목회자도 선교사도 지엽적인 일에 얽매이지 말고 대국적인 '하나님의 나라'라는 큰 틀 속에서 근시안적인 시각을 버리고 함께 대처해 나가야 할 때이다. 바야흐로 이제는 전 세계가 한국을 주시하고 있다. 21세기에 한국교회가 명실 공히 세계 선교를 주도 할 수 있는 위치에 올라섰다.

 교회와 선교사와 현지교회가 아름다운 모습으로 조화를 이루고 이 땅에 천국을 확장해 나갈 때 다가오는 세대의 후손들에게 아름다운 신앙 유산을 줄 수 있기를 기대해 본다. 전 세계에 한국교회의 성숙된 모습이 아름답게 빛을 발하게 될 때에 세계 선교의 역사는 새로운 모습으로 자리매김을 하게 될 것이다.

6. 두 얼굴의 모습으로 살아가는 선교사들

중국이나 회교권에서 선교사로서의 삶을 산다는 것은 여간 쉬운 일이 아님을 누구나 잘 알고 있다. 그 이유는 중국이나 회교권 정부에서 원천적으로 외국인의 선교활동을 금하고 있기 때문이다. 그리고 선교사들에게 종교 비자를 내어 주지 않는 까닭에 부득불 선교사들은 자신들의 신분을 떳떳하게 드러내지 못하고 상대방을 속이며 살아가야 한다는 사실에 아픔과 함께 서글픔이 있다.

그래서 대부분의 선교사들은 신분을 위장하기 위해서 여러 가지 모양으로 변신을 하지 않으면 안 된다. 특히 중국 정부는 공산주의 사회구조를 통해 56개 민족을 통제하는 수단으로 삼고 있다고 해도 과언이 아니다. 그러다보니 자연적으로 중국정부는 정보수집 능력이 세계적으로 뛰어난 것은 두말할 여지가 없는 것이다.

중국에서 사역하는 선교사들은 자신에 대해 위장술이 뛰어나야 함은 물론이요 군대 용어로 '은폐 엄폐'를 잘해야 선교활동을 지속적으로 할 수 있게 되는 것이다. 이런 사실로 선교사들은 마음에 큰 고통의 짐을 지고 살아가야 하는 비극이 있다. 어디 누구 에게라도 떳떳하게 자신을 드러내지 못하는 아픔을 가슴에 지닌 채로 살아가야 하는 것이다.

어떻게 보면 중국이나 회교 문화권 에서 활동하는 사역자들은 두 얼굴의 모습으로 살아가야 함은 당연 하다고 볼 수 있다. 마치 소설 제목이 말해 주듯이 '지킬 박사와 하이드'의 모습으로 살아가고 있는 것이다. 같이 사역 하는 사람들 끼리 만나도 서로가 서로를 경계 하는 눈빛이 역력 하다. 이중적 구조의 삶이 말해 주고 있는 것처럼 카멜레온이나 야누스적인 삶이 아닐까 생각해 본다.

 카멜레온 이란 곤충은 적대 세력을 만나게 되면 자기도 모르는 사이에 순간적으로 몸의 색깔이 보호 본능을 띠게 되어 있다. 그래서 위기를 만나면 쉽게 주변 색깔에 동화가 되어 자신을 재빨리 숨길 수 있어 적으로 부터 위험을 모면 하게 되는 특징이 있다. 이처럼 공산권이나 회교권 에서 사역 하는 선교사들은 위기를 만나면 순간적으로 기지를 발휘하여 자신을 보호하는 방어막이 형성이 되어야 하는 것이다.
 현장에서 사역 하는 동안은 언제나 긴장을 풀 수 없다는 사실이다. 동서남북에서 보이지 않는 감시의 눈길이 번뜩이고 있으며 전화사용도 철저하게 조심해야 한다. 그렇지 않으면 쉽게 노출이 되는 까닭에 항상 초긴장 상태로 살아간다는 사실이다. 어떻게 보면 일 거수, 일 투족을 그림자처럼 감시가 되고 있다고 해도 과언이 아니다. 누구를 막론하고 항상 경계 할 수밖에 없는 현실 속에 살아가야 되는 것이다.

 중국의 경우 선교사들을 감시하는 기구가 많이 있다. 각 성, 시, 현급 정부마다 종교를 관리하는 종교국과 치안을 담당하는 공안국 그리고 전문적으로 통일전선 문제를 관장 하는 통전 국이 있으며 사회 안전을 총괄하는 안전국이 있다. 사통팔방으로 외국인의 동태를 감시하는 조직이 거미줄처럼 얽혀 있다고 볼 수 있다. 이런 가운데서 살아가야 하는 선교사들은 한마디로 숨 한번 제대로 쉬지 못하는 어려움이 있는 것은 당연 하다고 볼 수 있다.
 길거리나 시장 등 에서 아니면 열차 에서나 버스 그리고 모든 공공장

소에서 대면하는 사람들을 자신도 모르는 사이에 항상 경계 하는 것이 습관처럼 되어 가고 있다. 민주주의 국가에서 마음껏 신앙의 자유를 누리며 살아가는 사람들이 그렇게 부러울 수 가 없다.

 누가 이처럼 마음고생을 하면서 사역하는 선교사들의 심정을 헤아려 줄 수 있다는 말인가? 얼마간의 선교 비를 보내준 것만으로 선교의 사명을 다했다는 자부심 속에 살아가는 오늘의 현실 앞에 더 이상 무엇을 말할 수 있으랴.
선교사들의 세계에서 조차도 서로가 서로를 믿지 못하는 현실을 보면서 말 못하는 아픔이 있는 것은 제쳐 두고라도 인간적 신뢰감이 회복 되어 졌으면 한다. 한국교회가 특히 공산권이나 회교권 사역자들에게 어떠한 중압감도 지우지 않고 자유롭게 사역할 수 있도록 배려해 주었으면 하는 바람이다. 선교사들에게 어떤 실적이나 업적을 요구 하지 말고 그저 문화권이 다른 선교지 현장에서 본토와 친지 아비 집을 떠나 묵묵히 살아가는 것만이라도 박수갈채를 보내며 위로와 격려를 해 주기를 기대해 본다.

7. 한국교회는 중국교회에 빚을 지고 있다

 얼마 전에 빛바랜 '한국교회사'책을 뒤적거리다가 새로 발견한 사실은 일반적으로 우리가 인식하고 있는 중국선교에 대해 새로운 인식의 전환을 해야 할 필요성을 하나 발견 하였다. 그것은 다름 아닌 대부분의 개신교 목회자들은 구교인 카톨릭 교회의 역사에 대해서는 도외시 하기가 쉽다는 사실이다.

 초기 카톨릭 교회의 역사는 한마디로 핍박과 고난을 통과한 순교의 역사 그 자체라고 해도 과언이 아니다. 복음이 뿌리를 내리는 과정 속에서 교회는 엄청난 박해 가운데 성장해 왔다는 사실이다. 카톨릭 교회는 우리 개신교 역사에 비해 100년이나 앞서 복음이 받아 들여졌다. 외국에서 먼저 선교사를 받아 인 것이 아니라 우리나라에서 먼저 사람을 보내어 서구 문명을 받아들이는 과정 속에 복음을 접하고 자생적으로 토양을 마련한 이후에 10 여년이 지나 외국 선교사가 들어 왔다는 사실이다.

 초기 기독교가 형성되기 이전의 카톨릭 교회의 역사를 고찰 하면서 깨달은 한 가지 사실은 이승훈이 1784년도에 중국 북경에서 영세를 받은 해를 한국 천주교의 시작 기점으로 잡고 있다. 그 이후 한국 천주교회는 성직자 없이10년 동안을 보내게 되었다는 점이다. 그로부터 10년이 지난 1795년도에 중국에 요청을 하여 周文模(당시26세)라는 신부가 초기 선교사로 그것도 카톨릭의 박해가 절정에 이르고 있을 때 한국에 들어와 성도들을 돌아보며 헌신적으로 사역을 하였다는 사실이다.

 주신부의 열정적 헌신 가운데 카톨릭이 안정적으로 부흥하고 있을 즈음에 교우 중에 한영익 이란 자가 배도하면서 밀고를 하여 도망을 다니던 중 많은 교우들이 잡혀 고문을 당하는 것을 알고 자수하고 말았다.

 1801년에 새남터에서 32세의 나이로 순교를 하였다는 사실을 알게 되었다. 우리나라의 복음화를 위하여 200여 년 전에 그것도 중국의 신부가 한국 땅에서 순교한 사실은 적잖은 충격을 가져다주었다. 오늘날 대부분의 개신교회 에서는 우리가 중국에 선교사를 파송하고 중국을 선교 하겠다고 하지만 실상은 우리가 일찍 중국교회로 부터 사랑의 빚을 졌다는 사실을 간과해 버리고 있다.

오늘날의 중국교회는 핍박과 고난을 견디어 내면서 자라온 교회라는 사실이다. 이런 사실을 우리는 바로 알고 우월감과 자만심을 가지고 선교에 임해서는 안 된다는 사실이다. 대부분의 한국 선교사들이나 한국교회는 중국에 대해 식민주의적인 사고로 선교를 하고 있다고 해도 과언이 아니다. 우리가 중국교회 보다 나은 것이 있다면 경제발전이 앞선 가운데 물질적 풍요를 누리고 있다는 사실일 것이다.

물론 우리 한국 교회의 교회와 신학의 발전은 특별한 하나님의 은총 속에서 상대적으로 자유를 누리는데서 나타난 현상의 단면 이라고 볼 수 있다. 그럼에도 우리 한국 교회는 중국 교회에 대해서 우월감을 가지고 선교에 임하는 자세를 지양하고 겸손하게 종의 자리에서 저들을 섬길 수 있어야 한다. 한국교회가 중국에서 선교하는 것은 빚진 자의 심정으로 빚을 갚겠다는 자세로 임해야 할 것이다.

초기 한국교회 설립 당시 존. 로스라는 선교사가 중국에서 성경을 번역하여 심양에서 쪽 복음서를 인쇄하여 한국에 들여와 성경을 반포 하였다는 사실이다. 비교적 개신교는 카톨릭에 비해 상대적으로 순탄하게 복음을 받아들이게 된 계기는 갑신정변(1884.2) 당시에 개화파와 수구파의 알력 가운데 명성황후의 조카인 민영익이 개화파로 부터 피격을 받아 고통 가운데 '알렌'이란 의료 선교사의 도움으로 살아나게 되었다.

그것이 계기가 되어 고종의 侍醫로 임명을 받고 참판 벼슬까지 얻게 되면서 부터 선교의 교두보가 세워지게 되었다. 그 이후에 세브란스 병원의 전신인 廣惠院이 세워졌으며 언더우드나 아펜젤러가 사역 할 수 있는 디딤돌의 역할이 될 수 있었다는데서 개신교의 출발은 비교적 순탄 하였다고 볼 수 있다. 곧 이어서 선교사들로 인하여 수많은 기독교 학교(40여개)가 세워지고 고아원이나 병원들이 세워짐으로 개신교의 선교 적 역할은 국가와 민족에 실로 지대한 영향력을 끼쳤다고 볼 수 있다.

이제 우리 한국 교회도 일방적으로 교회만 세우고 복음만 전파할 것이 아니라 초기 우리 한국 땅에서 활약한 선교사들처럼 선교의 패러다임을 새롭게 바꾸어야 할 것이다. 오늘날 중국은 경제 성장에만 치중하다 보니 자연히 학교나 병원 사업은 아직도 상대적으로 열악할 수밖에 없다. 지금 이라도 한국 교회와 선교사들이 이방면에 관심을 가지고 협력 사역을 할 때 복음의 꽃은 더욱 환하게 피어날 것이다.
이제 우리는 중국교회에 진 빚을 갚을 수 있는 절호의 기회가 왔음을 알고 서로 협력함으로 아름다운 열매를 맺을 수 있기를 기대해 본다.

8. 역동적 삶이 소용돌이치는 한국의 소망

해외에서 한국을 바라보고 있노라면 보, 혁 갈등이나 계층 간의 갈등 그리고 정치와 사회 질서가 금방 이라도 전쟁이 일어 날 것 같고 난리가 날 것 같은데 한국에 체류 하면서 느낀 한국은 전혀 그렇지 않음에 다시 한 번 놀라게 된다. 역시 한국은 역동적 삶이 용솟음치며 젊음을 마음껏 발산하고 싶은 충동을 느끼게 하는 곳이다. 한국의 어디를 가 보아도 사람들의 생기발랄한 모습이 연출되고 저마다의 삶에 희열을 느끼며 살아가는 모습이다.

지금의 한국은 정치개혁 이란 대 명제 앞에 한판의 승부를 위해 저마다의 외마디 비명을 외치는 형국에 와있는 느낌이다. 각 정당 마다 정치인들 마다 생존경쟁의 틈바구니에서 살아남으려고 안간힘을 쓰는 모습이 차라리 애처롭게 보이기만 한다. 내년도 총선을 앞두고 심판을 받기 위해 동분서주 하는 모습이 재미있기만 하다. 기성 정치인들에 대해 신 정치인들은 불신감을 쏟아 내면서 포효하는 맹수와 같다.

정치개혁을 빌미로 검찰이 대선자금 수사를 하다 보니 자연적으로 경제가 위축 되는 것은 지극히 당연 하지만 그래도 기업은 기업대로 살아남기 위해 저마다 안간힘을 쓰고 있다고 해도 과언이 아니다. 해마다 되풀이되는 고질적 대선자금의 병폐 때문에 이미 국민들은 정치에 식상해 버리고 자기들만의 자축 파티에 어느 듯 국민들은 들러리를 쓸 때가 한 두 번이 아닌 것이다. 새로운 지도자가 등장할 때마다 단골 화두가 정치개혁을 들고 나오지만 어느 누구도 제대로 실현하지 못하고 오늘에 이르렀다. 이제 우리 국민들은 정치인들의 감언이설에 이골이 나 있기에 불신의 감정만이 앙금으로 쌓이고 있다고 볼 수 있다. 지금 우리 한국은 정치인들은 정치인들끼리 뒤죽박죽으로 서로 뒤엉켜 돌고 돌지만 그래도 우리 국민들은 먼발치에서나마 저들의 원맨쇼 하는 모습을 들여 다 보고 실소 하고 만다는 사실 이다.

이제 한국인들은 웬만한 일이 일어나도 눈 하나 깜짝이지 않는 것은 수많은 세월을 지내 오면서 어느 정도 단련되고 성숙되지 않았나 생각 된다. 천편일률적인 통제된 사회 보다는 다변화되고 그래도 다양한 모습으로 살아가는 역동적 삶이 꿈틀 데는 한국이 그래서 매력적 이라고 볼 수 있다. 밖에서 들여다보면 실타래가 서로 엉켜 있어 매듭을 풀기 어려운 것 같지만 실상은 그렇지만 않은 것은 그 속에서 저마다의 개성이 있기에 때가 되면 자연적으로 치유되고 매듭이 풀려 진다는 사실 이다.

한국인의 저력은 위기 때에 강하게 응집력의 효과가 나타나는 법이다. 한국인 스스로 너무 자신들이 잘났다고 생각하기에 강력한 리더십이 발휘되지 않고는 여간해서 질서를 세우기가 쉽지 않다는 사실이다. 지금 한국에 유행처럼 퍼지는 신조어 세단어가 오늘의 현실을 잘 대변해 주고 있다. 오륙도(오십, 육세까지 직장에 있으면 도적놈이다)에서 사오정(사십 오세 정년의 시대)을 넘어 이제는 삼팔선(삼십대도 위기다)시대를 맞이하고 있다.

상대적으로 연령층이 하향곡선을 그리고 있는 시기에 와있다. 직장 생활이 쉽지 않다는 사실을 보여주고 있지만 반면에 철 밥 통으로 여기던 직장 생활에서 어떻게 보면 저마다 벤처 정신을 살릴 수 있는 좋은 기회가 아닌가 생각이 든다. 국제 경쟁력 시대에 타고난 저마다의 소질을 개발할 수 있는 기회가 도래 하였다고 볼 수 있다.'위기는 기회다'라는 대명제 앞에 한 단계 점프 할 수 있는 기회이다. 젊은이들이여! 이제 도전정신을 가지고 세계를 향해 웅비의 나래를 펼치기를 기대해 본다.

세상을 향해 힘차게 꿈을 펼칠 수 있기를 주문해 보고 싶다. 오늘의 한국교회도 위기를 맞고 있지만 다시 한 번 일어설 때가 왔다. 청교도적인 정신을 모태로 시대적 사명을 바로 자각하고 세계를 향해 믿음으로 힘찬 전진을 해야 할 때이다.

한국교회에 주신 축복을 이제는 세계를 향해 선교의 뉴프런티어 정신으로 매진해야 될 때이다. 바야흐로 전 세계 교회가 한국을 향해 '와서 우리를 도우라! 고 외치고 있는 소리에 정신을 차리고 응답해야 할 때임을 망각 해서는 안 된다.

한국인 특유의 기질을 되 살려야 한다. 그리고 이 시대와 사회 앞에 교회가 바로 서서 메시지를 선포해야 될 때이다. 더 나아가서 교회 본연의 선교 사역을 위해 마지막 때에 전심전력을 다해 총 궐기를 해야 한다.형식주의적인 선교 사역이나 실적 위주의 선교를 탈피 하고 이 민족과 세계 속에 분명한 자리매김을 할 수 있어야 한다. 이제 세계교회는 한국교회를 주시 하고 있는 시점에 와 있다. 한국교회가 리더십을 발휘할 때이다. 깨어 일어나야 한다.'잠자는 자여 어찜 이뇨 깨어서 일어나라'는 메시지에 담긴 사명감과 책임감을 수행해야 될 때이다.

9. 한국교회 사역의 우선순위 제고 촉구

매번 한국에 다녀오면서 쓸쓸하게 느껴지는 것은 비단 나만이 느끼는 감정이 아니라 것을 자각하기에 뭔가 여운을 남기게 되어 이글을 쓸 당위성을 느끼게 한다. 오늘의 한국교회는 80% 이상이 현재 100

명 미만의 교회로 교회 현상 유지에 급급한 상황이 아닌가 생각 하면서 20 % 이상의 자립된 교회들을 향하여 광야의 소리처럼 외치고 싶은 심정 이다.

 지금 한국교회는 세계 2위의 선교대국 이라는 자부심 속에서 축포를 터트리며 한껏 부풀려 있다고 볼 수 있다.

 그러나 그것은 필자가 느끼는 바에 의하면 단순한 숫자 놀음에 지나치다고 볼 수밖에 없는 것은 그동안 한국 교회가 마구잡이식으로 무분별하게 아무런 대책도 없이 무작정 보내기만 하였지 구체적인 대책이나 대안이 별로 없는 듯이 보여 지기 때문이다. 교단별로 아니면 개교회적으로 선교 단체 간에 보이지 않는 외형상의 경쟁 심리의 모습으로 비춰지는 것은 아닌 가 생각되어진다.

 일 만 명이나 되는 선교사를 전 세계로 보낸 한국 교회가 자랑스럽지만 이 시점에서 우리는 다시 한 번 사역에 대해 재평가를 시도해 봄으로 겸허하게 우리 자신들을 돌아 볼 수 있기를 바란다.

 오늘날 한국교회는 선교사들의 현장 사역에는 무관심 하면서도 저마다 선교사들이 현장에서 땀 흘려 일구어낸 실적을 마치자신들의 공과 인양 나팔을 불어대는 모습들이 재미있다. 물론 파송교회나 단체이기에 실적을 중요시 하고 그 단체를 유지하기 위해서는 어쩔 수 없는 일이라는 것을 이해한다.

 그렇다면 선교사들에게 기본적인 생활대책은 물론 사역활동에 대한 부대경비를 책임져야 하는 것 은 지극히 당연한 것이다. 교회 주보나 선교단체의 회보에는 파송한 선교사의 이름을 실으면서도 정작 선교사들에게는 실질적인 생활비나 사역 비를 제대로 공급하지 않는 교회나 선교단체 들이 무수히 많다는 사실이다.

 그러다보니 자연적으로 선교사들은 현지에서의 삶을 영위 하려면 최소한의 생활비와 사역 비를 모금해야 하는 이중적 고통을 감내해야 하는 까닭에 어쩔 수 없이 이중 삼중으로 선교단체나 교회에 중복 가입이 되지 않을 수 없는 것이 오늘의 현실이다.
 차제에 한국 교회는 개 교회나 총회나 노회 혹은 선교단체 에서 책임을 감당할 수 있기를 촉구 하면서 그것이 불가능 하다면 한 선교사에 대해 제도적으로나 조직적으로 관리할 수 있는 시스템 구축이 시급 하다고 볼 수 있다. 이제는 더 이상 마구잡이식으로 보내기만 하지 말고 선교지에 대한 전략이나 전술에 대해 구체적으로 대응할 수 있는 대안 마련이 있어야 한다. 교단과 선교단체가 행정적으로 합일점을 찾아 새로운 패러다임에 맞는 선교 시스템을 구축해야 될 때이다.

 이제 한국 교회는 자체교회 유지관리 시스템(주차장,기도원,수양관,문화센타,교회묘지 확장 등)은 지양했으면 하는 바람이다. 물론 교회가 부흥하고 발전하기 위해서는 당연하게 해야 되는 일들 이지만 수천, 수억의 은행 빚을 지고서 무리하게 추진하지 말 것을 촉구하고 싶다.
 기존에 있는 기도원이나 수양관을 공유할 수 있는 지혜가 필요 하며 이미 구축 되어진 기도원이나 수양관 들은 한국교회의 것이라는 기본 인식을 전제로 할 때에 가능 하다고 볼 수 있다.

 이제는 한국 교회의 교회 행정 체제를 선교사들이 현지에서 효율적으로 대처할 수 있도록 강구해 주기를 촉구 한다. 중, 소형 교회는 물론 대형교회도 끊임없이 자체적인 유지관리 시스템으로 인하여 선교사들을 돌아 볼 여유가 없다.

수많은 선교사들이 죄인 아닌 죄인 취급을 당하며 소외당하고 외면당하는 오늘의 현실 앞에서 비애를 느끼지 않을 수 가 없다.

선교단체나 총회의 선교 구조는 실제적인 현지 사역 비 보다는 선교사 관리 행정 유지비에 더 많은 자금이 투입 되는 구조적인 모순을 안고 있다고 해도 과언이 아니다. 이제 한국 교회는 '선교지 답사' 라는 허울 좋은 명목으로 시행하는 '선교 여행'을 지양해 주었으면 한다.

해마다 연례행사처럼 '수련회'나 '세미나'라는 명목으로 노회 혹은 총회의 지원을 받아 우후죽순처럼 전 세계를 누비고 다니는 일들은 가급적이면 지양해 주었으면 한다.

한국교회 에서 지출 되어지는 '선교지 답사''세미나''수련회''선교여행' 에 쓰여 지는 돈은 천문학적인 숫자임에는 틀림이 없다. 무수히 많은 여행사들이 교회를 상대로 돈벌이에 나서고 있다는 사실을 우리는 간과 하지 말아야 한다.

고국의 교회를 찾아오는 선교사들 에게 상대적인 허탈감과 비애감을 안겨 주어서는 안 된다. 자신들의 목회적인 업적 홍보에는 열을 올리면서 찾아온 선교사들에게 빈손으로 돌려보내는 일은 없어야 한다.

한국 교회와 목회자들이여 !

우리 함께 지나온 세월을 반추 하면서 겸허히 시대적 사명을 자각 하고 '하나님의 나라'라는 대명제를 가슴에 새기며 앞서가신 믿음의 선진들을 바라보면서 정진 할 수 있기를 기대해 본다.

10. 민간 외교관의 사명을 감당하는 선교사들

지금 우리나라의 선교사들이 고국의 평안한 생활을 마다않고 '고향과 친척, 아비 집을 떠나' 전 세계에 네트웍을 형성하면서 사역과 삶을 영위하고 있는 실정이다. 전 세계 곳곳에 한국 선교사들이 그리스도의 사랑으로 벤처정신을 가지고 십자가로 중무장을 하고 살아가고 있다. 현지에 있는 한국인들을 우선적으로 보듬어 안고 신앙을 무장 시키고 더 나아가서는 자국민들에게 그리스도의 사랑으로 저들을 섬기는 사역을 하고 있다.

차제에 한국교회와 성도들은 선교사들에 대해 아낌없는 위로와 사랑으로 격려해 주어야 한다. 고국산천을 멀리하고 일가친척을 떠나 타지에서 나그네처럼 살아간다는 것은 그리 쉬운 일이 아니기 때문이다. 고국에 대한 향수병을 가슴에 묻어둔 채 외로이 행군하는 수많은 선교사들이 있기에 그래도 하나님께서 고국을 축복 하신다는 사실을 간과해서는 안 된다. 이제 한국교회와 성도들은 선교사들에 대해 새로운 시각을 가지고 대할 수 있기를 바란다.

선교사로 살아간다는 것이 어떻게 보면 나름대로의 십자가를 지고 살아간다고 해도 과언이 아니다. 수많은 선교사들이 이름도 없는 들풀처럼 묵묵하게 자기에게 주어진 소임을 다하고 있음을 알아야 한다. 더군다나 공산권 사회나 회교권 사회는 더 많은 중압감을 등에 지고 살아가고 있는 실정이다. 이제 한국교회와 성도들은 선교사들에게 대하여 아낌없는 배려가 필요한 시기에 도달했다. 단순하게 나열식이나 업적 위주의 선교를 지양하고 실질적인 동반자의 관계로 발전해야 한다.

중국은 무신론을 지향하는 공산주의 국가이기 때문에 철저하게 외세의 간섭을 불필요 하게 여기는 것은 당연 하기에 선교사들이 발을 붙이고 살기는 쉽지 않다. 그렇지만 중국은 정치는 공산주의를 채택 했지만 경제는 시장경제 원리에 입각한 철저한 자본주의 국가 이기에 그래도 선교사들이 사역하기에 다소 불편함이 감소하고 있다. 중국의 어디를 가보아도 자유주의 국가 못지않게 사람들의 얼굴에 생기가 감돌며 한 푼의 돈이라도 더 벌어들이려는 시장 경제의 원리가 순조롭게 흘러가고 있는 인상을 받게 된다.

중국은 하루가 다르게 급변하고 있는 나라이다. 건설의 망치 소리가 끊임없이 움직이고 있으며 각 도시마다 신개발단지를 조성하여 외자유치에 동분서주 하고 있는가 하면 각 성,시마다 경쟁적으로 도시발전을 위해 움직이고 있다.
이러한 가운데 중국 정부는 WTO 가입 이후에 국제사회 무대에서 선진국과 겨루기라도 하듯이 모든 분야에 파격적인 정책이나 대안을 연일 쏟아 내고 있는 실정이다. 연일 노사분쟁이 끊임없이 일어나고 데모군중이 그치지 않는 한국과 비교해 볼 때 '토끼와 거북이의 경주'를 연상케 하고 있다. 이미 한국은 토끼처럼 멀찌감치 정상에 올라 왔다는 자부심속에 낮잠을 자고 있는 가운데 그동안 중국은 느림보 거북이처럼 꾸준한 경제성장을 위해 고군분투 하여 곧 한국을 추월 하려고 하는 기세이다.

한국교회도 예외 없이 일찌감치 세계적인 교회들을 탄생 시켰다는 자부심 속에 안일한 모습을 보이며 오히려 교회성장이 둔화된 가운데 있다. 그러나 중국교회는 고난과 핍박을 감내 하면서 이제는 끊임없이 성장하고 있는 모습이다. 한국교회의 성도수가 1,200만을 자랑한지가 10여년이 지났건만 아직도 제자리걸음을 하는 추세인 반면에 중국교회의 성도수가 1억을 초과 했다는 사실에서 많은 것을 시사하고 있다고 볼 수 있다.

중국정부의 정보수집 능력은 가히 세계적 이라고 해도 과언이 아닌 것은 56개 민족을 능수능란하게 이끌고 가는 것만 보더라도 알 수 있다. 중국이 세계 속에 자신들을 드러내놓고 개방 할 때는 모든 분야에 대한 자신감의 표출인 것은 당연하다.

지금 중국인들의 해외 유학생 숫자는 100만 명을 초과하고 있는 현실 이다. 전 세계로 유학생들을 내보내 선진 기술을 익히게 하고 선진 사회의 모든 정보를 수집하게 하여 타의 추종을 불허할 국가 건설을 목표로 하고 있다는 사실 이다.

중국은 지금 과감하게 전 분야에 걸쳐 개혁 개방을 시도 하는 반면에 구조조정을 통해 끊임없이 자기 혁신을 꾀하고 있는 실정 이다. 방만하게 운영하던 공기업들을 수술대에 올려놓고 해부를 하며 현실에 대처 할 수 있는 경쟁력 있는 기업으로 육성 하려고 몸부림 치고 있는 추 세 이다. 학교교육의 경우도 과감하게 인재등용을 통해 새롭게 교육개혁을 시도 하고 있다.

교회도 정부에서 주도적으로 과감하게 변화 할 수 있도록 보이지 않게 시도 하고 있다.

과거와 달리 선교사에 대해 감시의 손길을 다소 느긋하게 하는 것은 국가 경제 성장에 필요악을 인정 하면서도 한편 으로는 회심의 미소를 짓는 것은 음, 양으로 외세의 자본을 끌어 들임으로 사회발전에 도움이 된다는 사실을 간파 했으리라 생각 한다. 그리고 과거에 생각 했던 선교사의 종교침투 라는 관점에서 이제는 서서히 바뀌고 있음을 뒤 늦게나마 깨달았기 때문 이다. 이단이 사회에 미치는 악영향에 대해서는 이미 파악을 하고 있기에 이에 대해서는 적극 적으로 대처 하지만 정상적인 종교 활동마저 부정 하지 않는다는 사실이다.

뒤늦게나마 한국 정부 에서도 선교사들의 공로를 다소 인정 하였기에 문교부에서 해마다 선교사 들을 초청하여 국내 산업시찰은 물론 한국 문화에 대해 새롭게 인식 시키는 작업을 하고 있는 것은 지극히 당연하다고 볼 수 있다.

사도바울이 탄 배가 복음만을 싣고 간 것이 아니라 그 나라의 문화도 함께 가져갔다는 사실은 시사 하는바가 크다고 볼 수 있다.

이제 중국정부도 선교사들을 배타적으로만 대할 것이 아니라 이해득실을 잘 계산해서 재생산 할 수 있는 방향으로 나가야 할 것이다.

21세기는 지구촌 시대에 우리 모두가 살고 있다. 공존공생의 원리만이 삶에 적용이 되어 질 때 거기에 행복과 평안이 보장 될 수 있다는 사실을 우리는 간과해서는 안 된다. 선교사는 어떻게 보면 민간 외교관 의 역할을 수행 하고 있다.

전 세계에 흩어져 있는 선교사들을 자국 에서나 타국 에서도 단순논리로 일종의 종교침투 라는 관점 에서 평가 하지 말고 최대 공약수를 찾아 창조적으로 재생산 하는 것이 필요 하다고 볼 수 있다.

한사람의 선교사는 양국의 문화발전 측면 에서 보더라도 활용 가치가 높은 편이다. 이제 중국정부도 과감하게 선교사들 에게 합법적인 종교비자를 내주어 관리에 만전을 기하는 것이 국가와 사회 발전에 많은 유익을 가져 올 것임에는 틀림이 없다고 생각 한다. 반면에 한국 교회도 차제에 검증된 중량감 있는 선교사들을 내보내는 전략이 아쉽다. 서로가 서로의 필요를 충분시켜 줄 수 있는 아름다운 관계가 형성되기를 기대해 본다.

11. 한국교회를 향한 선교사들의 외침

우리나라가 명실 공히 세계 선교 역사상 유례를 찾아볼 수 없는 선교대국이 되어 전 세계로 부터 찬사와 더불어 부러움을 한 몸에 걸머지게 되었다.

그런 반면에 상대적으로는 세계선교를 향한 의무와 책임도 함께 지고 나가야 될 운명에 처해 있음도 간과해서는 안 된다.

차제에 우리 한국교회가 상대적으로 열악한 선교 구조를 혁신할 수 있는 제도적인 개선은 물론 선교가 탁상공론에 그치지 않도록 조직적이고 체계적인 방향으로 발전하기를 바라는 마음이다.

그동안 한국 교회는 교단과 선교회 그리고 개교회가 경쟁적으로 무분별 하게 선교사를 보내는데 혼신의 힘을 다했다고 해도 과언이 아니다.

그 결과 우리나라 에서 파송된 선교사가 10,000명을 넘어서게 되었고 미국 다음으로 많은 선교사를 파송한 선교국가 라는 별명이 따라붙게 되었다. 그런데 파송된 선교사들 가운데 후속조치가 제대로 되지 못해 유리방황 하는 선교사들도 적지 않다는 사실 이다.

 그것은 많은 교회들이 선교를 실제적으로 접근하기보다는 실적 위주의 구색 맞추기식의 선교를 하다 보니 빚어진 현상 이라고 생각되어진다.

 이곳 중국만 하더라도 한국교회나 교단 선교회 등지에서 제대로 최소한의 선교비조차도 보내오는 곳이 많지 않다는 사실 이다. 대부분의 교회가 파송 보다는 협력 선교를 원하는 것은 재정부담 에서 오는 중압감 에서 해방 받을 뿐만 아니라 자유롭게 그래도 우리 교회가 선교하는 교회란 것을 인식 시켜 주기 위한 방편으로 협력선교를 선호 한다는 사실이다.

 '선교를 위한 선교'가 아니라 교회 재정 확보를 위한 선교를 하는 곳도 더러 있다는 사실 이다. 먼저 한국 교회는 중국 선교사들 에게 상대적으로 타 지역과 비교해서 무리한 실적을 요구 하지 말았으면 한다. 실적 위주의 가시적인 선교를 요구하다 보면 거시적인 안목의 총체적인 선교 보다는 근시안적인 안목위주의 단회적인 선교에 머무를 수밖에 없음을 알아야 한다. 선교는 단 시일 내에 열매를 맺을 수 없다는 사실 이다. 오랜 세월을 그 지역에 더불어 살면서 시대가 요구하는 그리고 필요 불가결한 사역을 리서치 함으로 중, 장기적인 안목을 가진 시스템을 개발해야 함은 당연 하다고 볼 수 있다.

 선교사들에게 최소한 선교지에 파송된 이후 우선적으로 그 나라의 언어 습득과 문화 적응을 위해 최소한 2~3년 정도의 시간이 필요 하다는 사실을 간과해서는 안 된다. 대부분의 한국교회가 조급하게 가시직인 실적을 앞세우다 보니 자연적으로 선교사들이 전전긍긍 하고 있는 것은 파송한 교회뿐만 아니라 협력하는 교회들이 단 시일 내에 실적을 요구하는데서 오는 중압감 또한 만만치 않기 때문이다. 여기에 대해 자유 함을 줄 수 있을 때 올바른 선교의 시발점이 될 수 있다는 사실 이다.

 그리고 선교사들 에게 최소한의 생활비는 물론 자녀 교육비와 사역비를 책임져 주어야 한다. 중국의 경우 한국에 비해 상대적으로 국민들의 소득 수준이 낮을 뿐만 아니라 물가가 파격 적 으로 저렴하다 보니 그 기준에 맞추어서 선교 비를 책정 하는 경우가 많다는 사실 이다. 선교사들은 한국을 대표한 민간 외교관 이라고 해도 과언이 아니다. 그런데도 현지 사람들과 별반 차이가 없는 생활을 하면서 선교를 한다면 상대적으로 저들에게 복음을 제시하기가 쉽지 않다는 사실 이다.

 중국의 경우 의, 식, 주문제는 비교적으로 저렴하다고 볼 수 있지만 그 외에 공산품은 물론 교육비가 상당한 것은 외국인이라서 차별을 하고 있다.

 선교사가 선교지 에서 너무 풍족한 삶을 누리는 것도 합당하지 않지만 그래도 최소한의 여유가 있는 삶이 되어야 함은 당연 하다고 볼 수 있다.

 많은 선교사들이 자신들의 생활 자체도 힘든 정도 이니 감히 선교에 대해서 무엇을 기획하며 생각 한다는 사실이 불가능 하다고 볼 수 있다.

 뿐만 아니라 한국 교회는 이제 선교사들이 일시적으로 고국에 들어가더라도 편히 쉬었다가 올 수 있는 공간 마련이 시급 하다고 볼 수 있다. 선교사들의 쉼터가 매우 열악한 것이 오늘의 현실 이다보니 선교사들은 고국 에서 조차 안식을 제대로 취하지 못하고 돌아와야 하는 비극이 있다. 교회 연합 기관 등 에서 지은 건물에 대부분 많은 공간이 있지만 상대적으로 부대사업을 통해 수익을 올려야 하는 관계로 임대 건물로 사용하고 있는 실정 이다.

 이제 한국교회는 수익 일변도의 세속 주의적인 상업주의를 지양해야 될 때 이다. 고국을 떠나 사명 때문에 선교지에서 수고 하고 돌아오는 이들에게 최소한의 관리비만 부담 하고서 사용할 수 있는 공간들이 많아 졌으면 하는 바램 이다.

 차제에 한국교회가 개 교회적으로 수양관 이나 기도원 보다는 이제 선교사 안식 관 마련에 최선을 다해 주셨으면 하는 부탁을 하고 싶다.

 마지막으로 한국 교회는 중국 선교에 대해서 지나친 홍보를 삼가 해 주셨으면 한다. 중국정부는 특히 민족 문제나 종교문제에 대해서는 상당히 예민하다. 오늘날의 중국 선교는 '뱀 같이 지혜롭고 비둘기 같이 순결 하라'는 대 명제 앞에 우리가 슬기롭게 대처하여 효율적인 선교를 할 수 있어야 한다. 이제 한국교회가 선교사를 책임지고 보호해 줄 수 있는 풍토가 조성 되어야 함에는 일말의 여지가 없다. 광야에 외치는 자의 소리로 울려 퍼지기보다는 가슴속에 들려지는 메시지가 되기를 기대해 본다.

12. 자정 능력을 상실한 한국교회 대안은 없는가?

한국교회에 복음이 들어 온지가 어언 카톨릭은 210 여년의 역사를 자랑하고 개신교회에는 110 여년의 역사를 자랑하는 시점에서 복음이 한국 사회에 미친 영향은 실로 지대하다고 볼 수 있을 것이다. 지금 개신교회는 등록 교인수가 1,200만을 넘어 선지가 오래 되었으며 교회 수 만도 5만 교회 7 만 교역자 시대를 맞이하였다.

한국 교회가 짧은 역사에 비해 괄목 할 만한 정도로 성장함으로 세계 교회를 놀라게 하였다. 뿐만 아니라 선교 역사상 세계교회에 미친 영향력은 지대하다고 볼 수 있다.

그러나 오늘날의 한국 교회는 더 이상 스스로 자정능력을 상실하였음을 부인할 수 없다. 교회의 질서가 무너져 내린지가 오래 되었으며 거룩 성과 순수성이 훼손 되어 졌을 뿐만 아니라 교회 본연의 사명인 빛과 소금으로서의 기능과 역할을 상실한 까닭 이라고 볼 수 있다.

오히려 교회가 사회로 부터 손가락질을 당하고 있는 실정 이라고 해도 과언이 아니다. 한국교회 부흥 1세기의 자리에서 교계뿐만 아니라 세계적으로 영적 영향력을 끼친 많은 목회자들이 사역을 마치면서 불미스러운 일들이 심심찮게 세상 사람들의 입에 오르내리고 있다는 사실이다. 대부분의 교회가 대물림을 하고 있는 교회 세습으로 인하여 많은 갈등을 초래 하고 있다. 뿐만 아니라 재산축적에 유달리 관심을 가지고 목회자 자신들의 사리사욕을 위해 성도들의 헌금을 가로채고 있다는 사실 이다.

이름만 들어도 다 알 수 있는 목회자들이 '염불에는 관심이 없고 잿밥에 관심이 있는' 것처럼 비쳐지고 있는데서 안타까움을 금할 길이 없다. 성 도들을 향하여 일평생 '너의 보물을 땅에 쌓아두지 말고 하늘에 쌓아 두라'고 무수히 많은 설교를 하였건만 정작에 목회자 자신들은 오히려 어리석은 부자처럼 이 땅에 재물 쌓는 일에 너무 열심을 내지는 않았는지 반성해 보아야 한다.

교회도 마찬 가지이다. 개척교회 시기를 벗어나면서 교회는 차량 구입 에서 부터 교회확장 교육관 건축 기도원이나 수양관 건축에 보다 많은 자금을 투입하고 있다. 참으로 교회가 진정 주님이 원하는 방향으로 나아가기 보다는 사람들의 욕구를 채워 주는 역할을 충실히 하고 있다. 교회가 사회를 섬기는 프로그램은 미미한 실정 이다.

예수님 당시에도 호화로운 성전은 있었지만 정작 주님은 그곳에는 관심이 없었으며 가난한 자들과 소외된 자들 그리고 병든 자들을 향하고 있었다.

백범 김구 선생의 말처럼 '경찰서 100 개 짓는 것 보다 교회 하나 짓는 것이 낫다'는 말이 만 명 이라도 하듯이 교회는 갈수록 숫자가 늘어나고 있는 반면에 성도들의 숫자는 평행선을 달리고 있다.

목회자와 장로들의 숫자만 하더라도 대략 30만 명을 넘어서고 있는데도 갈수록 세상은 더욱 소돔과 고모라처럼 캄캄 해지고 있는 것은 우리에게 시사 하는바가 크다고 볼 수 있다.

교회 직분 자다운 직분 자들이 많지 않기에 속빈강정처럼 껍데기만 요란 했지 내용이 없는 허울 좋은 교회와 직분 자들이 많은 까닭이 아닌가 생각 되어 진다.

한해에 신학교를 졸업한 학생들이 만 여 명씩 쏟아져 나오고 있는 나라는 세계 역사상 전무후무 하다. '대한 예수교 장로회'교단만 100 여 개가 넘는 까닭에 지금도 한쪽 에서는 연합을 하고 있지만 다른 곳에서는 새로운 교단을 만들고 있다.

한국교회가 이처럼 교단 간에 교권쟁탈을 위해 싸우고 있는 틈새를 비집고 이단들이 우후죽순 처럼 파고 들어와 성도들의 영혼을 위협하고 있음에도 속수무책 이다.

숫자를 파악 할 수 없을 정도로 무슨 단체가 그리도 많은지 모든 사람들이 감투를 쓸려고 혈안이 되어 있는 듯 하다.

보통 한사람이 맡고 있는 직책이 한, 두 군데가 아니다. 무슨 회장들이 그리도 많은지 전부 명예를 위해 고군분투 하는 듯 하다.

이제 한국 교회는 바나바와 같은 사람들이 필요한 시대이다. 섬김의 정신으로 소리 없이 조용히 봉사 하는 사람들을 갈망 하고 있다. 그리고 교회나 교단 그리고 선교단체 들은 더 이상 '선교여행'을 빙자한 여행을 중단하기를 촉구 한다.

관광지로 몰려다니는 사람들의 절반이 목회자들과 성도들 이다. 선교여행을 한다고 하면서 실제적으로 선교사들에게 무슨 영향을 주고 있단 말인가.

선교지에 와서 오히려 선교사들에게 깊은 마음의 상처만 남기고 떠나지 않았으면 한다.

특히 총회나 노회지방 회나 시찰 회 등 교회들이 성도들의 헌금으로 바친 상회비가 실질적으로 교회성장 이나 선교를 위한 프로그램 보다는 목회자들 간에 친교를 도모 한다는 명목으로 여행을 다니는 추세에 있다고 해도 과언이 아니다.

지금 한국 교회는 7~80 % 가 미 자립 교회요 농어촌 교회이다. 참 다운 선교를 위한 프로그램이 전무한 상태 이며 무수히 많은 단체들이 자체적인 유지를 위해 급급해 하고 있다.

이름도 헤아릴 수 없을 정도로 교계 신문이 많은 것은 무엇을 말해 주고 있는가? 교회나 목회자나 단체의 홍보를 위해 지출되는 홍보비가 천문학적인 숫자 이다.

그리고 목회자들이 저지른 비리를 덮기 위해서 사용 되어지는 비용 또한 만만치가 않다. 이제 한국 교회는 사회를 향해 소리 없이 다가서야 할 때이다.

개 교회나 목회자의 이름 보다는 기독교인 이라는 이름으로 빛과 소금의 정신으로 역할을 감당해야 될 때이다.

이제야 말로 진정 한국 교회는 과감하게 구조조정을 시도해야 될 때이다. 사회는 지금 정치자금으로 인한 물갈이가 서서히 진행되고 있다. 차제에 우리 한국 교회도 스스로 정화 할 수 있는 시스템을 구축하여 새로운 변화의 물결이 일게 해야 한다. 그렇지 않으면 교회가 세상으로부터 외면당하고 만다는 사실을 역사가 증명해 주고 있다. 기독교의 근본정신은 하나님 사랑과 이웃 사랑의 두 축 로 구성 되어 있다. 이제 한국교회는 진정 주님이 원하시는 방향을 바로 알고 세계를 향해 시대적 사명감 을 가지고 나아가야 한다.

하나님께서 이 민족을 특별히 사랑 하시는 것은 그래도 사명 받은 헌신된 선교사 들이 전 세계에 나가 하나님의 뜻을 수행하고 있기 때문이라고 생각 한다.

이제 한국 교회는 조직 적으로 선교사 들이 마음 놓고 선교할 수 있는 대책을 후방에서 마련해 주어야 한다.

한국교회가 선교에 무관심 하다 보니 자비량으로 나가 선교 활동 하는 사람들이 많이 있다. 교회가 교회 로서의 선교 사명을 제대로 감당 하지 못할 때 하나님 자신이 친히 사람들에게 은혜를 부어 그 일을 하도록 한다는 사실 이다.

13. 거대한 골리앗인 중국을 복음의 능력으로

오늘날의 중국에 대해 식견을 가진 사람이라면 너도 나도 한마디씩 하는 예기가 '중국은 한마디로 무서운 나라이다 '라고 표현 하는 일에 주저 하지를 않는다. 누군가가 말하기를 '잠자는 중국을 깨우지 말라' 고 일지기 중국을 예견 했던 것처럼 중국은 지금 거대한 골리앗과 같이 무서 우리만큼 세계를 재패 하여 과거의 영화를 재현 하려는 듯 용틀임 하고 있다고 해도 과언이 아니다.

경제학자들의 말을 빌리면 중국은 지금 '거대한 블랙홀'처럼 세계의 자본을 빨아들이고 있음을 표현 하고 있는 것이다. 지금 전 세계 각지에서는 중국에 대한 열풍이 휘몰아치고 있다. 바야흐로 세계는 지식 정보화 시대를 맞이하여 제각기 치열한 경쟁사회 속에서 살아남기 위해서 필사적으로 몸부림을 치고 있다.

이에 부응이라도 하듯이 우리 한국도 예외는 아니다. 국제사회 속에서 왕따를 당하지 않기 위해 고군분투 하며 진검승부를 펼치는 검객사처럼 혼신의 힘을 다하고 있다.

지금 중국은 서서히 거대한 공룡처럼 전 세계를 향하여 포효 하고 있는 듯한 느낌이다.

이제 어느 나라도 중국에 대항할 수 없을 정도로 서서히 소리 없이 힘을 키워온 것은 사실 이다. 그런 반면에 우리 한국은 지금 총선을 앞두고 갈수록 이전투구 현상이 극대화 되고 있는 시점에 와 있다. 대통령과 정부는 온통 총선을 위해 국력을 낭비하고 있다.

국민 들을 볼모로 삼고 정치를 하면서도 정작 국민들은 안중에도 없으며 소인배적 독불장군 식 으로 무조건 총선 에서 승리 하는 길만이 국가가 사는 길 인 것처럼 동분서주 하고 있는 모습 이다.

이러한 때에 우리 한국 기독교마저도 일부 지각없는 목회자들이 정치에 편승 하는듯한 느낌을 주고 있어 사회에 반향을 불러일으키고 있다. 오늘날의 한국교회는 스스로 자정 능력을 상실한 채로 자구책 마련은커녕 함께 덩달아 춤을 추고 있다. 교회가 힘을 잃어 가고 있다. 목회자의 권위가 추락되어 빛이 바랜지 오래 되어 가고 있는 시점에서 다시 한 번 교회와 목회자의 권위가 부활되기를 기대해 본다.

한국교회는 거대한 골리앗처럼 우리에게 다가오는 중국에 비하면 볼품없을 정도로 연약해 보여 골리앗이 조롱할 정도의 위치에 서 있다.

그렇지만 전능하신 하나님의 능력을 힘입고 믿음으로 나가게 되면 승리 할 수 있음을 우리는 성경과 기독교 역사를 통해 보여주고 있다. 다윗은 삶의 현장에서 여러 형태로 연단을 받아 단련되어 성숙되어 왔기에 거대한 골리앗 앞에서도 비굴하지 않고 당당하게 대항하여 승리했음을 우리는 알고 있다.

이미 중국은 정치, 경제, 사회, 문화 등 모든 영역에 걸쳐서 세계를 지배할 정도의 역량을 가지고 있음에는 틀림이 없다. 그러나 중국은 공산주의 국가이기에 기독교 복음은 형식화 되어 있다. 교회도 목사도 인정 하지만 경제 논리에 입각하여 기독교 국가를 향해 무늬와 흉내만 내고 있는 실정 이지만 '악을 선케 하시는 하나님의 능력'과 복음의 능력으로 실제적으로 사람들의 영혼에 엄청난 충격과 도전을 주고 있다는 사실 이다.

차제에 우리 한국교회는 중국을 향한 하나님의 사랑을 십이분 활용하여 하나님의 구원 역사 행진을 위하여 디딤돌과 같은 사명을 감당해야 한다는 사실 이다.

수많은 중국인들이 지금 한국문화에 서서히 매료 되어 가고 있는 오늘 우리는 스스로 한국을 찾아오는 저들을 향해 그리스도의 사랑으로 영접하고 복음을 통해 하나님의 구원 역사를 맛보게 해주어야 한다. 한국 교회는 교회가 세워진 본질적인 사명을 바로 알고 여기에 효율적으로 대처 할 수 있기를 기대 한다.

한국교회가 이 마지막 시대에 복음의 주자로서의 사명을 바르게 감당하게 될 때 한국 사회가 변하게 됨을 간과해서는 안 된다.

부흥운동이 한국 교회 성장과 발전에 지대한 공헌을 해온 것임에는 이견이 없다. 이제는 한국교회가 초대 안디옥 교회와 같은 선교의 역할을 해야 될 때 이다.

초대 예루살렘 교회가 선교 명령을 제대로 수행 하지 못함으로 촛대가 안디옥 교회로 넘어간 사실을 우리는 교훈으로 삼아야 한다.

한국 교회에 주신 사명은 오직 선교에 있음을 바로 알고 이일을 위해서 교회와 교단 그리고 선교 단체가 일심동체로 협력 하여야 한다.

복음의 능력만이 13 억의 죽어가는 영혼을 건질 수 있으며 마지막 시대에 하나님의 구원 역사를 이룰 수 있을 것이다. 복음으로 중국을 정복하여 그리스도의 푸른 계절이 중국 땅에 펼쳐지기를 기대해 본다.

14. 선교의 횃불을 재 점화해야 될 한국 교회

우리는 성경을 통해 선교의 당위성과 필요성에 대해 그리고 선교의 방향과 방법에 대한 기본 텍스트북으로 삼을 수 있는데 특히 바울서신이 우리에게 좋은 선교의 패러다임을 제시해 주고 있다 고 볼 수 있다. 바울서신 가운데 특히 사도행전은 선교사 사도바울의 사역 전반에 대한 관점을 보여주고 있는 길잡이 역할을 하고 있다.

초대 예루살렘 교회가 그 당시 교회역사가 들의 말을 빌리면 그 도시의 절반이나 되는 시민들이 교회에 출석을 하였음에도 왜 하나님께서 예루살렘 교회에 핍박을 보내셔서 교회가 분열이 되는 양상을 보여 주었나 하는 문제 이다.

사도행전을 해석하는 중요한 key 포인트는 1장8절의 말씀으로 거듭난 성도와 세워진 교회는 반드시 선교명령을 수행해야 한다는 사실을 우리에게 제시하고 있다는 사실이다.

이 사실을 전제로 하면서 한국교회는 다시 한 번 이 선교 명령을 제대로 수행하고 있는지 반성하고 새로운 영적 부흥 운동을 일으킬 수 있는 전환점의 계기로 삼아야 한다는 사실 이다. 현시대에 나타난 현상적인 측면에서 연구해 보면 교회 역사 속에서 언제나 하나님은 선교

하는 개인이나 가정 그리고 교회 와 국가를 축복하고 계시다는 사실을 역사가 증명해 주고 있음을 우리는 알고 있다.

  선교에 열정을 다한 영국은 한때 '해가 지지 않는 나라'라고 불리워질 정도로 국가가 왕성할 때가 있었다. 그리고 미국은 선교 하는 일에 지금도 선두를 달리고 있기에 세계적인 경제대국의 자리를 지키고 있다. 이제 우리 한국교회는 복음을 받아들인 역사에 비해 선교 하는 일에는 최선을 다해 경주해 왔기에 그래도 IMF 이전 까지는 하나님의 은혜로 축복을 받고 왔음에는 틀림이 없는 사실 이다.

  오늘날의 한국은 금융위기를 경험한 이래 경기가 침체 되어 경제적으로 어려워 진 것은 사실 이지만 그렇다고 해서 교회마저도 본연의 사명을 망각하고 있다는 사실 이다. 교회가 재정 적 으로 위기를 경험하면서 제일 먼저 선교를 축소하는 반면에 교회 존립 본연의 목적보다도 교회 외적인 구제나 교회 내적인 복지 지향적으로 치우치고 있다는 사실을 지적 하고 싶다. 물론 교회가 대 사회를 향한 선교 적 차원에서 구제도 중요하고 성도들의 필요를 충족해 주는 복지 문제등도 중요 하다고 생각한다.

  그러나 우리는 항상 성경에서 하나님이 시대적으로 무엇을 요구 하고 있는지 교회를 향하신 하나님의 뜻이 무엇 인지를 간과해서는 안 된다는 사실 이다. 교회 존립의 일차적 목적은 선교명령 수행에 있음을 분명히 알아야 한다. 금도 수많은 한국의 교회는 선교를 구색 맞추기 식으로 하고 있다는 사실을 보여주고 있다. 한국 교회가 본연의 선교 명령을 제대로 수행 하지 않는다면 그동안 한국에 주신 영적, 물적 축복의 촛대가 옮겨질 수 있다는 사실도 역사가 증명을 해주고 있다.

한국교회는 다시 한 번 성경에서 말씀 하시는 하나님의 음성을 겸허히 받아들이고 인본 주의중심의 사역에서 돌이킬 것을 촉구 한다.

지금 우리는 너무나 중요한 마지막 시대에 살고 있다는 사실을 망각해서는 안 된다. 한국교회에 다시 한 번 촉구 하는 것은 선교를 형식적으로 위선적으로 구색 맞추기식으로 하지 말라는 사실 이다. 시대를 바로 볼 줄 아는 역사 인식의 안목을 가지고 사명 적 자세를 견지할 것을 주문해 본다.

이제 한국은 더 이상 '우물 안 개구리'가 되어서도 안 된다. 한국의 소망은 오직 '복음을 복음 되게' 하는데 있는데 이는 교회의 본질적 사명 회복에 초점을 맞추어야 한다는 사실을 염두에 두어야 한다. 정치도 경제도 우리에게 희망을 보여주지 못하고 있는 시점에서 우리는 세계를 향해서 그동안 준비된 복음의 능력만이 한국을 회생케 할 수 있음을 자각하고 이 사명을 위해 고군분투 해야만 한다는 사실을 분명히 해두고 싶다.

교회가 선교를 위해서 온 정열을 불태워야 된다고 외치고 싶다. 성도들의 삶의 목적과 가치도 여기에 포커스를 맞추어 나갈 수 있도록 바른 지도를 해야 하며 이제 한국교회는 더 이상 기도원이나 수양관 그리고 복지관 과 납골당 등 이런 일에는 정열을 소비 하지 말아야 한다. 세계 선교 역사상 제2위의 자리에만 안주하여 연연 하지 말고 실제적인 선교를 위한 일에 시대적 사명을 경주해야 할 것 이다.

이제 한국교회는 성도들을 선교 적 사명으로 무장하고 교회도 선교가 정점이 되는 방향으로 구조조정을 해서 전심전력으로 선교 하는 일에 매진해야 한다.

특히 한국교회 목회자 들은 더 이상 성지순례나 선교여행을 빙자하여 성도들의 소중한 헌금을 놀러 다니는 일을 위해 낭비 되어서는 안 된다. 고국을 떠나 문화권이 다른 선교지 에서 묵묵히 자신들의 사명을 위해 사역 하는 선교사들을 잊지 말았으면 한다.

선교 비 몇 푼 보내 준 것으로 선교를 하고 있다는 생색은 더 이상 하지 말았으면 한다.

선교사들이 일하는 선교지에 떼거리로 몰려다니며 관광을 일삼는 진풍경은 자제해 주었으면 한다. 선교 적 필요를 위해 일시적으로 방문하는 선교사 들이나 그동안 열심히 일하고 안식년을 맞아 고국에 돌아오는 선교사들 그리고 사역을 마치고 귀국하는 선교사들을 보듬어 안아 줄 수 있는 대안 마련이 준비 되었으면 한다.

최소한 기도원이나 수양관 그리고 단체에서 운영하는 복지관의 10 % 정도는 선교사들을 위해서 제공 되었으면 한다. 언제라도 현지에서 선교하다 영적침체가 닥아 올 때나 육적으로 지칠때 고국으로 돌아와서 편히 쉬었다 갈수 있는 공간이라도 제공 되었으면 한다.

한국 교회여 우리 다시 한 번 선교를 위한 횃불에 불을 붙 혀서 세계를 향하여 전진 할 수 있기를 촉구해 본다.

15. 제2의 종교개혁이 일어나야 할 한국교회

한국교회의 선교가 이제는 명실상부하게 선교 2세기로 접어들었다고 해도 과언이 아닌 것은 짧은 기간 동안에 세계 기독교 역사상 유례가 없을 정도로 피선교국에서 선교 국가로의 방향 전환을 가져 왔다는 사실 이다. 1884년에 처음으로 알렌을 시발점으로 해서 개신교 선교사가 입국한 이래 120년의 역사를 지나오면서 우리 한국교회는 괄목할 정도로 성장하여 세계 20 대교회 가운데 8개가 한국에 있으며 세계 최대의 교회(여의도 순복음 교회, 75만성도)가 탄생됨은 물론 이제는 1만 3,000명이나 되는 선교사를 전 세계에 파송한 선교대국이 되었다는 사실 이다.

한국은 지금 교회와 신학교 그리고 목회자들과 신학자들이 포화상태에 이르고 있는 시점에 이르렀다. 한국 기독교의 발전이 순기능적인 측면 보다는 역기능적인 측면을 통해 오히려 세상에서 기독교가 인정을 받기 보다는 배척을 당하는 오늘의 현실을 간과해서는 안 된다는 사실 이다. 비근한 예로 한국교회의 선교 적 열정이 세계 최대의 교회를 탄생 시킨 반면에 세상 경제원리 에서나 찾아볼 수 있는 '빈익빈 부익부'현상이 교회 안에 들어와 자리를 잡았다는 사실 이다.

그리고 수많은 신학자들이 배출됨으로써 신앙의 질적인 상승효과는 가져 왔지만 반면에 우후죽순처럼 헤아릴 수 없을 정도의 수많은 신학교가 무분별 하게 세워 짐으로 학생 수급을 위한 상술적인 방법까지 동원되어 오히려 목회자들의 질적인 저하 현상을 가져 왔다는 사실 이다.그 결과 빚어진 현상은 교파간의 경쟁은 말할 것도 없고 한국교계의 영적 무질서 현상을 초래 하였으며 틈새를 비집고 수많은 이단, 사이비 교회가 속출 하였다는 사실 이다. 바야흐로 한국은 기독교의 영적 전성기를 맞이하고 있다고 해도 과언이 아니다.

 지금 이야말로 한국교회는 제2의 종교 개혁운동이 일어나야 할 시점에 처해 있다고 볼 수 있다.그렇지 않으면 결국 교회는 세상으로 부터 외면당할 수밖에 없음을 우리는 서구 교회의 역사를 통해서 배워야 할 것이다.

 점차적으로 교회가 세상을 향해 빛이 바래지고 있다는 사실을 우리는 분명히 알아야 할 것이다. 한국의 희망은 이제 정치인 들이나 경제인 들에게서는 찾아볼 수 없음을 우리는 자명하게 잘 알고 있다.

 지금까지 한국의 축복은 전적인 하나님의 은혜로 주어진 것인데 그것은 교회가 교회로서의 사명을 바르게 감당할 때 주어진 축복인 것이다.

 교회에 주신 제1차적인 선교의 사명을 바로 알고 실천해 나갈 때만이 다시 하나님께서 한국에 축복을 허락 하실 것으로 믿는다. 그것은 한국교회가 무늬만 선교를 부르짖을 것이 아니라 총력을 다 해 마지막 주자로서의 사명감을 가지고 선교에 매진할 때만이 가능 한 것이다.

 역사적으로 보면 선교에 전념하는 국가를 하나님께서는 흥왕케 하셨다는 사실 이다.이제 한국이 중대한 기로에 와있는 것은 이대로 주저 앉을 것인지 아니면 제2의 도약 단계로 나아갈 것인지 결정해야 될 중요한 시점 이라는 사실 이다.

 한국 교회는 지금 세상을 거슬려 올라가지 못하고 오히려 죽은 물고

기 마냥 세상과 함께 떠 내려가고 있는 것은 주님이 원하는 선교 보다는 세상이 요구하는 대로 가고 있는 듯한 느낌이다. 오늘의 교회가 '요람에서 무덤까지'의 슬로건을 내걸고 교인들을 유치하기 위한 기발한 착상들을 통해 점차적으로 세속화 하고 있는 듯하다. 한국교회는 그동안 보내는 선교에는 총력을 다 하였다고 자부할 수 있지만 이제는 선교사 관리 부분에서는 손을 놓고 있는 실정인 것은 교회의 우선순위가 변질이 되고 있기 때문이다.

성도들에게는 강력하게 십일조를 강조하여 신앙의 성장과 교회의 재정적 확충은 가져 왔지만 정작 교회는 최소한 재정의 십일조 정도만이라도 선교에 투입하여 매진하는 교회는 그리 많지 않다는 사실 이다. 대부분의 한국교회는 현상 유지에 급급한 상황 이다. 오늘날 한국교회는 무리한 확장을 시도하여 교회가 금융기관에 지출하는 금융비용이 엄청난 현실은 어떻게 설명 할 수 있을지 의문이다. 진정 주님이 원하는 것은 아름다운 미석으로 성전을 꾸미는데 있지 않다는 본질을 왜곡하는 현실이 아쉽기만 하다.

복음의 본질을 왜곡함으로서 오늘날의 성도들을 영적인 소경으로 우민화 하고 있다는 사실을 간과해서는 안 된다. 더 이상 평신도들을 영적인 어린 아이들 마냥 취급해서는 안 된다는 사실 이다. 이제 한국교회 성도들은 성숙한 단계에 이르렀다는 사실 이다. 이제는 목회자 중심의 편협 된 사고방식 에서 탈피하여 평신도들과 함께 주의 일을 감당 할 수 있어야 한다. 평신도들에게는 교단이나 교파 의식이 그리 중요하지 않다는 것을 알고 바르게 대처 할 수 있기를 바란다.

한국에는 언론의 자유가 있는 까닭에 기독교 언론이 헤아리기조차 힘들 정도로 많은 것은 무엇을 증명해 주고 있는지를 바로 보아야 한다. 한국교회 목회자들의 명예 적 욕심은 위험 수위를 넘나들고 있다는 사실을 우리는 알아야 한다. 무슨 단체가 그리도 많은지 그리고 무슨 회장들이 그리도 많은지 한 교회의 담임목사의 자리가 그것도 부족하여 너도나도 회장을 하려고 무수히 많은 단체를 급조하여 서로 나눠 먹기식의 감투를 쓰고 있기에 여기에 편승을 한 언론들마저도 함께 장단을 맞추고 있다는 사실 이다.

부흥사 단체들도 이제는 자리 나눠먹기로 전락을 하고 제대로 부흥사들을 훈련하기보다는 단기 속성 반 교육으로 부흥사들을 배출하고 있다.

한국교회 부흥운동의 질을 떨어뜨리고 있다는 사실 이다. 서로가 하나님의 뜻을 위하기보다는 이해득실 관계로 거미줄처럼 서로 얽혀 있어 혼선을 가져올 뿐이다.

적어도 자기 목회에 성공한 지도자들을 중심으로 부흥운동이 전개 되어야 함에도 기술적 테크닉만 가지고 부흥사로서 활약하는 사람들이 많다는 사실 이다.

자기 교회도 부흥 시키지 못한 사람들이 제대로 된 부흥회를 하기 란 쉽지 않다는 사실 이다.

이제 한국 교회는 목회자 들이 변하지 않으면 희망이 없다는 사실 이다. 평신도 부흥 운동 보다는 이제는 목회자 들을 새롭게 갱신 하는 운동이 많이 일어나야 할 것이다.

한 나라의 흥망성쇠는 지도자들에 있음으로 한국교회가 명실 공히 세계교회의 중요한 역할을 하기 위해서 목회자들이 새롭게 변하여 시대적 사명을 감당 할 수 있기를 감히 기대해 본다.

16. 한국교회는 더 이상 조선족 선교에 연연하지 말라.

 1992년도에 한, 중수교가 이루어지고 모든 분야에 인적교류와 물적 교류가 활발하게 진행되고 있음은 그만큼 두 나라 상호간에 긴밀한 관계가 되어 있기에 당연하다고 볼 수 있다.
 최근에 한국이 중국과의 12년간의 관계를 되돌아보면서 점검을 하는 그리고 더 나은 대안을 제시하는 것을 보면서 중국선교도 나름대로 진단을 하고 새로운 방향을 모색 하는 것도 바람직하기에 지면을 통해 중국선교를 다시 한 번 돌아본다.
 10여 년 동안 한국교회는 중국에 대한 선교의 패러다임이 많이 변화 하는 것을 근래에 와서 체감할 수 있다. 수년전에 연변에서 있었던 '안승운 선교사 북한 납치 사건'을 기점으로 조선족 자치주에 안주해 있던 선교사들이 여러 지역으로 흩어지게 되었다.
 그리고 그때 이후로 많은 선교사들이 조선족 위주의 선교방침 에서 한족 중심의 선교로 방향을 전환하는 계기가 되었음은 두 말할 여지가 없다.
 그럼에도 불구하고 한국교회의 조선족 선교에 대한 행진과 열기는 아직도 식을 줄을 모르고 계속적으로 이어지는 것을 보면서 차제에 바람직한 중국선교의 방향을 제시해 보고자 한다. 물론 조선족 사역을 누구나 손쉽게 할 수 있는 것은 우선적으로 언어의 장벽이 없기 때문에 누구든지 한번만 교제를 가지면 쉽게 선교를 접목 할 수 있기 때문이다.
 타문화권 선교는 비교석 으로 언어의 소통이 용이 하지 않음으로 인해서 이제는 많은 사람들이 언어소통이 비교적 자유로운 중국 특히 동북지역으로 들어오는 발걸음은 그칠 줄을 모르고 있음에 증명이 되고도 남는다.

그런 까닭에 이곳에서 사역하고 있는 수많은 조선족 사역자들의 순수성이 서서히 변질되고 있는 것은 아랑곳 하지 않고 이중 삼중으로 겹겹이 둘러 쌓여서 사역을 하고 있는 실정 이다.특히 한국교회 목회자들이나 선교사들의 사역을 너도 나도 흉내를 내고 있는 조선족 평신도들의 모습을 보면서 거기에 속고 있는 수많은 한국교회 목회자 들을 바라보면서 안타까운 마음이다. 지금 우리 한국의 선교사들이나 목회자들이 스스로 조선족 교회의 질서를 깨뜨리고 있다는 사실을 간과해서는 안 된다.

웬만한 선교사 치고 신학 원을 운영하지 않는 사람이 없을 정도 이다. 그리고 이곳에 선교사들과 함께 동역을 하던 조선족 사역자들도 섬기던 교회는 아랑곳 하지 않고 하나의 상업적 인 방법을 동원하여 자신들의 호구지책 을 연명하기 위한 수단으로 신학 원을 운영하고 있다.

우후죽순처럼 독버섯처럼 솟아나는 신학 원들을 바라보면서 중국교회의 무질서 현장을 부채질 하고 있는 우리들의 모습에 아연 실색 하고 만다.

지금 이곳의 제도적인 삼자교회의 목회자들의 현실적인 고민은 제발 한국의 선교사들이나 목회자들이 허락 없이 평신도 지도자 들을 빼내어 신학 원 내지는 지도자 교육을 한답시고 중국교회의 질서를 깨뜨리지 말 것을 촉구 하고 있다는 사실을 우리는 직시 할 수 있어야 한다. 신학 원을 하고 지도자 들을 교육 시키는 것은 막을 수 있는 방법은 없지만 차제에 촉구 하고 싶은 것은 하려면 제대로 하라는 것이다.

교회에서 제대로 인정도 받지 못하는 사람들을 빼내어 가지고 그것도 한 달에 한번 정도 일, 이년간을 교육을 시켜서 전도사 자격증을 주어 교회를 개척 시키고 사역을 하게 하는 것이다.

한 달에 한번 그것도 3~4 일정도 무분별 하게 체계적인 교육을 시키지 못하면서 1~2년 내에 전도사 자격을 남발하고 있다. 그리고 그것도 부족해서 심지어 어떤 교단 에서는 목사 자격 까지 준다고 하니 중국교회의 무질서를 어떻게 극복 하느냐 하는 것이 우리가 함께 고민해야할 문제 인 것이다.

중국정부 에서 기독교를 핍박 한다는 명분만을 가지고 마구잡이식의 선교정책은 당연히 지양해야 할 것이다. 물론 중국교회는 믿는 신자와 교회 수에 비해서 상대적으로 정부에서 인가한 신학교가 턱없이 부족한 것은 사실 이다.

그렇다고 해서 중국교회의 질서를 깨뜨리면서 까지 일방적인 선교정책을 가지고 무분별 하게 신학교육을 하는 것은 지양해야 한다고 생각한다.

중요한 것은 현지교회와 호흡을 같이 할 필요성이 있다. 가급적이면 신학생 선발은 현지교회에 맡겨야 하는 것은 누구보다도 저들을 잘 아는 것은 현지교회의 사역자 들이다.

그러나 신학교육은 현지교회가 감당하기에는 아직 역부족 이라고 생각 되어 지는 것은 아직도 중국교회가 신학의 발전만큼은 유아기 수준을 벗어나지 못하고 있는 실정이기 때문이다.

그러므로 현지교회와 서로 협력을 하여 공동의 프로그램으로 신학 원을 운영하는 방법이 바람직하다고 볼 수 있다. 반면에 비전 있는 지도자 들을 발굴하여 저들로 하여금 향후 중국의 미래를 책임질 수 있도록 도와줄 수 있어야 한다. 그리고 저들의 수준을 높일 수 있는 프로그램을 개발하여 지속적인 관심을 가지고 협력할 수 있어야 한다. 지금 중국은 정치와 경제 그리고 문화 등 21세기에 세계를 향하여 비상 하고 있다. 그런데 신학교육이 언제 까지나 답보 상태로 머물러 있어서는 안 된다.

이제 우리 한국교회는 중국교회와 서로 동반자 적인 유대 관계를 가지고 함께 협력할 수 있어야 한다. 삼자교회 지도자들과 대화채널을 가동하여 바람직한 방안을 모색해야 할 것이다. 지금이 시기적으로 중요한 기로에 서있다.

중국정부의 종교정책은 상황과 여건에 따라서 여러 모양으로 변화될 것임에는 틀림이 없다. 이제는 중국교회가 성도들의 교육의 질을 높일 수 있도록 이 방면에 관심을 가져 주어야 한다. 아직도 중국교회의 영적인 수준은 초보 단계를 벗어나지 못하고 있는 실정 이다.

안수 받은 목회자의 수가 절대적으로 부족한 것은 말 할 것도 없고 신학교육을 제대로 받은 목회자의 수가 절대적으로 부족하기에 성도들의 영적교육이 체계적으로 이루어지지 않는 것은 지극히 당연 하다고 볼 수 있다.

뿐만 아니라 지도자들을 위한 영적 프로그램이나 신학 서적도 상대적으로 열악하기 때문이다. 이제 한국교회는 양적인 수적 성장보다도 질적 성장을 위한 프로그램을 가지고 서로 협력 할 수 있기를 기대해 본다.

17. 한국교회는 선교현장을 선교사들에게 위임해 주라.

　선교현장의 초년병 이지만 감히 한국교회에 제언하고 싶은 일은 어디까지나 선교현장에 대해서는 한국교회가 현지 선교사들의 의견을 수렴하여 동반자적인 모습으로 나아가 줄 수 있기를 말하고 싶다.
　지금까지 선교사들이 선교현장의 문제를 제외하고 한국교회 목회자들의 목회에 대해서 어느 누구가 감히 간섭 내지는 영향력을 미친 일은 없을 것이다.
　그럼에도 불구하고 한국교회의 목회자들은 마치 선교현장의 주인이라도 되는 듯이 보이지 않게 영향력을 행세 하는 일이 비일비재 하다는 사실 이다.
　선교현장 이라는 것은 지역이나 문화권의 차이에 따라서 서로 다른 다양한 성질을 가지고 있다고 볼 수 있다. 그럼에도 일부 선교 신학자들이나 선교의 전문가라고 자처 하는 사람들 그리고 한, 두 번 선교 현장을 다녀간 사람들 이라면 마치 그 선교현장 에 대해서 전문가 인 것처럼 군림 하려고 하는 것은 바람직 한 자세라고 볼 수 없다.
　협력자 및 조력자로서 신학과 목회를 통해서 바른 선교가 이루어 질 수 있도록 조언해 주기를 요청해 본다. 텍스트와 콘텍스트의 차이는 서로 인정할 수 있는 분위기 조성이 필요 하다고 볼 수 있다.

　오늘의 한국교회 일부 목회자들은 마치 모든 일에 만능인 것처럼 전능자처럼 행세하는 경우가 허다한 것은 특히나 선교지 현장에 와서 유별나게 드러나 보이고 있다는 사실 이다.

선교지의 특수한 상황과 여건은 무시하고 나름대로 자기만의 독특한 선교철학적인 바탕을 가지고 자의적으로 재단하고 있는 것을 많이 보여 지기 때문이다.

뿐만 아니라 선교지 현장에 많은 물질을 가지고 오는 경우는 자신의 뜻을 선교지에 펼치려고 하는 야심가들처럼 보여 지기 때문이다.

이제 한국교회는 성숙한 교회로서 세계교회 속에 우뚝 자리 잡고 있다는 사실을 간과해서는 안 된다. 이제는 전 세계의 교회들이 한국교회를 주목하고 있다는 사실 이다.

그러기 때문에 전근대적이면서 구태의연한 사고방식과 획일적인 잣대를 가지고 행세해서도 안 된다는 것이다.

이제는 한국교회가 더 이상 선교사 들이 구걸 하는 식의 행태 보다는 새로운 방법을 개발하여 조직적 이고 체계적인 시스템 수립이 급선무 일 것이다.

더 이상 한국교회의 선교가 부수적인 사업 마냥 짜 맞추기식이나 나열식의 선교가 아니라 제대로 된 선교를 보여 주었으면 한다.

주먹구구식으로 무계획적 이며 추상적인 선교를 지양하고 이제는 조직적 이면서 계획적 이고 구체적인 선교를 위해서 헌신해 주는 교회들이 많았으면 하는 바람이다. 선교사들을 믿고 서로가 신뢰해 주는 분위기가 아쉽다.

개 교회식의 선교를 이제는 지양하고 교회들이 서로 연합함 으로 얻어지는 시너지 효과를 최대한 발휘할 수 있기를 기대해 본다.

지금도 중국에 들어오는 한국의 많은 교회의 목회자 들은 선교에 대한 분명한 철학을 가지고 들어오는 사람이 많지 않다는 사실에서 서글픔을 느끼게 하고 있다.

 그리고 수많은 교회나 교단 그리고 지방 회 혹은 노회나 시찰 회 등에서 단기 선교라는 형태의 선교는 이제 지양해 주었으면 한다. 유명한 관광지를 여행 하면서 '선교여행' 이라는 명분은 붙이지 않았으면 한다. 차라리 '야유회'혹은 '친목회'등 서로 부담 없이 왔다가 휴식을 취하며 그리고 서로 교제 하면서 조용한 모습으로 돌아가 주었으면 한다.

 제발 '교회'라는 이름으로 단체 여행을 하지 말기를 촉구 한다. 일회적인 행사를 통해서 물론 얻어지는 다른 측면의 효과는 차지하고 서라도 보이지 않는 휴유증은 따르기 마련이며 순기능적인 측면보다도 역기능적인 면이 오히려 더 많다는 사실 이다.

 단체 에서 특히 성도들의 헌금으로 선교여행 이라는 명분만으로 많은 돈들을 허비 하고 있다는 사실 이다. 실제적으로 선교현장에 보내어 지는 것은 일부분에 지나지 않는다.

 그리고 선교지 현장에서 가급적이면 현지인들이나 선교사들을 앞세워 쇼핑 하는 것은 자제해 주었으면 한다.

 어느 지역이나 선교지 현장에서 살아가는 사람들은 나름대로의 고민과 아픔을 가지고 살아가고 있다. 특히 공산권이나 회교권에서 사역하는 사람들은 더욱 그렇다고 볼 수 있다.

 표면적으로 보이는 부분만을 가지고 함부로 선교사들을 판단하지 말았으면 한다. 지금까지 태어나 자란 고국을 떠나서 새로운 문화권 속에서 살아가는 것만으로도 아름답고 귀한일이 아닐 수 가 없기 때문이다. 일시적으로 고국에 돌아가는 선교사들을 따뜻한 가슴으로 보듬어 주기를 기대해 보는 것은 어리석은 일일까?

오늘의 한국교회 선교사들의 숫자가 일 만 명 시대를 넘어 서면서 이제는 선교사들을 향한 한국교회의 시선이 예사롭지 않다는 사실 이다.

교회마다 찾아오는 선교사들이 많음으로 인해 많은 교회의 당회장 목사들은 아예 선교사들을 만나주지 않고 있는 것은 어제 오늘의 일이 아니다. 고국에 대한 향수와 더 나은 선교사역의 방향 설정을 위해 모처럼 찾아간 고국 에서 조차 이교회 저 교회 기웃거리며 오늘도 방황하는 선교사 들이 참으로 많다는 사실 이다.

잠자리를 걱정해야 하며 선교지에 돌아갈 교통비며 자녀들 학비를 염려해야 하는 그리고 더 나아가서는 생활비 문제 때문에 고민하는 선교사들이 적지 않다는 사실 이다. 차라리 선교지에 들어가는 것이 편하다고 생각하여 일찍 귀국 하는 선교사들이 많다.

한국교회의 일부 목회자들 가운데 더러 눈살을 찌푸리게 하는 일은 유유자적 하며 오늘은 이 호텔에서 무슨 기도회니 내일은 저 호텔 에서 무슨 모임이니 분주히 다니고 있는 모습을 보면서 차라리 비애감을 느끼게 한다.

이제 더 이상 호텔식의 기도회나 세미나 모임 등은 가급적으로 자제해 주기를 감히 요청해 본다. 기도회나 세미나 모임 등은 얼마든지 교회나 수양관등을 활용하게 되면 경제적으로도 많은 재정을 절감할 수 있을 뿐만 아니라 모든 면에서 효율적이기 때문이다.

한국교회는 교회와 목회자 자신들의 홍보를 위해서는 아낌없이 많은 비용을 들여가며 헌금을 마음대로 사용하고 있으면서도 정작 선교사들에 대해서는 인색한 것이 오늘의 한국교회 현주소라고 감히 말하고 싶다. 선교사들에게는 매월 5만원~10만원 정도의 선교 비를 보내 주면서 정작 주보에는 많은 선교 비를 보내 주는 것처럼 홍보하는 교회들이 적지 않다는 사실 이다.

 교회의 설립과 존재 이유가 과연 무엇 이라고 생각 하는지 다시 한 번 냉철하게 생각해 볼 수 있기를 바란다.

 오늘날 교회들이 운영하는 복지 단체 등은 필요 불가결한 것 을 제외하고는 가급적이면 사회로 환언을 시키고 주님이 원하는 선교 방향으로 전환 할 것을 주문하고 싶다. 지금도 전 세계에 흩어져 있는 수많은 선교사 들은 사역보다도 삶에 대한 염려와 근심으로 고민하는 선교사들도 많다는 사실을 알리고 싶다. 선교사들이 생활의 염려로 사역을 그르치게 해서는 안 된다고 생각 한다.

 선교 비 모금 문제로 고국에 자주 들락거리게 하는 일이 없도록 한국교회는 선교지 현장의 문제를 믿음으로 받아들이고 협력해 주는 시스템이 아쉽기만 하다.

 현장이 무엇보다도 중요한 것은 사역을 접는 순간까지 살아 가야할 삶의 터전이기 때문이다. 다소 부족함이 있더라도 현지에 있는 선교사들을 서로 신뢰해 주며 더 나은 사역을 위해 격려해 줄 수 있기를 희망해 본다.

 선교현장은 선교사들의 평생 일터라는 사실을 망각 하지 말기를 촉구한다.

18. 선교현장의 승패는 협력사역이 좌우한다.

 한국교회가 바야흐로 선교대국 으로 발돋움함에 따라서 명실 공히 세계교회가 한국교회를 주목하고 있다는 사실 이다. 불과 100여 년 전에 복음을 받아들인 나라가 이제는 어엿하게 복음을 수출하는 나라가 되었으니 경이적인 축복이 아닐 수 없으며 세계 교회로 부터 주목을 받는 것은 지극히 당연한 결과라 생각되어진다.
 역사적으로 복음의 횃불을 높이 든 나라마다 하나님께서 축복을 하셨다는 사실은 역사가 증명을 하고 있다. 그런데 아이러니 하게도 미국은 지금 전 세계에 선교사들을 최대로 파송한 국가 이지만 서서히 자국의 선교사들이 배척을 받고 있는 것은 결국 미국의 패권주의 정책이 가져온 결과라 생각 되어 진다.
 그런 결과로 세계선교를 위해 올인 할 수 있는 나라는 유일 하게도 우리나라임에는 두말할 여지가 없다. 그 이유는 주변 여러 나라를 둘러보아도 세계 선교를 감당하기에는 정치적인 여건이나 경제적인 상황 그리고 복음의 수용능력이나 인재동원 능력이 부족하기 때문 이라 생각 한다.

 이 모든 여건을 허락 하신 것은 우리 한국교회에 주신 특별한 은총이라 생각되어지며 시대를 향한 하나님의 요구라 생각 되어 진다.
 지금 동남아시아를 비롯하여 세계적으로 한류 열풍이 고조 되어 가고 있는 까닭에 한국인들에 대한 좋은 인상이 선교에 끼치는 일정한 영향력을 배제 할 수 없는 까닭 이다.

지금 이야말로 한국교회가 선교를 위해 전심전력해야 함에도 여기에 부응을 하지 못하고 있는 것이 안타까울 뿐이다.

선교가 교회마다 환영을 받지 못하고 있는 요인은 여러 가지가 있겠지만 당장 교회 재정의 지출을 요구 하고 있기 때문 이라고 생각 한다.

한국이 일제치하 에서 36년간(1919~1945)이나 억압을 받아 왔으며 곧 이은 남북한의 전쟁(1950.6.25~1953)을 통해 국력이 소진 하고 국론은 분열되었으며 경제적인 황폐함이 극에 달하였었다. 그 이후 반세기가 지나지 않아 올림픽(1988)을 치루게 되고 월드컵(2002)도 개최 하는 등 전 세계에서 주목하는 나라가 되어졌다.

많은 사람들은 여기에 대해 다양한 의견을 말하지만 역사의 주관자 되시는 하나님의 섭리하심이 우리 한국을 통해 전 세계 선교를 위한 사명을 주셨기에 오늘의 한국을 건설 할 수 있었다고 생각 되어 진다.

한국과 한국교회를 축복하신 하나님은 이제 마지막 시대를 살아가는 우리 한국을 통해서 전 세계에 복음이 아름답게 전파되시기를 원하신다.

한국이 6.25전쟁 당시 전 세계 16 개국의 젊은이 들이 이 땅에 와서 피를 흘린 것은 이제 우리가 저들에게 빚진 자의 심정으로 나아가서 복음으로 빚을 갚아야 하는 것은 지극히 당연 하다. 그런데도 오늘날 많은 교회들이 이 사실을 망각하고 교회 본질적인 선교의 사명을 저린 채 다른 분야에 시간과 재정을 낭비하고 있는 것이 사실 이다.

21세기 한국 교회가 유일하게 총력을 다해 성도들의 힘을 결집하고 더 나아 가서는 교회와 교파가 서로 힘을 다해 선교에 총력을 다 하게 될 때 다시 한 번 하나님은 우리 한국과 한국교회를 축복 하실 수밖에 없다는 사실을 우리는 바로 알아야 한다.

　선교는 어느 개인이나 어느 특정한 교회와 선교단체의 전유물이 아니라 한국교회 전체가 이 일을 위해 서로 협력해야 한다. 교단정치나 기독교 정치를 위해서 매년 한국교회가 쏟아 붓는 재정은 이루 말할 수가 없다고 볼 수 있다.

　그러나 정작 선교를 위해서 쏟아 붓는 재정은 극히 저조할 수밖에 없는 재무구조를 가지고 있다는 현실을 우리는 외면해서는 안 된다.

　한국교회 목회자들은 성도들에게 기본적인 십일조 예물에 대해서는 철저하게 강조를 하면서도 정작 교회가 십일조 정도만이라도 선교비로 전용이 되어 진다면 선교현장 에서 탄력을 받을 수밖에 없다는 사실 이다. 우리는 이 사실 에 대해서 냉철하게 자성 할 수 있기를 촉구한다.

　이제 그만 한국교회는 목회자 자신들의 인기를 위한 홍보정책을 지양해 주기를 당부하고 싶다. 자신의 명예를 위하여 성도들의 헌금을 남용해서는 안 될 것이다.

　교회의 헌금도 가급 적 이면 공개 될 수 있도록 투명성 있는 대책 마련이 시급 하다고 볼 수 있다. 오늘날 전 세계적 으로 한국의 선교사들 가운데 일부분을 제외 하고는 대부분 열악한 환경 속에서 사역을 하고 있는 현실을 간과해서는 안 된다.

　한국교회는 그동안 선교사들을 파송 한 것으로 의무를 다했다고 생각하는 경향이 있는 것은 교회의 재정을 긴축하게 될 때에 우선적으로 선교예산을 삭감 하는데서 알 수 있다.

이제 한국교회가 한 단계 성숙 되어 가야 할 시점에 와 있다. 개 교회주의를 지양하고 개 교단 주의도 극복해야 할 과제 이다. 할 걸음 더 나아가서 하나님의 나라와 하나님의 교회라는 대 명제 아래 서로 힘을 모아 대 사회를 향한 큰 걸음으로 진보해야 할 때 이다.

반면에 선교현장도 이제는 자기 공명심을 지양하고 파송한 교회와 교단의 권익을 위한다는 명분 보다는 한국교회를 대표 한다는 자부심 속에서 일할 수 있기를 기대해 본다.

이를 위해서 한국교회와 선교단체도 새로운 선교행정을 위한 방향 정립이 시급 하다고 볼 수 있다. 실적주의를 지양하고 진정한 하나님의 선교를 위해서 일할 수 있는 구조조정이 선행 되어 지기를 희망해 본다.

그렇게 되어 지면 선교현장 에서 선교사 들 간에 동일한 프로젝트를 함께 공유 하면서 수행 하게 될 때 재정지출 과 인적자원 활용 면 에서도 비용을 최소화 할 수 있을 뿐만 아니라 효율적으로 사역을 극대화 할 수 있기 때문 이다.

지금 선교현장 에서는 중복투자로 인한 불필요한 재정 지출은 물론 시간과 물적, 인적 자원의 낭비를 초래 하고 있다. 한국인의 기질적인 특성 가운데 하나는 개인적인 면에서는 뛰어 나지만 단체 즉 공동생활 측면 에서는 서로가 융화 되지 못함으로 소모적인 부작용이 만연해 가고 있다고 해도 과언이 아니다.

기독교의 영광은 하나님 한분만 에게 해당되는 것인데 오늘날 사람들은 자신의 바벨탑 쌓기를 위한다는 명분하에 그만 영광을 서로 차지하려고 아우성을 치고 있는 웃지못할 형국 이다. 결국에는 성도들만이 희생재물이 되어가는 오늘의 현실을 우리는 수수방관해서는 안 된다.

열심히 성도들에게는 천국과 하나님의 나라를 위해 살 것을 요구해 보지만 한낱 허공에 메아리쳐 되돌아오는 것은 오늘의 현실이 결과적으로 부정적으로 투영되어 비춰지고 있기 때문 이다. 한국교회 부흥 1세기를 살아온 많은 목회자들 가운데 세계적으로 명성을 가진 일부 목회자들의 윤리적인 문제나 탐욕의 문제로 인하여 지금 한국교회를 보는 시선이 왜곡적으로 비춰지고 있기 때문에 선교에 많은 저해요인이 되고 있다.

차제에 우리 한국교회 뿐만 아니라 선교현장 에도 개혁의 신선한 바람이 불어 와야 한다. 세계교회와 함께 나아갈 수 있는 토양 마련이 되지 않고서는 한국교회의 체질개선은 요원 할수 밖에 없음을 인식하고 거듭나는 계기로 삼아 심기일전 할 수 있기를 기대해 본다.

19. 역량을 갖춘 선교사를 필요로 하는 중국교회.

지금 중국의 교회는 이번 3 월에 새롭게 실시되는 종교법으로 인하여 새로운 전기를 맞이하고 있는 시점에 와있다. 베이징 올림픽을 3년 앞두고 있는 시점에 나온 종교법 이라 관심을 갖지 않을 수 가 없는 것이다.

새로운 종교법의 중요한 골자는 삼자교회의 종교 활동이 많이 완화되고 있는 반면에 지하교회(가정교회, 광야교회)는 사실 한층 더 어려운 상황에 직면하고 있다.

중국정부가 지하교회에 대하여는 관용을 베풀기 보다는 정부에 등록을 요구하고 있으며 등록을 하지 않을 경우에는 단속이 더 심할 수밖에 없는 것으로 보이기 때문 이다.

 올림픽을 앞두고 누구나 예견해 왔지만 보이지 않는 가정교회에 대한 탄압이 가 일층 수위를 더 할 것으로 생각되어진다.

 차제에 할 수만 있다면 가정교회들이 일정한 자격요건을 갖추어서 정부에 등록을 하는 것도 오히려 선교활동에 가 일층 박차를 가 할 수 있다는 사실 이다. 굳이 가정교회로 남아 있는 것은 오히려 선교를 위축 시킬 수밖에 없음을 알아야 한다.

 가정교회가 생각하는 삼자교회에 대한 정책이 마음껏 선교도 하지 못하고 설교나 모든 방면에 통제를 받는 것으로 오해를 해서는 안 된다는 사실 이다. 사실 정부가 삼자교회에 대해서는 거의 간섭을 하지 않고 있다는 사실을 알아야 한다.

 다만 외국인의 종교 활동에 대해서만 엄격하게 관리를 하고 있기 때문에 삼자교회가 자생적으로 사역을 하기 에는 정부에 등록을 함으로 오히려 자체 선교 활동에 대해서는 아무런 제약이 없음을 바로 알아야 한다.

 문제는 오늘날 중국교회의 신학교 관문이 좁아서 상대적으로 지도자들을 양성 하는데 다소 어려움이 있는 것은 사실 이다. 그리고 목회자들의 재교육 과정이 거의 전무 하여 목회자들의 자질 향상을 위한 자체적인 프로그램 마련이 시급 하다고 볼 수 있다.

 중국은 지금 올림픽을 앞두고 보이지 않는 영적 전쟁을 치루고 있는 것은 외국인들에 대한 종교 활동에 대해서는 예민하게 대처를 하고 있다.

 이제 우리 한국교회가 중국교회를 도울 수 있는 유일한 길은 재징적인 도움을 주는 것 보다는 지도자들을 재교육 시켜서 영적으로 무장을 하여 목회 현장에서 마음껏 역량을 펼칠 수 있도록 하는 것이다. 이를 위해서는 선교사들이 역량을 갖추어야 한다.

　최소한 중국교회 지도자들을 영적으로 교육을 할 수 있는 준비된 선교사들이 많이 있어야 한다. 목회현장의 경험도 없는 선교사들이 언어만 잘 한다고 해서 되는 것은 아니다.

　중국은 어느 지역을 가더라도 그 지역에 유형교회는 잘 보이지 않지만 시 단위에는 최소한 두세 개씩의 유형교회들이 있는데 성도들이 적게는 1,000 명 에서 5,000 명 이상씩 모이는 교회들이 많이 있다.

　그리고 셀 그룹 형태의 무형교회를 섬기는 지도자들은 대부분 신학을 졸업하지 않았기 때문에 이들에 대한 재교육이 절실하게 필요로 하고 있다. 여기에 대해서 한국 교회가 서로 협력을 하여 시대적 요청에 부응할 수 있어야 한다.

　할 수만 있으면 한국교회는 중국교회의 건축을 위한 재정지원 보다는 교육을 위한 재정지원에 주력을 하여야 한다. 그러나 많은 교회들이 무분별하게 건축을 위한 재정지원을 비공식 적으로 하는 경우가 많아 오히려 중국교회의 목회자들을 타락하게 만들고 있다고 해도 과언이 아니다. 수많은 중국교회의 목회자들의 영성이 물질로 인하여 변질되고 있는 것은 한국교회 목회자들과 선교사들의 책임이 크다고 볼 수 있다.

　한국교회에서 파송되어 중국현지 에서 사역하는 선교사들 간의 커뮤니케이션이 절대적으로 필요한 것은 선교현장의 중복투자는 물론 교육을 위한 일에 서로 협력할 수 있기 때문 이다.선교사들의 자기 공명심이나 교단간의 경쟁심리가 오히려 선교현장을 망치고 있다. 그리고 오히려 중국교회 목회자들 에게 좋은 영향을 끼치지 못하고 있는 실정이다.그리고 한국에서 단기선교 형식으로 방문하는 목회자들은 가급적이면 현지에 있는 선교사들의 의견을 수용하여 효율적인 선교가 될 수 있었으면 한다.

  지금 중국교회는 말씀을 열정적으로 사모하고 있다. 바른 말씀을 듣지 못한 영혼들이 너무나 많다. 특히 가정교회 사역자들이 대부분 신학을 제대로 하지 않아서 성경을 보는 안목이 잘못되어 수많은 이단들이 우후죽순처럼 자라나고 있으며 성도들의 영혼이 병들어 가고 있는 것이다. 한국교회는 가급적이면 신학적인 이론이나 교단에서 주장하는 신학 이론 보다는 바른 성경 관을 가지고 저들을 양육해 나가야 한다.
  한국교회에 차제에 당부하고 싶은 것은 제발 열정과 소명감만 가지고 더 이상 중국에 선교사를 파송하지 않았으면 한다. 최소한 목회적인 경륜을 갖춘 중량감 있는 목회자들이 선교현장에 와서 중국교회와 지도자들을 섬길 수 있어야 중국교회가 올바로 성장 할 수 있기 때문이다. 그리고 가급적이면 가정교회 지도자들을 정부에 등록할 수 있도록 도와주고 삼자교회 지도자들을 올바르게 양육을 해주어야 한다.

  더 이상 물질적인 선교는 지양 해주었으면 한다. 중국교회가 자체적으로 성전을 지을 수 있도록 도와주어야 한다. 중국교회의 처소교회 지도자들은 거의 자비량으로 사역을 하고 있다. 물질에 저들의 양심이 현혹되지 않도록 지혜로운 방법으로 선교를 해야 한다.
  그리고 가급적이면 한국교회는 조선족 선교에서 과감하게 손을 떼고 저들이 자생력을 갖고 사역할 수 있도록 해주어야 한다.
  이제 중국교회가 성숙한 교회로 발전되어 선교하는 교회로 나아갈 수 있도록 우리 모두는 관심을 가지고 지켜보았으면 한다.

20. 한국교회는 선교현장의 소리를 외면하지 말라.

한국이 일본침략의 압제하에서 36년간의 잃어버린 세월을 보내고 1945년도에 해방을 맞이했지만 얼마 있지 않아서 1950.6.25 에 민족 상잔의 비극 이라고 할 수 있는 남북전쟁을 3년간 치르면서 황폐화 되고 말았다.

그야말로 한국은 곳곳마다 잿더미 같은 나라를 일으켜 세우기 시작하여 '한강의 기적'을 기어이 이루고야 말았다.

독일의 경제학자 R. LIST 는 '정신적인 자원 없이 경제적인 성장은 있을 수 없다' 는 표현이 말해 주듯이 전쟁이 끝난 지 불과 25년 만에 '88 세계 올림픽'을 치루고 저력을 전 세계에 과시 하면서 우리민족의 저력을 다시 한 번 만방에 떨치면서 비상하기 시작 하였다.

괄목할 만한 경제성장을 이루어 세계가 부러워 할 수 있는 국가로서 도약하기 시작한 이면에 한국교회가 국민들의 정신적인 자원을 하나님의 말씀을 통해 뒷받침하였기 때문이다.

한국교회의 양적성장에 힘입어서 교회와 교단마다 경쟁적으로 선교사들을 전 세계에 파송하기 시작 하였고 작금에 이르러서는 선교대국이라는 칭호를 얻을 정도로 미국에 이어서 두 번째로 선교사들을 많이 파송하게 되었다.

이제는 우리 한국의 선교사들이 세계 방방곡곡에 나가서 그야말로 복음의 수출 국가로서의 사명을 감당하기 시작 하였다.

그동안 한국교회는 보내는 선교사로서의 사명에 충실한 나머지 일 만

명이 넘는 선교사들을 보내게 된 반면에 중량감 있는 그리고 역량 있는 선교사들을 현지에 보내지 못함으로 인해 선교지 에서 보이지 않는 부작용을 많이 초래하고 말았다.

조직적 이고 체계적인 선교전략 은 물론 교단간의 상호 협력이 안 된 가운데 무분별하게 선교사들을 경쟁적으로 보내다 보니 현지에서의 부작용으로 인한 폐해가 극심할 정도로 드러나고 말았다.

중국선교의 경우를 보면 한국교회와 선교사들이 대부분 조선족이 밀집한 지역을 중심으로 사역을 하다 보니 여러 가지 폐단을 초래하고 말았다.

초기 사역자들의 대부분이 언어의 장벽으로 인하여 조선족 선교에 밀집 하다 보니 중복투자는 물론 선교과열 양상까지 전개 되면서 급기야는 수많은 지도자들의 물질적, 정신적 타락의 원인을 제공함은 물론 전문적인 선교를 위한 선교 적 브로카들 까지 출현 하도록 만들었다.

대부분의 한국교회는 초기에는 현지 선교사 들 위주로 선교정책을 추구 하다가 점차적으로 선교사들을 제쳐두고 직접적으로 현지 조선족들과의 직접적인 교류를 시작하고 있는 양상이 되고 말았다. 그러다보니 자연적으로 조선족들은 자신들의 구미에 맞도록 일할 것을 요구하며 선교적인 안목을 가지고 일하기보다는 자신들의 유익을 고려하여 일하고 있다는 사실 이다.

선교가 현지인 중심으로 전환이 되어야 하는 것은 지극히 바람직한 것은 사실 이다.그러나 아직 시기상조라고 생각이 되어지는 것은 중국교회가 성숙한 단계로 나아가기에는 더 많은 시간을 필요로 하고 있다는 사실 이다.지금 중국은 올림픽 전후 상하이 박람회 기간 동안 최소한 3년~5년간은 한국교회가 총력을 다 해 저들을 양육하여 지도자들을 배양하고 자립할 수 있도록 도와주어야 한다.

그때까지 한국교회는 최소한 현지 선교사들과 더불어 중국교회의 현지화 전략을 위한 마스터플랜이 수립 되어 져야 할 것이다. 시대는 앞서가고 있는데 선교는 전근대적인 사고방식으로 뒤쳐져서는 아니 된다고 생각 한다. 시대를 거슬러 올라갈 수 있는 거시적인 선교전략이 세워져야 만이 세상을 리더 하고 경쟁적으로 이길 수 있는 방편 이라고 생각 한다.

한국교회는 선교지의 상황을 선교사들을 통해 제대로 파악을 하고 시대를 앞서갈 수 있도록 해법을 제시해야 할 것 이다.

중국은 지금 선교사들로 인하여 조선족 교회의 질서가 무너져 내리고 있는 상황에 직면 하고 있다. 대부분의 선교사들이 조선족 사역을 하면서 삼자교회의 신실한 일꾼들을 교회의 허락도 없이 임의적으로 선교를 빙자하여 차출 하여 여러 가지 교육훈련 이라는 명분하에 스스로 개교회의 질서를 무너뜨리고 있는 실정 이다.

여기저기 지도자 훈련을 명분으로 섬기는 개교회의 요구보다도 선교사들의 요구에 부응하여 사역을 함으로 교회의 질서를 무시하게 만들고 있다고 해도 과언이 아니다.

이제 더 이상 조선족들을 대상으로 하는 선교사들은 한족선교로 방향을 전환하고 나아가서는 조선족 교회는 저들 스스로 일 할 수 있도록 했으면 한다.

오늘의 대부분의 한족교회는 외부의 도움이 없이도 자생적으로 사역을 하고 있음에 반해 조선족 교회는 어떻게 하면 한국교회와 손잡고 일하느냐에 초점을 맞추고 있다고 해도 과언이 아니다. 이제 조선족들 스스로도 영성을 강화하여 교회를 바로 세워 나가야 할 시점에 와 있다.

 조선족 교회는 여기저기서 말씀을 들을 수 있는 기회가 풍부한 반면에 한족교회는 그러지 못하고 있는 실정 이다.

 심지어 조선족 사역자들은 이제 웬만한 한국 교회 목사들의 말씀에는 귀를 기울이지 않는다. 오히려 한국교회를 정면에서 비판하기 까지 하며 겉으로는 섬기는 척 하면서 뒤로 돌아 서서는 욕을 하고 외면하고 있는 실정 이다.

 물질로 인하여 저들의 영성이 약화 되지 않도록 주의를 해야 하며 물질 앞에서 많은 선교사들과 목회자들이 속고 있다는 사실을 간과해서도 안 된다.

 제발 이제 한국교회는 일방적으로 조선족들의 말만 믿고 현지 선교사들을 배재 할 것이 아니라 현지 에서 사역하는 선교사들의 고충도 이해해 줄 수 있었으면 한다.

 조선족들도 한국교회 에서 파송 되어진 선교사들을 자기의 뜻과 마음이 맞지 않는다고 해서 고발을 하는 등 공포와 불안 분위기를 조성하여 사역을 방해 하지 말았으면 한다.

 그리고 한국교회 에서 파송 되어 진 선교사들도 조선족들을 같은 동역자라는 사실을 이해하고 관용과 포용 정신으로 서로 협력할 수 있을 때 선교는 가 일층 성숙 되어 질 것이다.

21. 보편적인 중국문화 이해의 첫 걸음

한국 사람들 가운데 누구나 한 두 번 쯤 중국에 來往한 경력을 가진 사람들 가운데 자신도 모르는 사이에 마치 중국을 다 아는 것처럼 자칭 중국 專門家가 되어 있다는 사실 앞에 가끔 失소를 하곤 합니다.

저 역시 10여 년간을 중국에 왕래하면서도 중국에 대한 皮想的인 지식만을 가지고 교과서적인 感想法으로 중국을 판단하여 왔다는 사실은 자신을 통해서 잘 알고 있습니다.

막상 중국에 들어와 살면서 體得한 중국에 대한 多量한 지식이 얼마나 어리석은가를 새롭게 깨닫고 先入觀으로 알고 있던 지식을 수정하게 되었습니다.

이 땅에서 몸소 부딪히며 살아가면서 많은 것을 다시 한 번 배우는 계기가 되었습니다.

중국 사람들이 즐겨 사용하는 단어 중에 세 단어가 함축(含蓄)하고 있는 뜻을 통해서 저들이 살아가는 삶의 方式에 대해 새롭게 이해하는 계기가 되었으면 합니다.

저 중국인들의 일상용어 속에서 자유스럽게 사용하는 단어는 沒事(메이 ~써얼. 괜찮다. 일없다. 아무렇지 않다.

한국식 표기로는 '몰사'라는 뜻)전혀 우리와는 正反對의 뜻임을 알 수 있는데 저들이 사용하는 이 단어를 통해서 저들의 평소 生活 習貫을 엿 볼 수 있게 하고 있습니다.

그리고 差不多(차 부도; 별 차이가 없다)라는 단어를 통해 평소 물건이나 어떤 알고 있는 지식에 대해서 他人과 비교 할 때 주로 사용하는 단어로 우열에 대해 별로 상관하지 않는 平等思想을 엿보게 하고 있습니다.

　우리나라의 구조는 주로 垂直 구조인 반면에 중국사회의 구조는 垂平 구조 라는 사실을 알게 해 주는 단어입니다.

　또 하나는 隨便(수이비엔;아무렇게나 해도 좋다, 좋은대로해라, 편리할대로해라)이라는 단어는 관용적인(너그러운)면이 내포 되어 있음으로 저들의 여유로운 性品 을 보여 주고 있습니다. 반면에 주어진 權限을 최대한으로 위임해 주는 면이 강하게 내포됨으로 독자적인 창의력을 발휘할 수 있는 구조로 인식 되어 집니다.

　그러나 이 단어들을 잘못 인식하여 적용함으로 빚어지는 昨今의 현실을 간과해서는 안 될 것입니다. 오늘날 중국 사회의 固疾的 病弊라 할 수 있는 腐敗構造가 이를 뒷받침 하고 있어 社會 문제로 대두 되고 있으며 무사 안일 주의적인 사고로 흐르기 쉽다는 사실 입니다.

　이제 중국은 21세기 글로벌 시대에 새로운 지도자(후진타오)를 받아 들임으로 時代的 變換期에 직면하고 있습니다.

　사회구조가 서서히 개혁의 물결을 타고 변화의 소용돌이 속에서 도도한 모습으로 轉換이 되면서 새로운 세대가 교체되어 가고 있으며 보이지 않는 構造造整이 전국적으로 진행 되고 있다는 사실 입니다.

　한중 수교 이후에 많은 한국인들이 中國文化와 언어를 올바로 이해하지 못함으로 인해 時行錯誤가 너무나 많았다는 사실 입니다. 그리고 위의 단어들이 갖는 성격과 저들의 낙천적 성품의 결과로 빚어진 애매모호한 중국인들의 태도로 인해 많은 손해를 가져 왔다는 사실을 간과 해서는 아니 될 것입니다.

　중국을 예전에는 慢慢디 사회라고 평가 하고 있지만 근래에 와서는 많이 달라지고 있음을 알 수 있습니다. 일본의 어떤 企業家가 쓴글 가운데 '不義는 참아도 不利益은 못 참 는다' 는 말이 보여주는 오늘의 現代的 중국을 새롭게 이해할 수 있게 합니다.
　이익을 내는 일이라면 저들이 어떤 면에서는 우리 한국사람 보다도 더 조급한 면을 보여주고 있습니다.
　많은 사람들이 중국을 잘못 이해함으로 빚어지는 웃지 못할 사태로 인해 精神的 으로 物質的으로 미치는 영향력은 무시 할 수 없습니다.
　오늘 우리는 중국을 바로 이해함으로 低費用 으로 高附價 價値를 창출할 뿐만 아니라 창의적인 접근을 통해 저들의 문화를 바로 이해함으로 상호 이해 증진을 도모해야 할 것입니다.

22. 불의는 참아도 불이익은 못 참는다 ?

　현대의 중국인을 빗대어서 표현한 말로 중국 湖南省 출신의 李年古가 쓴 책을 한국의 藝文 出版社가 최근에 펴낸 책으로 '중국인의 비즈니스 교섭술'이란 부제가 붙어 있다. 책명이 무엇을 말해 주는가를 분명히 밝히고 있다고 해도 과언이 아니다. 필자는 이 책에서 그동안 일본이 중국과의 國際交涉 에서 실패한 사례를 중심으로 기술 하면서 오늘의 중국인을 바로 알고 대처할 것을 주문하고 있다.

그동안 중국에 들어와 살면서 느낀 감정은 한마디로 表現 한다면 지금 중국은 남여노유 빈부귀천 을 막론하고 모두다 돈벌이에 혈안이 되어 있다고 해고 과언이 아니다.

정부는 정부대로 外資유치를 위해 과감하게 구조조정은 물론 法律을 고치면서도 외국인의 입맛에 맞추어 구미가 당기도록 총력을 다 하고 있다는 사실이다.

새로운 아파트를 건설하고 수많은 빌딩들을 세우며 도로를 새로 만들기 위해 늦은 밤에도 건설현장의 망치소리가 끊이지 않는 것을 보게 된다.

지금 중국 에서는 東西, 南北간의 人的 교류가 활발히 이루어지고 있는 것은 동북 사람들이 상대적으로 수입이 좋은 都市로 나가는 반면에 남방의 기술 인력들이 대거 동북으로 밀려들고 있다. 예전 같으면 상상도 못할 일들이 지금 展開 되고 있는 것이다. 남방의 비교적 싼 勞動力으로 지금 동북 지역 에서는 새歷史를 창조하고 있다고 해도 과언이 아니다.

중국의 대학교도 지금 외화벌이에 나서고 있는 실정이다. 실제적으로 중국 대학교의 1년 등록금이 중국인의 경우(동북지방 기준)는 600,000원(한화기준)정도 인데 외국인의 경우 일반적으로 년1,500불(180만원)을 받고 있다. 중국 학생들과 3배 이상의 편차를 보이는데서 잘 알 수 있다. 지금 전 세계에서 중국으로(일본과 한국이 많음)사람들이 유입되는 상황에서 학교들도 발 빠르게 움직이고 있다는 사실이다.

특별히 중국의 公務員들은 外資 유치를 위해 발 벗고 나서고 있는 실정이다. 지역마다 도시마다 주어진 實適을 위해 열심히 뛰고 있는 모습 속에서 내일의 중국을 엿보게 한다.

　매번 시장에 나가서 느끼는 것이지만 중국 사람들은 1원(한화150원)의 수입을 위해서도 땀을 흘리고 있다. 그리고 한번 들어온 돈은 나갈 줄을 모른다는 사실이다. 最少限의 생활비를 제외하고 돈을 모은다는 사실에 다시 한 번 놀랄 수밖에 없다.

　다소 욕을 먹고 불편을 감수 하더라도 최소한의 이익이라도 주어진다면 그것을 위해서 最選을 다하는 저들의 모습을 보면서 과거의 우리의 모습을 보는듯하다.

　지금 우리나라는 3D 업종 이라고 해서 힘들고 어려운 일들은 모두 외국 勞動者들에게 맡겨 버리고 걸핏하면 길거리로 몰려나가 데모하는 無事安佚 주의적인 사고방식으로 대처 하는 모습이 안 스럽기만 하다.

　지금 한국 에서는 經濟가 위기에 처한 모습이다. 정치인들이 바르게 정치를 할때 경제가 살아 나게 되는데 지금 執權 與黨 이나 野黨도 제 밥그릇 챙기기에 혈안이 된 모습을 바라보면서 失笑 할 수 밖에 없다.

　국민이 있어야 나라도 있는 법 이요. 경제가 安定이 되어야 국가 秩序도 바로 세워 지는 법 인데 오늘날의 한국은 제 각각 이다.

　각자 利益集團 끼리 담합함으로 국가는 안중에도 없는 듯한 행동들을 서슴없이 하고 있는 와중에 있다. 巨示眼 적인 慧眼을 가진 지도자가 필요로 할 때이다. 국민들에게 비전과 용기를 심어줄 수 있는 지도자가 나와야 한다.

　다시 한 번 '불의는 참아도 불이익은 못 참는'중국인 들의 오늘을 살아가는 지혜를 우리도 교훈으로 삼아 후세에 재무구조가 건실한 나라를 후손들에게 물려주었으면 한다.

구소련(소비에트연방)이 고르바쵸프의 페레스트로이카(개혁정책)를 제대로 수용하지 못함으로 결국 나라가 산산 조각으로 분열되고 經濟도 살리지 못한 分裂된 歷史의 현장을 보면서 우리는 他山地石 으로 삼아 '동북아 중심 국가'의 슬로건이 구호로만 그치지 않도록 되었으면 하는 바람이다.

23. 우리가 배워야 할 중국 사람들의 삶

중국에서 둥지를 틀고 삶을 시작 한지도 어언 11개월째를 접어들었다. 이따끔 택시를 타다보면 처음 보는 택시기사가 나를 외국인으로 알아보지 못하고 조선족 정도로 이해하면서 나도 모르게 중국 사람들의 모습으로 변모 되어져 가는듯한 느낌에 사로잡힐 때가 종종 있다.

이곳에서 저들과 어깨를 부딪치며 살아가다 보니 중국인의 삶과 생활에 점차적으로 관심을 가지게 되었다.

저들을 먼발치 에서 혹은 가까이에서 지켜보면서 나름대로 저들의 삶과 문화를 이해하게 되었고 저들을 이해하는 폭이 나도 모르게 점진적으로 넓어지는 것을 피부로 느끼게 한다.

이제 삶의 현장에서 터득한 것을 함께 나누면서 저들의 문화를 이해하고 저들을 사랑할 수 있기를 바라는 마음에서 우리가 배워야 될 부분을 나누고자 한다.

먼저 중국인은 웬만해서 화를 잘 내지 않는 기질을 가지고 있다. 자주 보는 일이지만 주로 교통사고 현장에서 종종 느끼는 것은 우리나라 사람들 같았으면 야단법석이 벌어질 법한 일임에도 저들은 대수롭지 않게 생각 한다는 사실이다.

잦은 접촉사고가 일어나지만 서로가 얼굴을 붉혀 가면서 삿대질을 하는 풍경은 연출되지 않는다. 어떻게 보면 중국인들의 운전 습관은 한 마디로 우리 입장에서 보면 엉망이다.

그럼에도 좀처럼 큰 대형 사고가 일어나지 않는 것은 평소 저들의 생활 습관이나 성격에서 형성 되는 것 같다. 중앙선을 넘어 오는 일은 예사 심지어는 역주행이 자주 일어나는 것을 보더라도 서로가 방어운전을 하면서 침착하게 운전한다.

 그리고 중국인들은 절대로 우리처럼 서두르는 법이 없다. 어떻게 보면 만만디 정신이 몸에 베어 있는 듯하다. 무슨 일이든 닥치면 아무런 문제가 되지 않는다는 자세이다. 웬만한 문제는 그냥 넘어 가는 저들은 어떻게 보면 여유가 있어 보인다.
 저들에게는 급한 것이 없어 보인다. 그래도 요즈음 개혁 개방의 물결이 불어와 좀 급해져 가는 모습을 보게 된다.
 중국인들은 다소 낙천적인 기질을 가지고 있는 듯 하다. 이른 아침이나 어둠이 깃들기 시작하는 거리나 공원에 가보면 종종 볼 수 있는 것은 손에 전통 악기를 가지고 나와 연주를 한다든지 아니면 노래를 부르고 혼자서 운동을 하는 모습들이다.
 그리고 많은 사람들이 그것을 보려고 지나가던 발걸음을 멈추고 빙 둘러 서서 구경을 한다.

 또한 중국인들은 매우 실용성을 추구하는 민족 이라는 사실임을 알 수 있다.우리처럼 획일화된 사고의 틀에서 벗어나 저마다 독창성을 발휘 하면서 사는 것 같다. 우리나라의 아파트의 구조는 한결같이 천편일률적 이다. 그러나 중국의 아파트는 우리처럼 완벽하게 지어서 분양하는 법이 없다. 소위 말하는 껍데기만 지어서 분양을 하게 된다.그러면 집을 구입한 사람들의 자신들의 형편과 사정에 맞게 인테리어를 하기 때문에 그 집안에 들어 가보기 전에는 내부 구조를 알 수 없다.

중국인들은 국가나 정부에 대해 원망 하거나 불평을 잘 하지 않는다. 오늘날의 우리나라는 어떤가. 제 각각 이다. 국가의 공동 이익이나 대국적인 견지에서 생각 하지를 않는다. 자기중심이요 직장 중심이요 이익 단체들 중심 사회로 나가다 보니 모두다 제각각의 목소리를 외치며 살아가고 있다. 오죽 했으면 '대통령 못해 먹겠다' 는 소리가 나왔을까 가히 짐작이 가고도 남는다.

중국인들은 국가나 정부의 방침에 웬만해선 원망이나 불평을 하지 않는다. 그저 말없이 순응 하기 만 하는 모습에서 때로는 불쌍한 생각마저 들게 한다. 그러나 저들은 정부 에서 하는 일을 묵묵히 지켜보며 말없이 바라보고만 있을 뿐 이다.

중국 고사 성어에 나오는 '순천 자는 흥하고 역천자는 망 한다'는 말을 저들은 운명처럼 받아들이고 사는 것 같다.

그리고 중국인들은 자신들의 직업을 천직으로 여기며 살아가고 있다. 개혁 개방의 물결 속에서 약삭빠른 사람들은 이곳저곳 직업을 바꾸며 살아가지만 대부분의 사람들은 그렇지가 못하다. 지금 중국은 70% 이상이 농민 들이다.

대대로 흙과 더불어 살아가고 있다고 해도 과언이 아니다. 오랜 옛날에 펄 벅 여사가 지은 '토지'라는 소설에서 왕릉 일가가 흙과 더불어 살아가는 모습을 묘사 한 것처럼 그렇게 살아가고 있는 실정 이다.

중국인들은 또한 근검절약 정신이 대단히 투철하다. 한번 손에 들어온 돈을 쓰기란 쉽지 않다. 1원 벌이(150원)만 되어도 물불을 가리지 않고 뛰어 든다는 사실이다.

돈벌이가 되는 일이라면 무슨 일이든지 닥치는 대로 하는 저들의 근면성을 우리는 배워야 한다. 중국인들이 게으르다는 말은 옛말이다.

저녁 일찍 대부분이 잠자리에 들고 아침 일찍 일어나는 근면성을 엿볼 수 있다.

또한 중국인들은 대부분 순박하기만 하다. 대도시의 사람들(특히 남방 사람들)을 제쳐 두면 중국인들은 그렇게 순박할 수 가 없다.

그래서 많은 사람들이 쉽게 종교적인 성향을 가진다고 볼 수 있다. 오늘을 살아가는 우리 한국인들은 중국인들에게서 배워야 될 것들이 있음을 알고 우리 모두 겸양의 도를 가지고 저들을 이해하며 배울 수 있기를 기대해 본다.

24. 중국교회 올바르게 이해하기

중국선교는 중국교회를 올바르게 이해함으로 부터 시작 된다고 볼 수 있겠다. 그동안 한국 교회는 알게 모르게 중국 교회를 잘못 이해하는 경우가 많은 까닭은 그동안 지하 가정교회 중심의 선교 적 상황이 많이 소개 되어 왔기 때문이리라.

중국교회는 크게 삼자교회 와 가정 교회 로 대별 될 수 있다. 삼자교회는 일반적으로 삼자 애국 위원회가 주도가 되어 정부에 등록을 하는 교회로 때로는 정부의 지도 간섭을 받는 교회 라고 볼 수 있다. 반면에 가정교회는 일명 지하교회 혹은 광야 교회로 불리어 진다.

가정 교회 에서는 삼자교회를 정부의 교회라고 생각하며 심지어는 구원조차도 없는 교회로 인식 하고 있기에 자신들은 핍박 받는 교회로 소개를 하고 있다.

 물론 중국의 삼자 교회는 원론적으로 볼 때 정부 중심의 정부의 통제를 받는 교회임은 의심의 여지가 없다. 그렇다고 해서 삼자 교회를 구원도 없는 잘못된 교회로 인식 하여 일방적으로 매도해서는 안 된다. 삼자 교회의 지도자 들을 만나 보면 복음적으로 무장 되어 바른 사역을 하려고 발버둥 치는 목회자 들이 의외로 많은 것을 볼 수 있다.
 오늘날 한국 교회의 일부 선교사들과 지각없는 목회자 들이 합세하여 삼자 교회를 잘못된 교회로 평가함으로 아예 상대하지 않는 어리석음을 범하고 있다.
 그래서 많은 선교사들과 목회자 들이 상대적으로 지하교회(가정교회) 중심의 사역을 함으로 너도 나도 지도자 교육을 통해 무자격자를 많이 배출하여 현재 중국 교회의 무질서를 초래 하고 있다고 해도 과언이 아니다.
 중국은 공산당 사회로 무신론 국가 임에도 하나님의 은혜로 교회가 세워지고 목회자들에게 안수가 주어지며 정부 에서 신학교를 세워 목회자를 배양 하고 있다.

 이와 같은 사실 자체가 하나님의 은혜가 없이는 도저히 불가능한 현실 인 것이다. 근래에 와서는 지하 가정 교회를 양성화 시키려고 정부에서 강요를 하고 있는 형편 이지만 지하 교회 입장 에서는 삼자 교회로 등록이 되면 무슨 큰일이나 나는 것처럼 야단법석을 떨고 있다.
 이제 한국 교회와 선교사들과 목회자들은 가급적이면 비공식적인 접축을 자제 하고 공식적으로 정부 당국에 집회 허가를 받아 활동 하였으면 하는 바람이다.

이제 우리 한국 교회도 중국 교회가 힘을 얻고 일할 수 있도록 새로운 대안을 마련하여 선교의 교두보 역할이 되도록 했으면 한다.

무조건적으로 삼자 교회를 배척 하지 말고 또한 무분별 하게 지하 가정 교회만을 도와줌으로 오히려 순기능적 인 측면보다도 역기능 적인 측면이 더 많다는 사실을 간과해서는 안 될 일이다.

중국 삼자 교회는 지금 정부와 교회의 둘 사이에서 적잖은 고민을 하고 있는 것은 사실이다. 이 틈을 이용하여 가정 교회는 더욱 불법적으로 기승을 부리고 있는 형편 이다. 해외에 '핍박 받는 가정 교회' 라는 슬로건을 내걸고 그래도 우리가 순수한 복음을 지켜 나가고 있다고 소개함으로 많은 해외 교회 로 부터 동정심을 유발 시키고 있다.

물론 삼자 교회를 두둔 하는 것은 아니다.

삼자 교회를 올바로 이해함으로 삼자 교회와 가정 교회 사이의 완충적인 역할을 해 줌 으로 중국의 교회가 바로 세워 지는데 가교의 역할이 되었으면 한다. 차제에 가정 교회도 삼자 교회에 대한 인식을 새롭게 정립함으로 서로 형제애를 가질 수 있었으면 한다.

가정교회를 섬기는 선교사들과 목회자 들은 바른 신학으로 저들을 재무장해 줄 수 있어야 한다. 그리고 삼자 교회가 처한 현실을 직시 하고 이해하여 줄 수 있는 관용의 마음을 지녀야 한다. 서로 비방 하는 것은 바람직하지 않다.

우리가 잘 아는 데로 고린도 교회의 경우 수많은 잘못된 문제가 있었지만 하나님께서는 '고린도에 있는 하나님의 교회'라고 불렀다는 사실을 우리는 알아야 한다.

　로마서 13장 에서는 '모든 권세는 하나님이 정하셨기 때문에 권세에 굴복'할 것도 말씀 하고 있다. 시대와 역사의 변천 과정에 따라 모든 것이 변하고 있음을 우리는 알아야 한다.

　인류 역사를 주관 하시는 분이 하나님임을 우리는 분명히 알고 하나님의 신실하심에 맡기도록 하자. 다만 우리는 삼자 교회 에서 사역을 하든지 가정 교회 중심으로 사역을 하든지 편향된 시각 에서 벗어나 균형 감각을 놓치지 않았으면 한다.

　삼자교회도 가정 교회도 하나님의 필요에 따라 세워 졌음을 우리는 간과해서는 안 된다. 좀 더 인내함으로 하나님의 역사를 기대해 보았으면 한다.

25. 중국선교 이제는 새로워 져야 한다.

　그동안 우리 한국 교회는 1992년 한, 중 수교의 역사적 현실 앞에서 오랫동안 북방 선교를 위해 기도해 오던 가운데 중국의 굳게 닫힌 빗장이 열리기가 무섭게 봇물 터지듯이 너도나도 경쟁적으로 앞을 다투어 중국 선교에 뛰어 든 지가 어언 12년째를 맞이하게 되었다.

　중국에 살면서 사역을 하고 있는 필자로서는 그동안의 중국 선교에 대한 나름대로의 평가를 시도 하면서 새로운 선교방향을 제시 하고자 한다.

그동안 우리 한국 교회는 무분별 하게 무차별적으로 물질이라는 수단을 통해 중국에 있는 대부분의 조선족 지도자 들을 본의 아니게 넘어지게 하는 역할을 하고 말았다.

그 결과 나타난 현상은 물질이라는 우상 앞에 많은 지도자들이 변질이 되어 지고 신앙 양심을 저버리며 교회는 반목과 시비로 얼룩지고 갈라지는 행태가 일어나면서 물질의 위대한 힘 앞에 맥없이 무릎을 꿇고 넘어지기 시작 하였다.

정말 안타까운 현실을 바라보면서 저들을 어떻게 치유를 할까 하는 새로운 고민을 하지만 대안이 잘 보이지를 않는다. 지금도 많은 젊은 지도자 들이 물질이라는 우상 앞에 자신이 지켜온 신앙의 절개를 포기하는 현상이 속출 하고 있기 때문이다.

그동안 한국 교회가 중국 선교를 위해 쏟아 부은 물질은 측량할 수 없을 정도 이다. 신앙만 좋다고 검증 되지도 않고 제대로 신학공부도 하지 않은 사람들 에게 적당히 신학교육을 시켜주고 일방적으로 전도사 임명을 하여 선교의 식민지화 정책을 시도하는 사례가 늘고 있다.

그 결과 중국 교회의 순수성은 물론 기존의 질서를 어지럽히는 결과를 초래하고 있다는 사실이다. 지금 중국의 조선족 교회는 한마디로 무질서의 극치를 보여 주고 있다고 해도 과언이 아니다. 그리고 한국에서 신학공부(대부분 무인가 신학)를 했다고 중국 교회의 제도적 교회인 삼자교회를 부정하면서 지하교회가 참된 교회 인 것처럼 질서를 깨뜨리고 있다.

그리고 대부분의 많은 선교사나 목회자들이 적법한 절차에 따라 세워진 삼자교회는 도외시 하고 저마다 지하 가정 교회 사역자 들을 핍박 받고 고난 받는 신실한 주의 종들 이라고 여겨 물질을 통해 선교를 하고 있는 오늘의 현실이다.

이제 중국 선교 2세기를 맞이하는 시점에서 선교사들과 한국 교회는 성숙된 모습으로 중국을 섬길 것을 권면한다. 지역교회의 지도자들과 협력 사역을 할 수 있어야 한다.

지역 교회 지도자들이 필요로 하는 것이 무엇인지를 파악하고 대처해 줄 수 있기를 바란다. 교단별로 혹은 선교단체나 개교회 중심의 업적위주의 실적을 지양하고 거시적인 안목을 가지고 대처해 주었으면 한다.

얼마 전 이곳 00지역 에서 협력하는 삼자 교회 지도자의 소개로 농촌에 있는 조선족 초등학교를 돌아 볼 기회가 주어 졌다. 그야말로 우리나라 7~80년대의 학교를 보는 것 같아 민망하기조차 하였다. 교사 지도용 컴퓨터는커녕 학습용 컴퓨터 한대도 없는 오늘의 중국 농촌 학교를 보면서 우리 한국 교회가 조금만 관심을 가진다면 자라나는 2세들에게 희망과 꿈을 가지게 할 수 있으리라 생각이 든다.

초기 선교사로 우리나라에 들어온 언더우드나 아펜젤러 그리고 알렌 선교사는 학교를 지어주고 병원을 지어 주면서 간접적으로 복음을 전하였지만 오히려 그 효과는 극대화 되었다는 사실을 역사가 증명해 주고 있다.

이제라도 한국 교회는 선교 방향을 새롭게 수정할 필요가 있다. 공산주의 국가인 중국 사람들에게 진정 으로 필요한 것은 그리스도의 사랑이다.

그 사랑은 현재 중국 정부가 경제 개발에 치중을 하다 보니 제대로 관심을 가지지 못하는 분야 즉 병원이나 학교 , 고아원이나 양로원 사역에 관심을 기울이는 것도 좋은 방법 이라 생각 한다.

　지금 중국의 내륙 지역 이나 농촌의 경우 의료시설은 말 할 것도 없이 열악하기만 하다. 그리고 내륙이나 농촌 지역의 학교 시설 또한 너무나 환경이 열악한 가운데 있다.
　현재 중국 정부 에서는 돈 있는 사람들이나 기업가 들이 미래의 교육을 위해 학교 시설이나 교육 기자재 등을 기증해 주는 사업을 '희망 공정 사업'으로 명명 하고 동참해 주기를 호소하고 있는 실정 이다.
　이제 한국 교회는 여기에 관심을 가져 주기를 바란다. 학교를 새롭게 건축 하기란 쉽지 않다. 그러나 내부 시설은 조금만 관심을 가지면 경제원칙 즉 최소의 비용으로 최대의 효과를 내는 원리에 입각 하여 변화를 줄 수 있다.
　그리고 일반적으로 100 여명 남짓한 농촌 학교의 경우 한화 300만원이면 학습용 컴퓨터를 10 대 정도 마련해서 자라나는 학생들 에게 문명의 이기를 경험 하게 해 줄 수가 있다는 사실이다.

　이제 중국의 선교가 새로운 패러다임으로 전개가 되었으면 한다. 선교 전문가들의 견해에 따르면 중국내의 기독교 인구를 1억 으로 계산하고 있다. 한국 교회가 현실적이며 간접적인 방법으로 중국의 필요를 채워 주면서 선교에 임한다면 그 효과는 실로 지대하다고 볼 수 있다. 복음을 모르는 사람들에게 기독교 고유의 브랜드인 '사랑'의 실천을 통해 자연적으로 기독교 문화를 경험 하게 해주는 것도 한 방편 이다.
　선교사들 나름대로 운영하는 신학생 훈련 사역은 현지 교회 지도자들과 협의하여 전개 되었으면 한다. 미래를 내다보면서 가급적 검증된 사람들을 엄선하여 신학을 배우게 해 주어야 한다. 지역 교회에서 추천을 받아 양육을 할 수 있도록 해야 한다.

이제는 선교사들 각자가 운영하는 신학교의 구조조정을 시도 하여 통폐합을 한다든지 역량 있는 일꾼들을 선발하여 제대로 해야 할 것이다.

26. 타문화권 선교 대안은 없는가?

　오늘날 우리 한국 교회뿐만 아니라 전 세계 교회들의 공통적 고민은 이질적인 타문화권 선교 특히 공산 문화권, 이슬람 문화권, 불교 문화권, 힌두 문화권에 대한 선교해법에 대한 모색일 것이다. 이를 위해서 나름대로 대안을 연구하여 새로운 패러다임에 맞는 방안을 제시하는 단체나 개인들의 사례가 많이 발표되고 있어 주목을 끌고 있다고 볼 수 있다.
　필자는 현재 중국에서 사역하고 있는 사역자로서 나름대로 대안을 모색해 보고자 여러 모양의 다각적인 방법을 적용 하면서 실험해 보고 있는 과정에 있다.
　선교의 원론에 대한 제시는 이미 우리 믿음의 선진들이 여러 모양과 여러 방법을 성경을 통해 제시하고 있으며 특히 사도바울이 사도행전을 통해 우리에게 실제적인 선교현장의 다양한 면을 우리에게 제시하고 있다.

　그리고 오늘날 선교학자들이 바울선교에 대해 연구하여 발표한 논문들이 수없이 쏟아져 나오고 있는 현실 이다.
　그렇지만 선교의 각론에 대해서는 선교 지와 선교지 현장의 주변 상황이나 현장에서 사역하는 선교사의 입장에서는 차이점이 있을 수 있다는 사실이다.
　이질적인 타문화권 선교에 대한 효율적인 대안 마련을 위해 다양한 패턴으로 접근을 시도해 보는 것이 필요하다.
　이따금씩 매스컴을 통해 발표 되어지는 현장감 있는 사례들이 무분별

하게 빚어지는 수많은 시행착오를 극소화 시켜주는 역할을 하고 있다.

그 결과 인적, 시간적, 경제적인 손실을 최소화함으로 선교의 극대화를 꾀할 수 있다는 사실이다. 그러나 타문화권 에서 사역하는 선교사들은 절대적으로 자신의 사역에 대해서는 보안을 필요로 하기 때문에 선교의 프로젝트나 사역에 대한 서로간의 리서치가 쉽지 않다는데서 한계점이 있을 수 있다는 사실이다.

그러므로 타문화권 에서 활동하는 사역자들에 대한 배려가 무엇보다도 절실 하다고 볼 수 있다. 파송교회나 교단 그리고 선교단체나 매스컴 에서는 보다 더 신중성을 기하여야 함은 당연하다. 지역이나 지명 혹은 인명에 대한 보안을 중시하면서 임상실험을 통한 성공적 사역에 대해 서로 간에 정보를 교환 할 수 있는 채널을 필요로 한다.

타문화권 선교에 대해서는 충분한 연구와 검토 작업이 병행 되어야 할 것이다.

전략적 선교 지역인 10/40 창 안에는 대부분 공산권과 이슬람권 그리고 불교 문화권과 힌두 문화권이 자리 잡고 있는 지역 이다.

공산권의 대명사로 불리워지는 중국만 하더라도 전 세계 인구의 1/5을 차지하고 있으며 힌두 문화권인 인도는 10억의 인구를 이미 넘어서게 되었다.

두 나라의 인구가 전 세계 인구의 절반 정도를 차지하고 있는 상황이다. 그럼으로 한국 교회는 여기에 대한 새로운 선교해법이 제시될 수 있도록 배전의 노력이 있어야 될 것이다.

필자의 견해로는 이질적인 타문화권 선교지 에서는 복음과 상황의 현실 속에서 복음을 상황에 맞게 각색을 해야 하는데 여기에 고민이 있다.

복음의 본질을 새롭게 포장을 하여야 하는데 접촉 하는 사람들에게 이질감과 거부감을 최소화 하는 범위 안에서 시도를 해야 할 것이다. 기독교 복음의 본질인 예수 그리스도를 사람들에게 보여줄 수 있는 유일한 방법은 사랑 이라는 스펙트럼을 통해 제시해 주어야 한다.

어떻게 하면 사랑을 받아들이는 사람들에게 효율적으로 전달하여 가감 없이 수용할 수 있도록 하는데 최선의 노력을 경주해야 한다.

사랑 속에 담긴 복음의 본질인 예수 그리스도를 만남으로 영혼에 눈을 뜨게 해 주는 일 이야말로 지구상에 가장 위대한 일일 것이다.

추상적으로 생각 되어지는 사랑을 현실감 있게 할 수 있어야 한다. 여기에 대해서는 각고의 노력과 헌신이 요구 되어 진다.

21세기의 지상 최대의 과제는 바로 이질적인 문화권에 대한 선교전략 일 것이다.

이제 우리는 성경이 보여 주고 있는 선교전략과 지구상에서 현재 시행 되어지는 다양한 사례들을 비교 검증 하여 경제 원칙에 입각한 선교 전략과 거시적인 안목으로 역동성 있는 내일을 향해 힘찬 전진이 있기를 기대해 본다.

27. 시행착오를 경험 하면서 배우는 중국사역

한, 중 수교가 1992년도부터 시작 된 이후 벌써 만 14년째를 맞이하고 있는 시점에 양국은 그동안 인적 교류와 물적 교류는 물론 다방면으로 엄청난 변화가 일어났다는 사실 이다. 정치적, 경제적으로 그리고 문화적인 교류가 한, 중간에 활발하게 진행이 되고 있음을 체감하게 되어 지고 있다.

이에 발맞추어 기독교계의 중국을 향한 선교사역도 다양한 모습으로 전개 되어 왔음은 두말할 여지가 없는 것은 지극히 당연 하다. 수많은 사람들이 중국에 드나들면서 여러 모양과 여러 모습으로 나름대로의 사역을 진행 하다 보니 값비싼 수업료를 지불하고 난 이후에야 사역의 방향이나 사역의 결과에 대해 새롭게 검토를 하면서 대안을 모색하게 된다는 사실이다.

지금까지 통상적으로 중국에 진출한 기업의 경우 100 개 기업 가운데 5%만이 사업에 성공을 하였다고 평가를 할 수 가 있다. 그렇다면 선교에도 동일하게 적용이 되어 진다고 볼 수 있었다. 그러나 이제는 중국이 WTO에 가입한 이후에는 투자 환경이나 투자조건이 많이 변하였기에 근래에 와서는 상대적으로 실패율이 줄어들고 있다는 반가운 소식 이다.

중국 선교 에서 수많은 교회와 선교사들이 실패하게 되는 요인을 분석해 보면 크게 세 가지로 나누어진다고 볼 수 있다. 먼저 한국교회는 한, 중 수교 이후에 선교사를 파견하기 전에 충분한 중국에 대한 리서치가 없었다는 사실이다.

막연하게 생각을 하고 서로 앞을 다투어 경쟁 적으로 선교에 임하였기 때문에 중국 이라는 특수한 상황을 전혀 고려하지 않고 성급하게 덤벼들었기 때문이라고 할 수 있다.

중국의 정치 형태는 공산당을 구심점으로 운영되는 사회주의 나라이며 경제적으로는 시장경제 원리에 입각한 자본주의 형태의 국가 이다.

그러다보니 대부분의 사람들은 겉으로 보이는 자유스러운 모습만 우선적으로 경험 하면서 본질적인 공산주의 국가라는 사실을 망각 하고 만다는 사실 이다.

그리고 중국에 파송된 선교사들 대부분이 충분한 언어 연수 과정을 체득하지 못한 가운데 중국 선교에 뛰어 드는 구조적인 모순 때문에 실패할 수밖에 없다는 사실 이다. 그 이유는 한국 교회가 선교사들을 위해 충분하게 기다려 줄 수 있는 여력이 없다는 사실 이다.

최소한 언어 연수를 위해 3년~5년 정도는 인내를 갖고 기다려야 됨에도 현실적으로 불가능 한 것은 당장 선교사를 파송한 이후에 성급하게 열매를 기대하기 때문이다.

뿐만 아니라 작금의 중국 선교는 80% 이상이 조선족 선교에 밀집 되어 있을 뿐만 아니라 지하교회(가정교회)중심의 사역 에서도 그 원인을 찾아 볼 수 가 있다.

그 결과 조선족 교회와 한국 교회가 상호 보완적인 선교가 체계적 이며 조직적으로 이루어져야 함에도 서로가 서로를 이용하는 모습으로 진행이 되고 있음은 가슴 아픈 현실이다.

한국의 많은 교회와 선교사들은 조선족 교회의 기존의 질서마저도 깨뜨리면서도 사역을 시도 하게 됨으로 많은 부작용이 발생되고 있다고 볼 수 있다.

대부분의 한국 선교사들은 삼자 교회에 대한 인식이 왜곡 되어 있는 관계로 지하교회(가정교회) 중심의 사역 방향에서 오는 무질서 내지는 삼자교회에 대한 무지로 많은 갈등 구조를 만들어 내고 있는 현실 이다.

그리고 특별히 보안 유지를 하다 보니 선교사 서로 간에도 은폐된 사역에서 오는 사역의 중복성은 물론 시행착오를 경험할 수밖에 없는 구조를 안고 있다.

 조선족 교회 중심의 선교가 가져 오는 폐단은 말할 것도 없이 경제적인 손실을 초래 하고 있다고 볼 수 있다.

 무조건 적으로 조선족 사역자들의 말을 액면 그대로 받아들이고 지역의 상황이나 장래 선교에 대한 고려를 뒤로 미룬 채 무분별 하게 농촌지역에 수많은 자금을 투입하여 교회를 건축함으로 벌써 부터 조선족 교회는 교회의 공동화 조짐이 일어나고 있다는 사실 이다.

 이제 한국교회는 농촌지역에 교회를 건축 할 때에 조선족만을 대상으로 하는 교회 보다는 동일한 지역에 있는 한족 교회와 공동의 프로그램을 위한 교회 건축을 고려해 볼 필요가 있다. 조선족 사회는 서서히 공동체가 와해되어 가고 있기에 향후 5년~10년 정도가 지나면 조선족 사회의 존립에도 영향이 초래됨으로 교회도 이에 대처를 해야 할 것이다.

 한국 교회에서 선교사 한명을 파송하는 비용은 최소한 중국의 경우 기본적으로 1,000 불은 소요 된다고 볼 수 있다.

 그럼으로 이제 한국 교회는 중국에 새롭게 계속적으로 선교사를 파송 할 것이 아니라 기존에 파송 되어진 선교사 들을 중심으로 현지 사역자들을 활용하여 저들로 하여금 중국 선교를 할 수 있도록 해야 한다.

 가급적이면 선교사 훈련센터기능이 교단을 초월하여 준비되어 현지 사역자들을 잘 훈련 시켜서 중국 전역에 파송 될 수 있도록 하는 게 급선무 이다.

 한국 선교사 한 가정을 파송하는 비용이면 적어도 중국 사역자 4~5

명은 훈련 시켜 사역을 하게 할 수 있다. 경제적으로나 시간적으로 엄청난 효과를 창출 할 수 있는 최적의 방법 이다.

 베이징 올림픽을 기점으로 중국 사회에 많은 변화의 바람이 불고 있다. 이제 중국 교회도 예기치 못한 방향으로 전개 될 것임에는 틀림이 없다.

 이에 대비하여 이제는 시행착오를 경감 시킬 수 있는 최적의 선교 적 프로그램이 개발 되어져 새로운 시스템으로 재 무장 해야 될 것이다. 편견을 지양하고 협력 동반자 사역으로 진행 되어 져야 한다.

28. 삼자교회에 대한 왜곡된 정보 바로잡기

　오늘의 중국교회를 한마디로 말한다면 사도행전에 나오는 초대교회와 같은 모습이요, 초기 우리 한국교회의 모습과 별반 차이가 없다는 사실이다.

　한국의 대부분의 교회와 목회자들이 오늘의 중국교회를 기존의 자칭 중국선교 전문가나 선교단체 에서 왜곡된 정보를 한국교회에 전달함으로 인해 대부분 지하교회(가정교회 혹은 광야교회)중심의 사역을 하고 있는 게 사실 이다.

　삼자교회는 공산당 교회요 삼자교회의 목회자는 공산당의 앞잡이 라는 등식으로 중국교회를 매도하고 있음은 주지의 사실 이다.

　그래서 수많은 목회자들이 아직도 지하교회 사역을 하는 것을 영광스럽게 생각하고 심지어는 지하교회를 고난과 핍박의 상징처럼 인식 되어져 있음은 익히 아는 사실 이다.

　차제에 우리는 지금까지 생각해 왔던 고정 관념을 수정하기를 촉구하는 마음에서 이글을 쓴다. 필자도 과거에는 왜곡된 정보로 인하여 지하교회 만이 참 교회라는 인식하에 삼자교회 와는 거리를 두고 아예 상대할 가치조차 없다고 생각해 왔던 것은 사실 이다.

　그러나 이제는 수년전부터 삼자교회의 지도자들을 교육 하면서 기존의 고정 관념에서 탈피함은 물론 적극적으로 삼자 교회에 대해 잘못 인식 하고 있는 분들에게 새롭게 인식을 시켜 드리고 있다.

　오늘의 중국교회는 기독교 정책에 대해 절대적으로 소극적인 정책을 펼 수밖에 없는 것은 정치적으로 공산주의를 지향하는 사회주의 국가이기 때문이다.

그러다 보니 상대적으로 기독교 정책이 위축될 수밖에 없는 것은 지극히 당연 하다고 볼 수 있다.그럼에도 중국은 전국적으로 정부에서 인가한 신학교 가 20 여개나 되며 자체적으로 성이나 시에서 기독교 양회(삼자애국 위원회 와 기독교 협회)중심 으로 자체적으로 운영하는 신학교도 상당수 있다는 사실 이다.

자체적으로 운영하는 신학교(지방 신학교 형태)를 통해 농촌 지역의 부족한 목회자 수급을 위해서 힘쓰고 있는 사실을 우리는 간과해서는 안 된다.

문제는 상대적으로 교수진 들이 열악하기 때문에 여기에 우리 한국교회의 참여가 절실히 요구 되고 있는 실정 이다.물론 공식적으로는 허용이 되지 않지만 방법은 다양 하다고 볼 수 있겠다.뜻이 있는 곳에는 항상 길이 있기 마련이다.

우리 한국 에서도 초기 교회의 부흥에 상대적으로 신학교의 수준이나 목회자들이 부족 하여 여러 형태로 평신도 들을 훈련시켜서 주의 종으로 사용하였음은 기독교 역사가 증명 하고 있다. 지금도 우후죽순처럼 이름도 다 기억 하지 못할 정도의 무인가 신학교가 너무나 많이 존재하고 있음은 우리 모두가 익히 아는 사실 이다.한국의 정부가 이 문제로 고민 하고 있는 것은 어제 오늘의 일이 아니다.

심양(랴오닝성 수도)에 있는 동북 신학교의 조선족반이 금년으로 4기 신학생을 마지막으로 문을 닫게 됨은 안타까운 일이지만 오늘의 조선족 목회자 수급에는 아무런 지장이 없음은 기존 배출된 신학생으로 충분 하다고 볼 수 있다.그래도 한 족반에 조선족이 적은 숫자 이지만 입학할 수 있는 문은 열어 두고 있는 실정 이다.

자신의 실력만 된다면 얼마든지 입학 하여 공부 할 수 있다는 사실을 알아야 한다. 문제는 실력이 부족해서 못 들어가기 때문이다.

그리고 오늘의 조선족 사회의 위기는 인구 감소 현상이 현저하게 나타나고 있다는 사실 에서 찾아야 한다. 상대적으로 젊은 사람들은 거의 한국이나 일본 등지로 돈벌이를 위해 흩어지고 있으며 갈수록 조선족 사회는 기존의 농토를 버리고 여러 도시로 흩어짐으로 인해 조선족 마을이 붕괴 되어 가고 있는 시점에 와 있는 현실 이다.

한국 교회는 근시안적인 안목만 으로 이러한 사실을 감안 하지 못하고 무분별 하게 경쟁이라도 하듯이 농촌 지역에 수많은 교회를 건축 하였으나 이미 교회의 공동화 현상이 진행되고 있음을 알아야 한다.

이제 한국 교회는 조선족 위주의 선교와 지하교회 중심의 선교를 지양 하고 한족 위주의 선교와 삼자교회 중심의 방침으로 신속하게 방향을 전환해야 한다.

조선족 교회와 지하교회는 말씀이 풍성 하여 오히려 혼란만 가중 되고 있는 실정 이지만 상대적으로 한족 교회와 삼자교회는 말씀을 갈망 하고 있다.

넘쳐나는 성도들 에게 교육이 뒤따르지 못해 중국교회 지도자 들은 고민 하고 있다. 이제 우리가 나서서 저들의 부족한 면을 보충해 주어야 될 때 이다.

지금 중국은 믿고 주께로 돌아오는 사람들의 숫자가 기하급수적으로 급속 하게 늘어나고 있다. 마지막 추수기의 현상을 보는 듯하다.

우리 주님의 마지막 부탁인 '추수할 일꾼을 보내어 주소서 하라'는 음성이 귓가에 메아리쳐 오고 있는 것은 비단 나만의 심정은 아닐 것이다. 한국교회의 풍성한 신학의 자원을 마음껏 활용될 수 있기를 기대해 본다.

29. 중국인으로 하여금 중국 선교 전략을

이제 중국교회는 더 이상의 외국 선교사들을 필요치 않고 있는 시점에 와있다고 해도 과언이 아니다. 그만큼 중국교회 지도자들은 선교사들이 중국에서 많은 사역을 통해 보이지 않는 힘이 되어 주었지만 이제는 더 이상 중국 교회가 외국의 선교사들을 통해 순기능적인 측면보다도 역기능적인 면이 더 많았기 때문 이라 생각 되어 진다.

대부분의 선교사 들은 중국교회 와는 상관없는 독자적인 사역을 구축함으로 오히려 득 보다는 실이 많다는 사실 이다.

대부분의 중국 선교사들은 삼자교회와 더불어 사역하기보다는 지하 가정교회를 중심으로 사역을 하기 때문에 오히려 중국교회 성장과 발전에 장애 요인이 되고 있다는 사실 이다.

지금 중국은 삼자교회 에는 이단들의 침투가 쉽지 않지만 지하 가정교회는 무분별 하게 이단들이 여러 모습으로 침투를 함으로 부작용이 끊임없이 발생 하고 있다고 볼 수 있다.

선교 2세기를 맞이한 지금 중국 교회는 나름대로 선교 비전을 가지고 자신들의 힘으로 신교사를 파송 하겠다는 자신감으로 가득 차 있다.

대부분의 가정교회 에서는 자체적으로 선교사를 파송한 지가 오랜 역사를 지니고 있지만 이제 삼자교회도 뒤 늦게나마 선교사를 파송 하려고 하는 채비를 차리고 있다.

차제에 우리 한국 교회는 더 이상의 선교사들을 파송 하지 않더라도 할 수 만 있으면 현지 지도자들 가운데 역량 있는 사역자 들을 발굴하여 현지 선교사 파송 전략으로 방향을 수정해야 될 때이다.

한국 선교사 한 사람의 파송 비용(1,000불 기준)이면 현지인 들을 훈련 하여 최소한 4~5명은 너끈히 파송할 수 있다는 사실 이다.

그리고 한국 선교사 한 사람이 중국에 들어와 언어 연수를 마치고 사역 현장에 뛰어 든다고 하더라도 최소한 3~5년을 소요하며 설령 언어를 완벽히 구사 한다고 하더라도 현지 사역은 외국인이기 때문에 제약이 많음 으로 불투명 하다는 것이다.

결과적으로 많은 비용을 투자하여 사역 면에서는 효과가 미미하기 때문에 이제 한국 교회는 새로운 방향을 전환해야 될 때이다.

그 대신에 한국 교회는 선교사 훈련을 위한 중점 프로그램을 마련하여 선교사 훈련을 극대화 해야 한다. 강도 높은 훈련을 실시하여 양질의 선교사 들이 배출 될 수 있도록 해야 하며 소정의 교육을 이수한 자에 대해서는 후원교회를 연결 하여 지속적인 관리가 될 수 있도록 관심을 가져야 한다.

중국의 선교는 중국 사람들에게 맡기는 방안이 최상의 전략이기에 우리는 다시 한 번 이 사역을 위해 고군분투해야 할 것 이다.

중국은 지금 급속도로 도시화 되어 가고 있으면 이농 현상이 늘어나

고 있는 추세에 와 있다. 뿐만 아니라 인적 교류가 급속하게 진행되고 있다

예를 들자면 동북 지방 사람들이 남방으로 돈을 벌기 위해 내려가는가 하면 상대적으로 남방에 있던 사람들이 동북 지역으로 옮겨가는 등 성 간의 인적 교류가 빈번해 지고 있으며 소수 민족 사람들도 이제는 삶의 터전인 보금자리를 떠나 도시로 이동하고 있는 추세이다.

중국의 주류 민족인 한족들을 자원으로 해서 저들을 훈련 시켜 이제는 선교 자원화 해야 한다. 아직도 중국에는 젊은 일꾼들을 발굴하여 중국 전역에 선교사로 보낼 수 있는 좋은 환경이 조성 되었다고 볼 수 있다.

중국 선교는 56개 민족과 더불어 변방 16개국이 중요한 인접 국가이기에 매우 중요 하다고 볼 수 있다. 그리고 이제 복음이 서진하기 때문에 중국 선교가 회교권인 서부 지역을 공략해서 명실 공히 아랍권을 교두보로 해서 예루살렘 까지 진군해 나가야 한다.

우리는 지금 선교의 마지막 주자라고 해도 과언이 아니다. 중국의 무한한 인적 자원을 발굴하여 저들을 전략적으로 육성 하고 선교 자원으로 역량을 극대화 시켜 나가야 한다.

이제 한국 교회는 더 이상의 선교사 파송보다도 역량 있는 선교사 들을 중심으로 선교사 훈련을 중점으로 할 수 있는 교육 시스템이 있어야 한다.

그리고 한국의 신교 신학자 들이 사명감을 가지고 수시로 선교사 훈련을 위해 파송 되어져야 하며 서로 협력할 수 있는 시스템 구축이 필요 하다.

더 나아가서 한국 의 힘 있는 교회는 이를 위해 재정 지원을 아끼지 말아야 한다. 어떻게 보면 지금 중국은 선교의 황금시대를 맞이하고 있다고 해도 과언이 아니다.

선교는 철저하게 경제 원칙에 입각하여 최소의 비용으로 최대의 효과를 낼 수 있어야 한다. 한 사람의 선교사 파송 비용으로 최소한 5명의 현지인 들을 선교지에 파송 할 수 있음을 알고 효율적으로 대처 할 수 있어야 한다.

더 이상 선교사들 간에 교단과 교회간의 경쟁을 지양하고 최선의 전략으로 최대의 효과를 기대 할 수 있도록 배전의 노력을 다 해야 한다.

지금은 세기말적인 요소가 도처에 전개되고 있는 마지막 시대에 우리는 살고 있기에 더욱 하나님의 지혜가 필요로 할 때이다.

30. 가정교회(지하교회) 사역자들을 향한 삼자교회의 요구

일반적으로 중국교회 하면 떠오르는 생각이 지하교회를 연상케 하고 고난과 핍박받는 교회로 인식하는 것이 오늘의 중국 교회를 바라보는 보편적인 시각 이라고 볼 수 있다.

상대적으로 가정교회를 바라보는 보편적 시각에는 어느 정도 수긍 할 수는 있지만 그렇다고 전부는 아니라는 사실을 차제에 분명하게 밝혀 두고자 한다. 시대의 변천에 따라 중국의 종교정책도 유동적 일 수밖에 없음을 우선 알아야 한다.

공산주의 정부인 중국의 종교 정책에 대해서는 타의 추종을 불허할 정도로 융통성이 없음은 익히 알고 있는 사실이다.

 문화 혁명을 거치는 동안 교회와 주의 종들은 표적이 되어 지고 고난 당하고 핍박을 받아 온 것은 틀림이 없는 것이다. 교회가 폐쇄되고 주의 종들이 투옥 되었으며 신앙의 자유마저 박탈되었던 시대적 아픔을 중국교회는 겪어 왔다.

 이제 세계교회는 시대의 조류와 변천에 따라 변모 되어져 가는 오늘의 중국 교회를 바로 볼줄 알아야 한다. 문화혁명 시대를 거치면서 대부분의 교회가 지하로 숨어들어 갔으며 역사의 흐름 속에서 아픔을 겪으면서 서서히 중국교회는 긴 기지개를 켜면서 서서히 역사 속에서 일어나고 있음에는 틀림이 없다.

 그럼에도 아직도 중국교회를 바라보는 시각에는 과거와 별반 차이가 없음을 알고 차제에 중국의 삼자교회를 바르게 인식하였음은 하는 바램 이다.

 오늘날 중국의 삼자교회는 세대교체를 겪으면서 서서히 복음주의 교회로 전환하고 있다는 사실 이다. 젊은 목회자들의 목회와 선교에 대한 열정이 지금 중국 에서는 요원의 불길처럼 일어 나고 있는 모습을 도처 에서 발견할 수 있다.

 아직도 한국은 삼자교회 중심의 사역 보다는 대부분의 중국 선교 전문가라고 자칭 하는 사람들에 의해 삼자교회 에 대한 바른 인식의 기회도 박탈 한 채 고난 받는 중국교회만 단골 메뉴로 등장함에 있어 안타까움만 더 할 뿐이다.

 어떻게 보면 일부 지하교회 사역을 옹호 내지는 두둔하는 하는 전문가들의 필요에 따라 삼자교회와 삼자교회 사역자들의 진면목을 간과

하고 있다는 사실 이다.

　이제 더 이상 지하교회에 대해 편협 된 사고로 무조건 적인 동정만 할 것이 아니라 중국 정부가 인정하는 삼자교회 와 교회의 상급 치리 기관인 양회(삼자 애국 위원회, 기독교 협회)를 통한 선교적 협력 방안을 모색해야 할 시점에 와 있다는 사실 이다.

　지하교회의 무분별한 사역자들의 배출로 인하여 중국 교회의 질서가 흐트러졌으며 제대로 검정도 거치지 않은 무자격자들을 마구잡이식으로 신학 교육을 시켜 무더기로 양산해 냄으로 이에 대한 폐해가 심각한 정도 이다.

　그리고 한국에 가서 군소교단 등 에서 신학공부도 제대로 하지 않고 안수를 받아 와서 목회하는 촌극도 곳곳에서 나타나는 현상을 볼 수 있다. 최소한 일반 사회가 요구하는 상식선 에서 생각 하고 사역자 들을 훈련시켜 배출 하였으면 한다.

　가정교회는 정부와 양회의 간섭이나 통제를 받지 않음으로 인해 집회나 교육 등에서는 상대적으로 자유로운 반면에 무분별 하게 외부와 교제함으로 분별력이 떨어져 잘못되는 경향이 많다는 사실 이다.

　가정교회 사역자들은 삼자교회를 향한 비방이나 비판을 자제 하고 형제교회 라는 인식을 가지고 나가야 한다는 사실 이다. 많은 지하교회 사역자 들은 삼자교회가 잘못된 공산당 앞잡이 교회라는 등식으로 마치 지하교회 만이 구원이 있는 것처럼 생각하는 관점에서 크게 오류를 범하고 있다.

　사도바울은 로마서 13장 에서 분명하게 정부의 권위에 순응할 것을 요구 하면서 지혜롭게 대처해 나갈 것을 주문하고 있으며 고린도 교회와 같이 많은 문제를 안고 있는 교회를 향해서도 '하나님의 교회'혹은 '

성도'라는 표현을 사용 하고 있음을 유념해 볼 필요가 있다.

오히려 지하교회 사역자 들은 삼자교회와 일정한 간격을 유지 하면서 스스로 교회의 순수성과 거룩성을 위해 노력해 나가야 함을 잊지 말아야 한다.

이제 한국교회도 지하교회나 삼자교회를 양분 하지 말고 동일 선상에서 상호 독립적인 교회로 생각하며 보완적으로 대처해 나갈 것을 요구한다.

지하교회도 삼자교회도 하나님의 필요에 의해 세워 졌음에는 틀림이 없다.

다양한 교파를 허락하심으로 선교의 다양성 속에서도 통일감을 요구하시는 하나님의 선하신 뜻을 우리는 바로 알고 효율적으로 대처할 수 있기를 감히 알기를 바란다.

시대를 향하신 그리고 중국교회를 향하신 큰 뜻을 바로 알고 편견에 치우치지 않는 성숙한 모습으로 지혜롭게 세계교회는 하나라는 인식 하에 형제 의식을 가지고 나갈 수 있기를 희망해 본다.

31. 배움의 열기를 더해 가는 오늘의 중국교회

오늘의 중국교회를 한마디로 표현 한다면 성경의 초대교회처럼 지도자들이 하나님의 말씀을 배우기 위해 모이기를 힘쓰며 열심 으로 학습하는 모습을 곳곳에서 배움의 열기를 더해 가고 있다. 중국교회 지도자들은 상대적으로 교회수와 성도들에 비해서 정부에서 인정하는 신학교가 극소수이기에 실제적으로 신학교의 관문이 좁을 수밖에 없어 정식적으로 정부에서 인정하는 신학교 에서 수업을 받은 지도자 들이 절대적으로 부족한 실정이다.

비근한 예로 길림성의 경우 한국에 비해 면적은 두 배에 가까운데 정부가 인정하는 신학교는 전무한 상태이며 흑룡 강성의 경우 한국에 비해 네 배에 가까운 면적 임에도 흑룡 강성 자체 신학교 1개와 하얼빈시 신학교 한 개가 고작 있을 뿐이다.

뿐만 아니라 동북삼성(흑룡 강성 , 길림성, 요녕성)이 한국에 비해 10배 정도의 규모 인데 정부 인정의 신학교 1개(동북신학교)와 지방 신학교 두개가 있을 뿐이다.

오늘의 중국교회의 신학교 사정이 이러하다 보니 자연 발생적 으로 우후죽순처럼 선교사들이나 현지 목회자들이 운영하는 신학교가 여기저기서 생겨날 수밖에 없는 현실에 처하고 말았다. 배우려고 하는 학생들은 끊임없이 몰려오는데 신학교는 역부족 이고 자구책으로 정부의 눈을 피해서 운영하는 신학교는 수를 헤아릴 수 없을 정도로 많아지게 되고 반면에 무수히 많은 무자격자 들을 배출할 수밖에 없는 현실에 처하고 말았다.

이에 발맞추어 세계교회는 조직적 이고 체계적으로 신학교육을 위해 연구 하지 않을 수 없게 되었다. 특히 한국교회는 무분별 하게 교단 신학교를 세우는가 하면 단기교육을 그것도 제대로 하지 않은 채 목사 안수를 남발함으로 중국교회 질서를 파괴 하고 있다고 해도 과언이 아니다. 아무리 중국교회의 지도자들이 많이 필요한 현실에 처해 있다고 하더라도 성경적인 원리를 무시해서는 안 된다.

초대교회 집사를 세우는 기준 이나 목회자의 기본 자질 정도는 지키는 범위 안에서 교역자를 선발해야 함은 당연 하다.

그럼에도 무조건 적으로 사회의 기본 학력조차도 구비 하지 않은 사람들(대부분이 초등학교 수준)을 은혜만 받았다고 해서 몇 달 학습과정을 마치고 전도사 자격을 남발 하고 있는 현실 이다. 그리고 무분별 하게 안수를 하는 등 심각한 상황을 초래 하여 기존 교회와의 질서를 깨뜨리며 또 다른 사회 문제를 야기함으로 선교의 장애를 초래 하고 있다.

오늘 우리는 이 문제에 대해서 심도 있게 논의 하지 않으면 중국교회의 질서는 물론이고 여러 가지로 사회적으로 그릇된 영향을 끼칠 수도 있다는 사실을 염두에 반드시 두고 생각해야 한다.

이제 한국교회는 세계교회 속에서 능히 올바른 좌표를 설정 하여 지도자의 역할을 할 수 있어야 한다고 본다. 무조건적으로 전근대적인 방식만 고집하고 선교 현장에 뛰어 들것이 아니라 그동안의 선교 현장 경험을 바탕으로 더 이상의 쓰라린 실패를 재현 하지 않도록 최선의 노력을 경주해야 함은 당연 하다고 볼 수 있다.

과학적 이면서 체계적인 선교 행정을 바탕으로 현지의 선교사들 에게 교단이나 교파 선교 단체를 막론하고 올바른 정보와 자료를 제공해 줌으로 제2,제3의 시행착오를 경험 하지 않도록 해야 할 것이다.

경제원칙에 입각하여 최소의 비용으로 최대의 효과를 도출 할 수 있는 시스템이 무엇보다도 필요 하다고 볼 수 있겠다.이제는 근본적으로 선교행정의 축적된 노하우를 함께 공유할 수 있는 대안이 마련되어야 한다. '하나님의 선교' 라는 대명제 앞에서 세계교회를 섬겨 나갈 수 있도록 성숙된 모습으로 가 일층 전진해야 한다. 양적인 선교도 중요 하지만 이제는 질적인 선교를 추구할 수 있어야 한다. 한국교회에 주신 영적인 축복을 이제는 세계교회를 위해 선용할 수 있는 기회라고 볼 수 있다.

바야흐로 지금은 마지막 추수기라고 볼 수 있는 시대에 우리는 살고 있다. 하나님의 말씀이 기준이 되어 이 시대를 향한 그분의 뜻을 바로 알고 거기에 맞는 올바른 방법을 모색하여 나가야 한다. 지금 세계교회가 한국교회를 향해 힘찬 손짓을 보내고 있다.

준비된 일꾼이 상대적으로 많은 한국교회는 이에 대응하여 국제화 시대에 부응할 수 있는 역량을 유감없이 발휘할 수 있기를 기대해 본다.

32. 황금물결 출렁이는 영적 추수 현장인 중국

지금 우리가 살고 있는 시대는 세기말 이라고 해도 과언이 아닌 것은 성경이 말하고 있는 마지막 현상이 거의 도래 하고 있다는 사실 이다.

중국 선교 전문가들의 시각은 현재 중국의 기독교인의 숫자를 1억 명으로 추산을 하고 있는 추세에 있다.

한국교회는 1,200만 명의 기독교인을 발표 한지가 10여년이 지나고 있지만 어떻게 보면 기독교인의 추세가 감소현상이 나타나고 있다는 적신호등이 켜진지가 이미 오래 되었다.

오늘날의 중국교회는 한마디로 표현 한다면 마지막 황금기의 영적 추수현장 과도 같다고 할 수 있겠다.

중국 전역 에서는 우리 주님의 말씀대로 '눈을 들어 밭을 보라 희어져 추수 할 때가 되었도 다' 는 말씀처럼 교회 문만 열기만 하면 밀물처럼 하나님의 택한 백성들이 구름떼처럼 몰려오고 있는 현상을 보면서 주님의 때가 많지 않음을 우리에게 보여 주고 있다는 사실이다.

중국은 그동안 정치적으로는 사회주의 공산당 체제하 에서 통치 하고 있지만 경제적으로는 자본주의 체제에 사람들이 길들여져 가고 있는 상황 이다.

세계 어느 나라 못지않게 경제 성장이 피부에 와 닿을 정도로 빠른 속도록 진행 하다 보니 사람들이 영적 공황기를 맞은 상태가 되고 말았다.

물질적으로는 풍요로움을 경험 하지만 정신적으로는 공황기 상태에 처해 있음으로 오는 갈등을 해결 하지 못해 환락세계로 빠져 들기도 하지만 많은 사람들이 지금 교회로 몰려오고 있는 추세이다.

중국에 역사 하시는 성령의 역사를 바라보면서 이제 한국 교회가 정신을 차리지 않으면 머지 않아 중국교회에 자리를 내어 주지 않을까 하는 염려가 앞서기 때문 이다.

한국교회에 주신 선교의 사명을 책임지고 감당 할 수 있을 때 하나님께서는 축복 하시지만 그렇지 않을 때 영적 축복의 촛대가 서서히 중국으로 옮겨진다는 사실을 명심해야 한다.

오늘날의 중국 교회 특히 교회를 섬기는 영적 지도자 들은 말씀에 목말라 하고 있다.

말씀을 배우기 위해서는 성경이 말한 대로 `...보라 내가 기근을 땅에 보내리니 양식이 없어 주림이 아니며 물이 없어 갈함이 아니요 여호와의 말씀을 듣지 못한 기갈 이라 사람이 이 바다에서 저 바다까지 북에서 동까지 비틀 거리며 여호와의 말씀을 구하려고 달려 왕래하되..."(암8:11.12)지금 이러한 현상이 중국 땅에서 진행 되고 있다는 사실 이다.

말씀이 있는 곳이라면 며칠을 걸려서 라도 찾아오고 있다는 사실 이다.

오늘의 한국 교회는 말씀이 너무 풍성하여 성도들이나 주의 종들은 영적 포만감 내지는 영적 과식으로 인하여 소화불량에 처해 있다고 해도 과언이 아니다.

한국에 주신 신학적 축복이나 영적 축복을 마지막 때에 서로 나누어야 할 책임과 의무가 있다는 사실을 명심해야 한다.

교회가 교회다운 사명을 제대로 감당 하지 못하니까 오늘의 한국은 혼란의 상태에 빠져들고 있음을 우리는 보고 있다. 보, 혁 간의 갈등이 빚어낸 계층 간의 갈등은 말 할 것도 없고 이념적 대립으로 나라가 말이 아니다.

시대적 좌표를 교회가 바로 잡아 올바른 방향을 설정해 주어야 함에도 교회마저 사명을 망각해 버린 지 오래 이다.오히려 세속적 물질문명으로 인해 교회가 `소금과 빛"으로서의 사명을 망각함으로 사회로부터 지탄을 받음으로 인해 설 자리를 차츰 잃어 가고 있는 작금의 현실 이라고 여겨진다. 이제 한국교회는 다시 한 번 제2의 종교개혁 정신으로 나아가지 않으면 안 되는 시점에 처해 있다.

45분 만에 한사람씩 자살하는 사회가 한국이요, 한 달에 1,000여명의 가정주부가 가출 하는가 하면 신용 불량자가 300만을 넘어 사회 문제가 되고 있으며 청년 실업자가 속출 하고 있다. 지금 사회가 방향을 상실하여 표류하고 있는 듯한 형국에 처해 있는 지금 교회가 등대의 역할을 제대로 해주어야 한다.

한국교회에 주신 영적인 축복을 자체적으로 허비해 버리는 우를 범하지 말아야 한다. 선교 적 사명을 성실히 감당할 수 있을 때 다시 한국에 축복의 바람이 불어 올 것 이다.

황금물결 출렁이는 영적추수 현장인 중국에 현지인을 철저히 훈련시켜 이 땅을 책임질 수 있는 교두보를 우리가 마련해 주어야 할 책임이 있다. `마게도니아 인들의 `와서 우리를 도우라"는 소리에 외면해서는 안 된다.

총력을다해 선교에 매진해야 될 때임을 자각하고 최선을 다 할 수 있기를 기대해 본다.

33. 지금이 중국선교의 최대의 호기이다.

　중국의 영향력이 이제는 완전히 수면위로 떠오르고 있는 지금 중국은 어떻게 보면 거대한 건설현장의 망치소리가 밤낮 쉬지 않고 전국 각지에서 고고하게 울려 퍼지고 있다.
　이러한 때에 중국의 총리가 성장에 브레이크 페달을 밟으면서 세계에 보이지 않는 영향력을 미치기 시작 했다. 주가가 하락 하는가 하면 환율이 상승하고 한국 경제 성장에도 먹구름이 드리워지는 조짐을 보이고 있다.
　중국은 지금 무서 우리만큼 빠른 속도로 가속 페달을 밟았기 때문에 엔진 과열현상이 나타나기 시작했다. 경제 성장을 하면서 야기 되어진 여러 현상들이 서서히 나타나면서 부작용이 초래되기에 성장정책에 브레이크를 밟기 시작했다.
　버블(거품)현상이 위축되기 시작 하면서 세계경제에 많은 영향력이 미치게 될 것이다. 이미 예견된 사실이 표면적으로 나타나고 있다.
　이러한 때에 우리는 다시 한 번 복음의 고삐줄을 바짝 조여야 할 때이다. 미국을 비롯한 서방 선진국들이 중국의 인권 문제에 대해 지대한 관심을 가지고 있는 지금은 유형무형으로 복음의 호기를 맞이했다고 볼 수 있다.

　이 모든 것이 하나님의 뜻과 섭리 하에서 진행 되어지는 구원 역사의 한 과정 이라고 생각 한다. 중국의 복음화가 전 세계적으로 미치는 영향력 또한 과소평가 할수 없음을 우리는 잘 알고 있다. 전 세계 인구의 1/5을 점하고 있는 중국은 변방 16개 국가에도 적잖은 영향력을 가져다 줄 것임에는 틀림이 없다. 이제 우리는 마지막으로 총력 전도의 기회로 삼아야 한다.

 사단의 전술전략은 한 영혼이라도 지옥으로 끌고 가려고 최악의 시나리오로 발악할 것이다.

 인류역사를 주관 하시는 하나님께서 역사의 수레바퀴를 움직이시기 때문에 믿음으로 여리고성을 돌아 승리의 개가를 울려 퍼지게 한 여호수아의 담대한 신앙을 우리는 좌표로 설정해야 한다. 지금의 중국은 수많은 사람들의 영혼이 굶주려 죽어 가고 있는 실정 이지만 여기에 대한 중국교회의 대처가 원활하게 이루어 지지 않기에 한국교회를 비롯한 전 세계의 교회가 이일에 동참해야 한다.

 중국 정부는 아직도 복음에 대한 이해가 제대로 되어져 있지 않다. 그러므로 중국에서 선교활동을 하는 선교사들을 종교적 침투로 간주하고 적대시 하고 있는 현실 이다.

 할 수만 있다면 복음에 대한 바른 이해를 할 수 있도록 저들을 도와주어야 할 것이다.

 무조건적으로 공산당을 편견으로만 대하고 바라 볼 것이 아니라 기독교에 대한 바른 이해를 가질 수 있도록 해야 한다.

 기독교는 사랑의 종교 이다. 예수님의 희생의 바탕 위에 세워진 종교이기에 바른 복음의 전달이 가능 하도록 최대한의 노력을 경주해야 할 것이다.

 '말과 혀로만 사랑 하지 말고 행함과 진실함으로"할 수 있는 대책이 세워져야 한다. 지금 중국은 경제 성장 일변도의 정책을 구사해 왔기에 상대적으로 열악한 부분들이 많이 있다.

 문화적인 방이나 복지 문제에는 아직도 관심이 미약 하다.

중국은 해안을 중심으로 발전 하여 왔기에 내륙지역의 환경은 너무나 열악하기만 하다. 이제 우리 한국교회는 내륙지역의 문화적인 면에 관심을 가질 필요성이 있다.

학교 교육에 관심을 가지고 도서실을 세워 한국에서 넘쳐나는 양질의 도서를 채워 주어야 하며 컴퓨터 시설을 해주어 문화적인 혜택을 누릴 수 있게 해주어야 한다.

그리고 병원을 세워 의료 혜택을 입을 수 있도록 해주고 양로원이나 사랑의 집을 건립하여 저들에게 간접적으로 체험할 수 있는 그리스도의 사랑을 보여줄 수 있어야 한다.

특히 중국의 각 지방정부 그리고 기독교 양회(기독교 협회와 삼자 애국위원회)와 서로 협의 하여 열악한 신학교를 협력할 수 있는 시스템이 필요하다.

필요한 신학 서적을 확충해 주고 양질의 교육을 받을 수 있는 환경 조성이 급선무라고 볼 수 있다.

예견해 보건데 지금이 중국 선교의 최대의 황금 추수기를 맞이하고 있는데 우리는 이 기회를 최대한으로 선용할 수 있는 지혜가 필요 하다.

중국선교를 위해 한국교회가 경쟁지향의 선교방식을 과감하게 버려야 한다. 현지의 선교사들이 서로 협력할 수 있는 있는 시스템 구축이 필요 하다.

그리고 후방 지원부대인 한국교회는 병참선의 역할을 충실하게 이행함으로 효율적인 선교가 이루어 질 수 있도록 해야 한다.

마지막 세기를 살고 있는 이때에 절실하게 필요한 것은 하나님의 능력과 방법 안에서 주시는 지혜로 가능 하다. 인간적인 수단과 방법은 무용지물이 될 수밖에 없음을 인식해야 한다.

거대한 중국 13억의 영혼이 숨 쉬는 그리고 회교권 선교의 교두보 역할을 할 수 있는 중국을 가슴에 품고 믿음으로 예루살렘을 바라보면서 더욱 정진해야 할 것이다.

복음이 바르게 전달되지 못하게 역사하는 각종 사교들이나 이단들이 지금 사람들의 영혼을 미혹케 하고 도적질 하고 있다.

영적전쟁이 정점에 이르고 있는 지금 우리는 다시 한 번 전열을 정비하여 매진하기를 기대해 본다.

34. 중국 선교 바로 알고 대처 하자.

한중수교가 된지 벌써 열두 돌을 맞이하고 있는 지금 한국교회의 중국 선교는 답보 상태를 면치 못하고 있는 실정이다. 나름대로 최선을 다하고 열심을 한다고 하지만 어디까지나 지엽적 이며 편견에 치우쳐 있을 뿐 여기에 대해 제대로 대처하는 선교 단체나 교회 그리고 선교사들이 없기에 미력하나마 그 대안을 조심스럽게 제시 하면서 함께 중국 선교에 대해 토론의 장을 마련하였으면 한다.

물론 중국 사역 이라는 특수성으로 인하여 나름대로 보안 관계로 물 밑에서 은밀하게 진행시키기 때문이라는 것을 모르는 바는 아니다.

그러다 보니 대부분의 선교사들이 현장에서 비싼 수업료와 홍역을 치르고 난 이후에 중국을 조금씩 알아가고 있는 까닭인 것은 당연 하다.

중국 이라는 나라는 56개의 다민족 국가이기에 저들의 통치 방법은 탁월 하다고 볼 수 있다.

아무리 선교사들이 현지에서 여러 모양으로 위장을 하여 사역을 하더라도 이미 중국 정부는 파악을 하고 있다는 사실을 염두에 두어야 한다.
 지금 우리 한국 에는 30여만 명이나 되는 중국 사람들이 다양한 모습으로 들어와 있다는 사실을 간과해서는 안 된다.

그 사람들 가운데 많은 사람들이 중국 정부의 정보원으로 활용이 되고 있다는 사실도 인식하고 중국 선교에 임해야 한다는 사실 이다.
 그 뿐만이 아니라 수십 만 명이 동원되어 언론이나 인터넷 그리고 통신 을 검색하고 있다는 사실은 이미 알려진 사실 이다. 많은 사람들이 중국을 얕잡아 보며 너무 쉽게 대응 하는 경향이 있다.
 중국에 들어가서 사역하는 한국 선교사들의 사역을 몰라서 그냥 있는 게 아니라 묵인해 주고 있을 뿐 이다.
 기본적으로 전화 도청은 물론이고 인터넷이나 메일 검색에서 부터 은행 통장의 입출금 내역은 물론 이고 만나는 사람들 까지 내사를 하고 있다는 사실을 우리는 간과해서는 안 된다.
 그렇다고 해서 우리 옛 속담처럼 '구더기 무서워 장 못 담구는' 우를 범해서도 안 된다.
 할 수만 있다면 오히려 능동적으로 그리고 적극적으로 대처 할 수 있어야 한다는 생각 이다.
 다만 방법의 문제 이다. 이미 중국 정부 에서는 한국의 선교사들이나 평신도 사역자들의 사역을 훤히 내다보고 있는 지금 무엇을 더 이상 감출 수 있다는 말인가?
 모든 일을 '뱀처럼 지혜로운' 방법으로 대처할 것을 주문해 볼 따름 이다. 가급적이면 한국 교회 에서는 파송된 선교사 들을 믿어주는 신뢰관계가 중요 하다고 볼 수 있겠다.

　선교 비를 보내니 당연히 선교 사역에 대해 보고하고 알리는 것은 당연지사이겠으나 가급적이면 보안 관계상 지혜로운 방법으로 하였으면 한다.

　중국에서 사역 하고 있는 선교사 들은 자신의 사역 방법에 대해 재검토할 필요성이 있다고 생각 하는 것은 참으로 사명감을 가지고 사역에 임하고 있는지가 중요 하다.

　시대적 사명감이 필요한 것은 한국교회 성도들의 헌금으로 사역을 대부분 하고 있기에 조심스러울 뿐이다.

　지금 한국교회는 기업인들과 다를 바 없이 너도나도 `북한특수"를 바라보며 교단이든 단체든 한건 위주식의 선교에 목을 매달고 있는 듯하다. 천문학적인 물질 공세로 북한의 환심을 사기 위해 동분서주 하지만 정작 북한은 요동하지 않는다는 사실 이다.

　물론 우리 에게는 북한 동포를 위한 선교가 중요한 것은 두말할 여지가 없다.

　하지만 전 세계 인구의 1/5을 차지하고 있는 중국은 하나님이 기대하고 있는 마지막 선교의 현장 이라는 사실이다.

　중국 복음화를 통해 변방 15개국의 복음화도 함께 꾀할 수 있는 이점이 있다. 지금 이야말로 한국교회가 중국선교를 위해 힘을 모아 매진해야 될 때이다.

　중국의 공산당 간부들에게 복음의 참모습을 바로 보여 주어야 한다. 복음이 진정 사회 속에서 어떤 역할을 하고 있는지 그리고 복음을 통해 세상이 기대하고 있는 것이 무엇인지 보여줌으로 저들이 기독교의 실상을 바르게 알게 해 주어야 한다.

무조건 적으로 공산당에 대해 일방적으로 비판만 할 것이 아니라 복음에 대한 바른 이해를 해 주게 될 때 오히려 복음이 아름다움 모습으로 확산 되리라 생각 한다.

중국 공산당의 정체성은 변함이 없는 것만은 당연하다.

그렇지만 지금 중국 정부는 교회를 인정하고 신학교를 통해 목회자들을 배출 시키며 자국민이 기독교 신앙생활 하는 것은 방해를 하지 않는다. 다만 중국 정부에 등록된 삼자교회에 국한된 것은 외세의 간섭을 받지 않으려는 중국 정부의 뜻 을 우리는 바로 알아야 한다.

그리고 법이 허용하는 범위 안에서 정부에서 인정한 교회와 목회자들과의 상호 협력관계를 통해 사역할 수 있는 대안을 모색 하는 것이 바람직하다고 볼 수 있다.

하나님의 지혜를 구하여 복음을 상황에 맞게 전할 수 있는 대책 마련이 중요 하다는 사실 이다.

35. 새롭게 접목할 수 있는 기독교 문화 창출

중국사역에 대해 관심을 가지고 사역을 시작 한지가 벌써 12년째를 넘어서고 있지만 아직도 중국의 종교정책은 알다가도 모른다는 것이다.

이제 서서히 많은 선교단체들이 중국사역에 대해 회의를 가지고 대하는 것은 지극히 당연 하다고 볼 수 있겠다.

어떻게 보면 막연하게 짝사랑만 하고 있다는 생각이 들 때가 한 두 번이 아니다.

대부분의 한국인뿐만 아니라 국제사회에서 조차 중국은 신뢰할 수 없는 나라로 자리매김이 되어 가고 있는 듯한 느낌이다. 중국은 지금 거대한 바벨탑 문화를 구축하며 비상하고 있다.

정치, 경제, 역사, 문화 그리고 문화와 전통 모두가 새로운 패러다임에 몸부림을 치고 있다고 해도 과언이 아니다. 중국은 지금 각 성마다 지역 마다 올림픽을 앞두고 외자 유치를 위해 필사의 노력을 경주 하고 있으며 건설 현장의 망치 소리는 쉬지 않고 움직이고 있다.

어떤 사역자는 중국의 종교정책은 고무줄처럼 조였다 늘렸다 한다는 정책을 쓰고 있다고 말하는데 수긍이 가는 말이다.

그저 단순표현 방식으로 말하자면 중국은 '되는 일도 없고 안 되는 일도 없는 나라'라는 표현이 때로는 납득이 되기도 한다.

수치상으로 볼 때 중국은 지금 괄목할 만할 정도로 세계의 경제를 위협하며 질주 하지만 실제적으로 조금만 내륙 지역 으로 들어가 보면 평균적인 성장을 이루어 나간다는 일이 쉽지 않음을 절감 하게 한다.

초기 한국 선교사들의 사역 에서부터 10 여년이 지난 지금 오늘날의 현지 선교사들뿐만 아니라 일시적으로 들어와서 사역을 하는 한국교회 목회자들마저도 거시안적 으로 선교하기 보다는 임시방편적으로 하다 보니 구태의연한 형식의 틀에서 크게 벗어나지 못하고 다람쥐 챗바퀴 돌듯이 맴돌고 있다고 볼 수 있다.

현지의 선교사들 서로가 협력이 되지 않는 까닭에 각자가 자신의 명분을 위한 단회적인 사역에 그치고 있다는 사실을 간과해서는 안 된다.

그리고 중국으로서는 외국인들의 출입에 대해 필요 이상의 관심보다도 특히 기독교의 종교 활동에 대해 과민 반응을 보이고 있는 것은 당연한 것이라고 볼 수 있다. 중국정부 에서 이해하고 있는 기독교는 본질적인 기독교의 교리(개인의 영혼 구원, 천국)보다도 비본질적인 측면(사회구원)에 더 중점을 두는 듯 하다는 사실 이다.

중국에 들어와 있는 선교사들의 대부분은 본질적인 교리인 영혼구원 문제에 관심을 가지고 활동을 하는 것은 당연 하다고 볼 수 있다.

구원 받은 성도들의 영혼이 자라 가는데 관심을 가지고 있음은 지극히 당연한 사역의 일부분 임에도 중국정부는 이런 행위마저도 불법으로 강조하여 무차별 적으로 잡아들이며 벌금을 징수 하는 등 정상적인 종교 활동마저도 위축하게 하고 있다.

중국 정부가 기독교의 본질적인 기본교리를 제대로 파악을 하고 최소한의 교육이나 집회 활동을 보장해 주었으면 하는 바램 이다.

뿐만 아니라 종교단체 에서 고아원이나 양로원 등 복지 분야는 공식적으로 허가를 해줌으로 상대적으로 중국정부의 짐을 덜 수 있는 것도 국가발전 이나 사회발전에 기여를 할 수 있을 것으로 생각 한다.
 종교단체가 운영하는 학교도 바람직하다고 볼 수 있다.
 무조건적으로 종교 활동을 두려워해서 못하게 하는 것 보다 허용을 해 주는 것이 바람직하다고 볼 수 있다. 한국을 비롯하여 전 세계적으로 볼 때 역기능적인 측면 보다는 순기능적인 측면이 많음은 당연 하다.
 중국은 지금 복지 분야는 말할 것도 없고 문화시설이나 학교 그리고 병원 등이 상당히 열악하다고 볼 수 있다.
 만일에 중국정부가 복지나 문화 방면에 종교단체가 투자를 허용하고 종교활동의 자유를 준다면 적어도 10년 정도는 경제발전을 앞당길 수 있으리라 생각 한다.
 대도시를 제외한 중소도시나 농촌지역을 중심으로 제한적으로 허가해 주는 것도 상당한 효과를 거둘 수 있으리라 생각 한다.

 그리고 종교 활동에 대한 비자도 복지나 문화방면에 일정액 이상을 투자 하면 허가해 주는 것도 상당한 효과를 가져 올 것이다.
 무조건적으로 외국의 어떤 종교 단체의 활동이라도 막무가내 식으로 막을 것이 아니라 구제활동 그리고 복지방면 과 문화 활동을 하는 것은 적절하게 허용해 줄 수 있는 배려가 요망 된다. 필리핀이나 여타 후진국 등지에서는 선교사들이 그 나라의 상당한 부분을 담당하고 있다는 사실을 생각해 보아야 할 것이다.
 중국에 들어와서 사역하고 있는 선교사들이 대부분의 사역비를 제대로 된 양육도 하지 못한 채 그저 낭비되고 마는 사실을 간과해서는 아니 될 것이다.
 중앙정부 에서 입법화 하지 못하는 어려운 점이 있다면 지방정부 자체적으로 할 수 있는 권한을 주는 것도 바람직하다고 볼 수 있다.

 물론 중국은 공산당이 지배하는 일당체재의 국가 이지만 종교적인 면은 다소 국가 안위를 해치지 않는 범위 안에서 제한적으로 허용 할 수 있었으면 한다.

 기독교의 역할 가운데 하나는 봉사의 기능이 있기 때문에 기독교인 이라면 누구나 기본적으로 봉사정신을 생활화 할 수 있는 제도와 기회가 주어진다면 여기에 많은 사람들이 참여를 할 수 있으리라 생각 한다.

 한국의 종교단체가 세워서 운영하고 있는 고아원이나 양로원 그리고 학교나 병원 복지시설은 이루 헤아릴 수 없을 정도로 많다는 사실 이다.

 중국은 기본적으로 토지가 국유지이기에 사용권을 제한적으로 활용하면 국가적으로 많은 경제적 실익을 가져다 줄 것이다.

 21세기는 지구촌 이라고 할 만큼 서로가 지근거리에 있을 정도로 교통이나 통신 그리고 정보의 발달로 친밀한 관계가 형성이 되어가고 있다. 만일에 중국정부가 지리적으로 가까운 위치에 있는 한국에 특별히 종교단체들에게 이런 부분에 참여 하도록 허용해 준다면 중국정부가 안고 있는 복지문제는 상당부분 해결 되리라 생각 한다.

 이제 한국교회도 무조건 적으로 눈에 보이는 가시적인 교회 건축보다도 복지나 문화 방면에 관심을 가지고 접근 하는 것이 바람직한 선교의 방편 이라고 생각되어진다.

 수익을 위한 사업 보다도 사랑을 실천하는 입장에서 접근 하는 것이 바람직 할 것이다.

 오늘날 교회가 세속화 되고 있는 것은 세상의 경제원칙이 우선적으로 적용되기 때문 이라고 볼 수 있다.

이제 한국교회는 조선족 선교에서 과감하고 결단성 있게 손을 떼야 한다고 생각 한다. 조선족 본래의 순수한 신앙을 회복해 주는 것이 중요 하다고 볼 수 있다.

모든 사람들이 공감대를 형성 할 수 있는 문화를 창조하여 접목 시킬 수 있는 프로그램 마련이 시급 하다.

교단 적으로나 교파 간 그리고 교회 간 경쟁을 지양하고 서로가 협력 할 수 있는 시스템 구축이 있어야 할 것이다. 공동 관심사에 대한 공통 분모를 찾아 자연스럽게 복음을 이해할 수 있도록 해주어야 한다.

기독교의 복음이 불신자들에게 거부당하지 않는 아름다운 문화를 창조 할 수 있어야 한다.

이제 중국 정부도 새로운 차원의 종교문화를 창출 할 수 있기를 기대 해 본다.

기독교가 가져다주는 역기능을 멀리하고 순기능적인 측면만 수용하게 될 때 21세기를 바라보는 중국의 역할이 더욱 돋보일 것이라 생각 한다.

36. 물질주의로 변질되어 가는 오늘의 중국교회

1972년에 미국과 중국의 수교로 개혁과 개방의 물꼬를 트기 시작한 중국이 20년이 지난 1992년도에 드디어 역사적인 한 중 수교가 시작된 이래 13년째를 맞이하였다.

우리는 다시 한 번 그동안의 중국사역을 회고해 보면서 21세기 세계의 중심으로 부상하고 있는 중국의 교회를 진단해 볼 수 있는 기회가 되었으면 한다.

　그동안 오랜 세월동안 전 세계의 수많은 교회와 성도들은 죽의 장막인 중국의 문이 열려 지기를 간절히 기도해 왔다. 그 결과로 하나님의 뜻과 섭리가 있어 때가 되매 하나님의 강권하심에 따라서 중국이 개방을 결정 하여 오늘에 이르게 된 것이다.

　중국을 향한 하나님의 관심과 사랑으로 인하여 전 세계의 수많은 교회가 중국의 교회를 주목하게 되었다. 공산주의 체재에 있던 중국인들이 개혁과 개방의 문이 열리자 그동안 억눌려 방황하던 영혼들이 진정한 영적인 자유를 갈망 하게 되었으며 정신적인 공황 가운데 있던 중 교회의 문이 열리자마자 기다렸다는 듯이 물밀듯이 수많은 사람들이 교회로 밀려오기 시작 하였다. 아무도 예측하지 못한 갑작스럽게 일어난 일이라 오히려 공산당 정부에서 당황 할 수밖에 없었다. 교회의 크기에 따라서 채워지는 오늘의 중국교회를 바라보면서 교회 성장학적으로 어떻게 설명해야 할지 모르는 결과가 초래되고 말았다.

　교회성장의 이면에 보이지 않는 역기능적인 면이 돌출 되듯이 중국교회도 예외가 아니라는 사실을 여실히 증명하고도 남음이 있다. 정부의 방침이 근본적　신학을 발전시킬 수 없는 상황　이기에 상대적으로 열악한 환경 과 여건 속에서 출발한 신학교이기에 지도자들의 자질과 역량이 상대적으로 함량 부족일 수밖에 없었다.

　그런 가운데 보이지 않는 정부의 감시와 체재 속에서 중국교회는 생존전략을 위한 자구책 마련을 위해 몸부림을 치고 있다고 해도 과언이 아니다.

　그동안 삼자교회나 가정교회는 서로 양극단으로 치닫고 있는 형국 이 연출되고 있다.

 이 틈바구니 속에서 고민하는 중국교회 목회자들과 성도들의 모습을 우리는 그저 묵묵히 먼발치 에서 바라볼 뿐이다.

 오늘날 중국교회는 복음 선포가 다소 미약한 가운데 있지만 밀물처럼 몰려드는 성도들을 감당 하기 에는 역부족 일 수밖에 없다. 그래서 자연적으로 중국교회가 성도들의 수용문제를 고민 하게 되었으며 교회 건축 문제로 많은 고민과 갈등을 안고 있는 것은 사실 이다.

 상대적으로 소득 수준이 낮은 중국 교회 지체의 역량으로는 외국의 도움을 받지 않고는 성전을 건축하기가 용이 하지 않음으로 고민을 가지고 있다.

 중국 정부는 삼자원칙(자치, 자양, 자전)에 따라 삼자애국 위원회를 내세워 근본적으로 외국인들의 종교 활동을 통제 할 수밖에 없는 상황 이다.

 외국인들의 선교활동 자체를 환영하지 않기 때문에 부득불 눈에 보이는 외형적인 성전 건축에 관심을 기울일 수밖에 없다.

 그렇지만 성전건축을 위한 많은 물질을 보내오지만 올바르게 사용이 되지 못하고 있는 관계로 보이지 않는 부작용이 많은 것은 교회의 지도자들이 변질이 되고 있기 때문 이다.

 지도자들이 물질을 올바르게 관리 하지 못하는 관계로 불미스러운 일들이 지금 곳곳에서 발생하고 있다.'가이사의 것은 가이사' 에게 하나님의 것은 하나님 에게'드려져야 함에도 일부 몰지각한 지도자들의 잘못된 행태로 교회와 성도들이 지금 멍들어 가고 있다.

 그리고 선교비나 성전건축을 지원 하는 한국과 외국의 교회들이 마치 경쟁이라도 하듯이 현지의 상황을 도외시 하면서 그것도 주변 상황을 제대로 파악하지 못한 가운데 마구잡이식으로 교회 건축을 위해 물질을 쏟아 붓고 있다.

초기에는 그렇게도 순수하던 중국 교회의 지도자 들이 물질의 우상 앞에 하나 둘 무릎을 꿇어 가고 있다.

지금 한국이나 미국 그리고 전 세계에 흩어져 살고 있는 한국인들의 선교 적 열심과 중국을 사랑 하는 마음에서 나오는 그 열정은 아무도 흉내 낼 수 없다.

그런 가운데 상대적으로 생활 환경과 여건이 열악한 중국교회를 향한 뜨거운 애정으로 인하여 앞을 다투어 선교를 경주 하고 있음을 우리는 잘 알고 있다.

그런 틈바구니 속에서 차츰 물질의 맛 을 알게 된 교회의 지도자 들이 그만 탐욕으로 인하여 하나님의 돈을 제대로 관리 하지 못하고 제 것처럼 사용함으로 여러 가지 부작용을 연출 하고 있다는 사실 이다.

이제 중국교회가 새롭게 변화하지 않으면 교회의 미래가 밝지 않다는 사실을 우리는 지나간 역사의 연대를 살펴봄으로 교훈을 삼을 수 있다. 반면에 한국교회는 분별없이 물질을 사용 할 수 없는 것은 성도들의 귀한 헌금이 하나님께 드려졌기 때문 이다.

물질을 주는 것으로만 만족 하지 말고 사후 관리에 철저를 기하는 지혜가 필요 하다고 볼 수 있겠다.

물질로 인하여 더 이상 지도자들이 죄를 짓지 못하도록 하는 것이 중요 하다고 볼 수 있다. 반면에 물질을 받는 중국 교회의 지도자 들은 그 물질이 성도들이 믿음으로 하나님께 드려진 헌금 이라는 사실을 잠시라도 잊어서는 안 된다는 사실 이다.

지금 중국의 교회는 어떻게 해서라도 외국의 교회와 손을 잡으려고 노심초사 하고 있다.

외국의 교회와 손을 잘 잡기만 하면 성전 건축은 물론 일생동안의 생활은 걱정 하지 않아도 된다고 생각 하고 있는 듯하다.

하나님을 바라보기 보다는 사람들을 의지하고 교회와 성도들을 볼모로 하여 지도자 교육이나 선교사 훈련 등 그리고 신학교육을 빌미로 하여 많은 헌금을 거두어들이고 있는 교회들이 많이 있음을 우리는 잘 알고 있다.

중국의 교회가 처음 수교할 때의 그 순수한 열정이 있는 모습으로 보여 지기를 기대해 보는 것은 어리석은 일일까?

이제 우리는 더 이상 중국교회로 하여금 물질적으로 범죄 하지 못하도록 관리에 철저를 기하는 자세가 있어야 하겠다. 그리고 중국교회도 이제는 하나님 앞에서 물질을 올바로 사용 할 수 있었으면 하는 바람이다.

물질의 우상 앞에 무릎을 꿇는 목회자가 더 이상 나와서는 안 된다. 지금 이라도 늦지 않는 것은 그래도 아직도 대다수의 교회들이 순결과 순수성을 지키고 있기 때문 이다.

단지 물질주의에 오염되고 있는 교회들의 숫자는 전체교회에 비하면 미미한 숫자에 불과 하지만 영향력 있는 목회자들의 타락이 가져오는 폐해는 엄청 나기 때문 이다.

이제 우리 모두는 긴장을 늦추지 말고 정신을 차려야 한다.

이미 한국교회의 많은 목회자들 가운데 평생 목회를 성공 하고 강단에 내려온 거장들 가운데 물질주의로 인하여 무릎을 꿇은 자들이 많이 있는 까닭 이다.

심심치 않게 들려오는 교회의 분쟁 문제를 바라보면서 안타까운 마음에 중국교회도 서서히 이 문제에 자유롭지 못한 부분을 발견 하면서 우리 모두 경계의 마음을 가지고 매진하기를 기대해 본다.

37. 삼자교회에 대한 인식전환의 중요성

지금 전 세계가 하루가 다르게 시시각각으로 급변하고 있는 시대에 우리는 살아가고 있다고 해도 과언이 아닌 것은 21세기의 문명의 총이라 일컫는 정보통신의 혁명적인 발달이 가져온 결과로 지구촌의 변화 예측 속도를 가늠하기 어렵기 때문이다.

21세기 세계의 중심국가로 부상 하고 있는 중국의 발전 속도와 변화하는 모습이 전 세계의 평균을 상회할 뿐만 아니라 오히려 한발 앞서 나가며 리더를 하고 있는 모습 이다.

그런 가운데 중국의 종교정책 분야 에서도 현재 중국 교회와 선교에 대한 다양한 분석과 전망이 쏟아져 나오고 있으며 나름대로 향후 중국 교회와 선교에 대한 대책 마련에 분주 하다고 볼 수 있다.

뿐만 아니라 여전히 외국인의 종교 활동에 대해서는 보이지 않게 제재를 가하고 있는 오늘의 중국을 바라보며 섣부른 판단을 하기 에는 아직 시간을 더 필요로 하기 때문이다.

그렇다고 해서 중국에 대한 선교마저도 위축될 수 없는 것은 시대를 향한 하나님의 뜻을 우리는 거역 할 수 없다는 사실을 너무나 잘 알고 있기 때문 이다.

이 모든 일은 보이지 않는 전능하신 하나님의 손길 가운데 역사하심을 우리는 믿기 때문 이다. 너무나 많은 사람들이 중국대륙을 제대로 이해하지 못하고 '장님 코끼리 만지듯이' 한 부분만을 바라보고 마치 전체의 모습처럼 인식을 하는 경우가 있기 때문이다.

심지어 어떤 단체 에서는 중국선교는 사실상 끝이 났다고 판단하고 철수를 하여 인도로 옮겨간 경우를 보면서 실소를 금할 수밖에 없다는 사실 이다.

중국으로 오가며 지도자 양육을 하는 사역자나 현지에 머물면서 사역하는 사람들 가운데 많은 사람들이 왜곡된 정보를 가지고 있음을 우리는 쉽게 알 수 있다.

최근 얼마 전에 한국의 유명한 출판사 에서 '하늘에 속한 사람'이라는 책을 발간하여 순식간에 베스트셀러 자리에 올라간 경우를 보았다.

한국에 있는 분들이 하도 성화를 하길 래 도대체 어떤 책인가 하여 구입을 하여 내용을 읽어 보았는데 중국의 가정교회(지하교회, 광야교회) 지도자 한사람의 사역에 대한 이야기가 실려 있었다. 그런데 그 사역을 한 사람은 현재 중국을 탈출하여 캐나다에 머물면서 중국사역에 대해서 원격조종을 하면서 사역을 하고 있었는데 그 분의 이야기를 구성 하여 출판을 하였는데 놀랍게도 20여 년 전의 이야기라는 사실 이다.

1980년대에 가정교회 사역자들의 이야기로 중국정부로 부터 환난과 핍박을 감내 하면서도 사역을 하는 이야기가 신사도행전 마냥 많은 한국인들에게 감명을 주었을 뿐만 아니라 중국 사역에 대해 한번 생각해 보게 하였다는 사실에서 평가를 할 수 있다. 그런데 중요한 것은 가정교회 라는 테두리 안에서의 이야기가 마치 중국교회 전체를 대변하고 있는 듯한 인상을 심어주고 있다는 사실 이다.
 뿐만 아니라 가정교회 사역자와 그 사역만이 진실하고 참된 것이고 삼자교회에 소속되어 사역하는 사역자들은 마치 공산당 앞잡이 노릇이나 하는 사람들 이라는 등식으로 왜곡된 정보를 그 책은 전달하고 있다는 사실에서 우려를 금할 수밖에 없다. 사실 한국의 많은 교회가 가정교회 에서 사역을 하고 있는 관계로 삼자교회에 대한 인식이 자연적으로 왜곡될 수 밖에 없음을 우리는 알아야 한다.

 오히려 가정교회 사역자들보다도 수많은 삼자교회 사역자들이 중국정부와 교회 사이에서 보이지 않는 갈등 속에서 나름대로 고민 하면서 하나님의 종의 자세를 잃지 않으려고 애쓰며 성도들을 위해 고군분투하고 있다는 사실을 우리는 간과해서는 안 된다.
 가정교회 사역자들이 오히려 위험한 것은 정통적인 신학과정을 제대로 하지 않았을 뿐만 아니라 성경해석에 있어서 자의적으로 해석하는 경우가 많아 독선적으로 흐르는 경향도 많이 있다는 사실 이다.
 그런 가운데 수많은 이단들이 가정교회를 침투하여 들어와서 교회 질서와 본질적인 기독교 신앙의 순수성을 깨뜨리고 있다는 사실 이다. 삼자교회는 정부의 사실상 보이지 않는 통제 가운데 있기 때문에 쉽게 이단이 침투하지 못하고 있음을 알아야 한다.

 가정교회와 삼자교회가 서로 상호보완적인 관계를 형성하여 사역을 하여야 함에도 극단적인 관계로 발전해 나간다는 것은 오히려 중국교회 성장과 선교라는 측면 에서 본다면 실익이 적다는 사실 이다.
 임시방편적인 일이라고 생각할 수 있지만 하나님의 손길이 보이지 않게 움직이고 있다 는 사실을 읽을 수 있어야 한다. 올림픽 이라는 대명제 앞에서 불가항력적인 전능하신 하나님만이 인류구원의 설계자이시기에 가능한 일이 아닌가 생각 한다.

지금 중국교회의 지도자들은 올림픽을 향후 기독교가 발전할 수 있는 기회로 인식을 하고 있다는 사실 이다.

올림픽 이후에 중국 기독교의 문이 활짝 열린다는 관점을 가지고 있는 반면에 가정교회의 사역은 올림픽 이전에 많이 삼자교회로 전환하는 것이 교회성장과 목회측면 에서 유리 하다는 사실이다. 정부에 등록을 한다고 해서 제재를 받는다고 생각 하는 것 자체가 잘못된 것이다. 물론 제재가 전혀 없는 것은 아니지만 슬기롭게 지혜로운 방법으로 극복해 나가면 얼마든지 종교의 자유라는 범주 안에서 마음껏 주의 일을 할 수 있다는 사실 이다.

중요한 것은 중국정부가 외국 선교사들의 자국교회에 대한 선교활동에 대해서는 계속 감시와 통제를 게을리 하지 않고 있다는 사실 이다. 차제에 우리는 올림픽 이전에 유형무형의 방법을 통해 차세대 지도자들을 양육 하는 것이 우리에게 주어진 최선의 방법임을 잊지 말아야한다. 이 일을 위해서 한국교회 뿐만 아니라 세계 교회가 서로 협력을 하여 시대적인 사명을 감당해 나갈 수 있기를 기대해 본다.

38. 중국 속에 살아가는 조선족 교회의 모습

얼마 전에 있은 지도자 교육을 위해 설문지를 나눠 주면서 몇 가지를 알고 싶어 과제를 내 주었던 것입니다. 그중에서 "조선족 사회의 정체성 (Identity)을 진단해 보고 목회 적 접근을 제시해보세요" 라는 문항 이었는데 많은 분 들이 이 문항 에서 오늘의 조선족 사회의 위기에 대해 나름대로 의견들을 제시해 주었습니다.

대부분의 예기들이 소위 우리가 말하는 '이농 현상'에 대해 예기 하고 있었는데 즉 젊은이들은 한국으로 도시로 모두 일하러 가고 없고 늙은이들만 있는 농촌의 목회가 비전이 없어서 자신들도 도시로 나가고 싶어 하는 것이었습니다.

그리고 교회가 핍절 할 수밖에 없는 것은 말할 것도 없이 당연 하다는 것이다. 그저 누군가의 도움만을 요구 하고 있는 것을 보았습니다.

그동안 한중수교 이후 10여 년 동안 한국교회가 조선족 선교를 위해 고군분투 하였으나 이렇다 할 성과를 내놓을 수 없었다는 것을 여실히 보여 주었습니다.

한족중심의 선교만을 하다가 어느 듯 조선족 선교를 돌아 봤더니 결실이 없어 보여 이번에 큰마음 먹고 대학원 과정을 개설하여 열매를 맺을 수 있는 프로그램을 마련하여 그들 앞에 내 놓게 되었습니다.

모두들 반신반의 하면서 지도자 교육을 받기 시작 했는데 교육이 끝나 갈 무렵 새로운 변화를 체감 하는 모습을 발견할 수 가 있었던 것입니다.

나름대로의 정체성을 확인 하면서 자신감을 표현하기 시작 했으며 더 나아 가서는 나름대로 자신들의 비전을 제시하기도 하였습니다.

 오늘날 많은 사람들은 현실의 위기 앞에서 그 문제를 극복하지 못하고 발버둥을 치면서 살아 갑니다. 내일에 대한 염려와 근심으로 고민하고 있는 자신을 뛰어 넘기가 쉽지 않다는 사실 입니다. 그러나 그리스도인들이 세상 사람들과의 차별성은 '세상이 감당할 수 없는 믿음을 가진자들'이라는 사실 입니다.

 이번에 교육 하면서 '시대를 향하신 하나님의 뜻을 발견'할 수 있는 안목을 넓혀 주었습니다. 얼마 안 되는 조선족 선교만을 위해 몸부림을 치며 환경만 탓 할 것이 아니라 주변에 전체 인구의 90% 이상을 차지하고 있는 한족 선교로의 방향을 전환 하도록 제시해 주었습니다.

 '이때를 위함인지 누가 아느냐'는 에스더의 고백과 결단을 통해 요셉의 인생 여정에서 보여 주었듯이 선교의 지평을 넓혀 하나님의 섭리를 발견할 수 있는 방향 전환으로 하나님의 뜻을 실현할 뿐만 아니라 현실의 소명과 사명 적 어려움을 극복할 수 있는 비전을 제시해 주었습니다. 많은 지도자들이 영적으로 지쳐 있었습니다. 눈에 보이는 현실적 환경을 극복 한다는 것이 그리 쉬운 일이 아님을 보여 주었습니다.

 그동안 한국교회가 중국의 조선족 선교에 대해 확실한 대안을 제대로 제시 하지 못하고 그저 물량적 선교중심 으로 하다 보니 지도자로서의 본질을 망각하고 현실타개를 위한 방법에만 매달려 있는 모습을 보여 주었습니다.

 이제 새롭게 저들을 재훈련 시켜서 기능인으로서의 목회자가 아니라 시대적 사명을 바로 알고 일할 수 있도록 섬겨주는 것이 우리들의 사명임을 다시 한 번 깨닫고 이 시대에 부응 할 줄 아는 지도자가 탄생되기를 기원해봅니다.

39. 복음의 효율성이 가져다주는 축복

 오랜 만에야 집을 떠나 먼 길을 다녀왔습니다. 보안상 지역은 밝힐 수 가 없음을 이해하시기를 바랍니다. 하여튼 오후1시에 기차를 타고 집을 떠나 목적지에 도착하고 보니 밤11시가 넘었습니다. 꼬박 10시간 이상을 기차에서 보낸 것입니다.
 점심과 저녁도 기차에서 라면으로 대충 때우고 서로 대화를 하다가 잠자리에 드니 새벽 1시가 넘었습니다.
 어떤 지역의 목회자가 상당한 어려움을 겪고 있다는 소식을 접하고 만나보고 난후에 당분간 목회를 쉬면서 새롭게 일할 것을 주문하고 오전 10시에 또 지친 몸을 이끌고 열차에 올랐습니다. 10시간을 기차를 타고 가야하기에 쉬운 일이 아니지만 그래도 일할 수 있다는 즐거움에 감사함으로 침대칸(일명 닭장침대 라고 부름)에 자리를 잡았습니다.

 함께 동행 했던 교회의 지도자와 이런 저런 에기를 나누면서 '어떻게 하면 침체되어 가는 중국교회를 살릴 수 있을까'에 대해 많은 예기를 나누던 중 한 가지 지혜가 떠올랐습니다.
 '가난구제는 나라도 못 살린다' 는 말이 있지만 우선적으로 한 지역을 선정해서 한국식 새마을 운동을 소리 없이 접목하면 좋을 것 이라는 믿음이 왔습니다.
 현재 대부분의 중국교회의 환경은 우리가 생각 하는 것 이상으로 열악하다는 사실 입니다. 그렇다고 언제 까지나 선교 비를 가져와서 저들에게 줄 수 있는 문제도 아니기 때문에 늘 고심 해 오는 문제입니다.

많은 대화를 하던 중에 우선 교회를 섬기는 평신도 지도자의 생활환경을 변화 시켜 주는 것도 한 방법 인데 자립할 수 있는 여건만 제공 해 주면 적어도 6개월 정도부터 효과가 나온다는 사실을 발견 했습니다.

중국은 아직 까지도 70% 이상이 농민입니다. 대부분의 교회 지도자들은 목회를 하면서 농사를 짓고 있는데 죽도록 힘들게 일하고도 한해 소득이 겨우 3,000위안(한화로500,000원정도)이기에 아이들 학교 공부시키기에도 힘들다는 사실입니다.

그런데 큰 힘을 안들이면서도 쉽게 할 수 있는 방법이 축산업을 할 수 있는 기본 자본금만 보조해 주면 되는 것입니다.

지금 함께 교육하고 관련된 지도자들이 ㅇㅇ지역에 25명 정도(한족 지도자)인데 매월 한두 가정씩을 선정해서 축산업의 기본이 될 수 있는 소, 돼지, 그리고 닭과 개를 키우도록 하는일 인데 이곳의 가격 기준으로 볼 때 기본적으로 송아지3마리, 돼지10마리, 개10마리를 마련하는 비용이 5,000위안(한화 약800,000원)이면 된다는 것입니다.

한 달에 한두 가정씩을 순차적으로 지원을 하여 시도를 한 후 결실을 보아서 6개월~1년 이내에 원금을 상환 하도록 하여 또 다른 가정을 지원 하도록 하면 지원받은 가정 에서는 최소한 한 가정 당 기본 농가소득 이외에 축산을 통한 순수익이 최소한 15,000위안~20,000위안(한화2,400,000원~3,200,000원)의 추가 소득이 생긴다는 사실 입니다.

그렇게만 된다면 지도자들도 맡겨진 사명에 최선을 다 할 것임은 물론 소망을 가지고 일할 수 있을 뿐만 아니라 주변에도 본을 끼칠 수 있어 사역적인 면에서도 효과를 극대화 시킬 수 있다는 사실입니다.

이곳의 평신도 지도자들이 맡고 있는 성도는 적게는 30여명에서 많게는 200여명 정도 입니다.

현재 그 지역의 경우 정부에서 인가된 교회수가 50여개 교회나 되며 전체 130여 교회가 있습니다. 그 중에 우선적으로 25개 교회 정도를 선정 하여 모범적으로 실시를 하려고 합니다.

소요되는 예산이 2,000만원이기에 우선적으로 제게 보내오는 선교비 중에서 한, 두 교회를 선정하여 순차적으로 실시하려고 계획을 세웠습니다.

저들의 생활환경을 개선해 줌으로 열악한 환경에서 사역하는 저들에게 힘과 용기를 가져다줌으로 하나님께는 영광이요 저들에게도 축복의 기회가 되어 지며 선교하는 저와 후원해 주시는 모든 분들에게도 보람된 일인 것만은 틀림이 없습니다. 확신 하는 것은 사도 바울도 자기 사역을 열심히 하면서 가는 곳 마다 함께 동역자로 일했기에 후일에 아름다운 열매를 많이 맺었다는 사실 입니다.

복음을 통한 삶의 축복과 보람을 가져다주는 길이 거시적으로 볼 때 복음의 효율성을 가져 오는 길임과 동시에 시대적 변화에 대처 할 수 있는 길임을 확신 합니다.

40. 가슴 뭉클한 중국교회 지도자의 주님사랑

사도 바울처럼 자기 일을 열심히 하면서 교회를 섬기는 평신도 목회자의 삶과 사역을 돌아보고 싶어서 예고도 없이 가게 되어 갑자기 찾아온 저희들을 보는 저들의 놀라는 모습을 실감 하였습니다.

시골 농촌마을 이라 마당 한 컨에는 돼지 사육장이 아담하게 지어져 있었는데 큰 돼지 2마리에 새끼돼지가 여덟 마리 정도 있었습니다.

예기인즉 그 마을에 많은 집에서 돼지들이 새끼를 낳았는데 모두 다 죽었지만 자기들의 집 에서는 돼지 새끼들이 살아 있다고 하면서 하나님의 은혜에 감사 하는 모습 이었습니다.

하나님을 섬기며 믿음으로 살아가는 가정에 주시는 축복이 아닐 수 없습니다.

그곳에 가서 놀라게 된 것은 지도자 부부를 보는 순간에 어느 농촌 부부와 다름이 없는 순박하기 그지없는 저들이 우리 한국으로 말한다면 목회자 부부 인데 저들이 섬기는 교회에 지금 출석하고 있는 성도 수가 150여명이나 된다고 하였습니다.

저들이 거주하고 있는 집에서 50여 미터 떨어진 거리에 교회가 아담하게 지어져 있었는데 50여 평 정도 되는 교회 건물을 보고 또 한 번 놀란 것은 3년 전에 이교회를 중국 돈 1,300위안(한화200,000원)을 가지고 믿음으로 시작 하였는데 완공을 하여 헌당을 하였는데 전체 건축경비가 50,000위안(한화로 8백 만원)이 소요 되었는데 하나님의 은혜로 건축이 되었다고 기뻐하는 모습을 보았습니다.

초대교회의 모습을 보는 듯 하였는데 저들의 신앙이 너무나 아름답게만 보였습니다. 외모를 보면 한없이 초라한 그렇게 시골스러울 수 가 없는 그런 저들에게 하나님께서 은혜를 주셔서 남편은 찬송을 인도하고 부인(황백춘 자매, 38세)이 설교를 하면서 목회를 한다고 하였습니다.

신학교에 가본적도 없고 겨우 중학교만 졸업한 저들이 예수님을 믿기 전 까지만 하더라도 우상을 섬기면서 살다가 병마로 인하여 온가족이 어려움을 겪었다는 것입니다.

시어머님을 모시고 살았는데 시어머님이 돌아가실 때에는 장례를 치를 돈이 없어서 돈을 꾸어다가 장례를 치뤘으며 시어머님의 병원비로 지금도 3,000위안(한화480,000원)의 빚을 지고 살아간다는 것입니다.

교회에 출석하는 성도들이 150여명이나 되어도 농촌 사람들이라 겨우 자신들의 생활만 하는 정도라 헌금은 얼마 되지 않고 자녀들은 쌍둥이를 낳아서 두 명인데 한명은 지금 중학교를 다니고 있는데 장차 고등학교를 졸업시키고 신학을 보내서 자신들의 뒤를 이어서 목회자로 키우겠다는 것입니다.

그리고 한 자녀는 등록금(1년에 300,000원)마련이 힘들어 집에서 가사일을 도우고 있는데 농촌가정에서 두 명의 자녀를 한꺼번에 중학교 공부를 시키기가 여간 힘든 일이 아니라는 것입니다. 이제 저들의 유일한 소망은 현재 섬기는 교회를 잘 돌아 보면서 그 지역에서 어느 가정보다도 더 잘 살아서 예수 믿고 복을 받아 나눠주며 살고 싶다는 것입니다.

그래서 저들과 약속하기를 돼지새끼 10마리(400,000원)와 6개월 동안의 사료비(500,000원)지원을 해주기로 하였으며 추석이 지나 가축을 시장에서 팔아서 원금은 모두 되돌려 받기로 하였습니다.

그 교회를 떠나오면서 그렇게 기뻐하는 저들 부부를 바라보면서 많은 생각을 하였습니다. 왕복 10시간을 넘게 버스를 타고 왔지만 조금도 피로 하지 않은 것은 저들을 통해 중국 농촌교회의 현실과 중국을 향하신 하나님의 비전과 소망을 보았기 때문 입니다.

오늘도 묵묵히 자신들의 삶을 책임지면서 교회를 섬기며 살아가는 저들이 있는 한 언젠가 하나님께서 이 땅을 축복 하시리라는 믿음이 있습니다. 선교동역자 되시는 여러분들의 기도를 부탁드립니다.

41. 중국에서 사역 하는 선교사들의 고민과 삶

하나님의 은혜로 중국 이란 거대한 땅이 동토의 왕국처럼 닫혀 있다가 1992년도에 한국과 수교가 된 이후 1993년도부터 문지방이 닳도록 드나들게 되었다.

그런 가운데 현실 목회와 선교라는 양극 사이에서 적잖은 고민과 갈등을 하다가 결국은 가족 모두를 이끌고 아브라함 처럼 믿음으로 이곳에 정착을 시도 하게 되었다.

우리 가족 모두가 중국 사람으로 살아가기 위해 작년 11월에 사랑하는 모친과 형제 그리고 교우들을 뒤로 남겨둔 채 이곳에 둥지를 틀고 이 땅의 문화를 체득 하면서 오늘날까지 살아가고 있다. 지금 지나 온 세월을 뒤돌아보면서 다시 한 번 삶과 사역에 대해서 함께 고민하는 시간을 가져보면서 중국을 사랑하며 선교하는 모든 분들에게 이곳에서 사역하는 선교사들에 대해 고민과 애환을 함께 나누었으면 하는 바람이다.

먼저 중국은 1949년도에 공산주의 국가를 설립하여 오늘날까지 공산당을 구심점으로 하는 일당독재의 정치형태로 사회주의 체제 이지만 경제는 자본주의 방식을 도입 하여 사회의 질서를 유지를 하고 있다는 사실이다.

　많은 사람들이 중국에 와서 공산주의 체제를 경험하기 보다는 자본주의를 먼저 경험 하다 보니 사회주의 국가라는 사실 보다도 자유주의 국가에 온 듯한 착각 속에 몰입되고 만다.

　그러나 한 가지 중요한 것은 중국은 다민족(56개 민족)사회 이기에 어느 나라보다도 정보능력이 뛰어나다는 사실 이다.언어와 문화와 풍습이 모두 다른 이질감을 가진 민족들이 어우러져 사는 나라가 중국이다. 그러다 보니 자연적으로 민족 간에 반목과 질시가 있을 수 있기에 이 거대한 땅과 13억 이란 인구를 통제하기 위해 여러 경로의 정보 수집을 통해 사회의 질서를 잡아가고 있는 현실이다.

　그러다 보니 자연 발생적 으로 공산주의 구성원들의 특성인 고발문화가 자연스럽게 삶속에 스며들어 서로가 서로를 믿지 못하는 불신풍조가 만연 하고 있음을 느끼게 한다. 그동안 중국은 끊임없는 외세 문화의 침략을 받아 왔기에 이방 민족에 대한 경계를 늦추지 않는 가운데 조심 스러 우면서도 과감하게 개혁 개방의 문을 활짝 열어젖히고 있다는 사실에서 나름대로 자신감을 표출 하고 있음을 알 수 있다.

　이런 가운데 살아가는 우리 선교사들 에게는 특히 중국 정부의 방침이 종교문제와 민족 문제에 대해서는 예민할 정도로 강력하게 대처를 하고 있다는 사실에서 긴장의 고삐를 늦추지 않을 수 가 없는 것이다.

　이미 중국 정부 에서는 우리 선교사들이 입국한 시점부터 감시의 그물망을 서서히 좁혀 들어오는데서 보이지 않는 숨바꼭질 게임이 시작되는 것이다.

　전화도청은 물론이고 우리의 일 거수 일 투족을 여러 채널을 가동하여 추적 하고 있다는 사실은 익히 아는 현상 이다. 그런 까닭에 때로는 행동이 부자유스러울 뿐만 아니라 숨 막히는 고통이 때로는 연출이 된다는 사실이다.

 괜히 죄를 짓고 도망 다니는 죄수 마냥 숨을 죽이며 촉각을 곤두세우고 하루하루를 살얼음판 위에서 살아가고 있다고 해도 과언이 아니다. 늘 마음이 불안한 것은 비단 나만의 심정 이랴.

 고국 땅에서 전화 오는 것이 반가워야 할 텐데 때로는 이 사실을 모르는 사람들은 '목사님'하고 반가워하는데 그때처럼 난처할 때가 없는 것이다.

 모르는 척 하고 빨리 전화를 끊고 싶은 심정 이지만 그럴 수도 없는 지라 대충 예기를 듣는 둥 마는 둥 하고 마무리를 지어야 한다. 상대방에서 오해를 하든 말든 마음 쓸 겨를이 없다. 때가 되면 자연히 이해해 줄 것이라 생각 하면서 수화기를 놓아야 하는 심정을 알아야 한다.

 이 따끔 선교 비를 보내는 분들에게는 한편 으로는 감사하기 이를 데 없지만 자주 연락을 드리지 못하니까 선교 비를 보내는 분 입장에서는 때로는 서운할 것이다.

 선교비 보고도 해야 하지만 모든 게 조심스러울 수밖에 없다는 사실을 이해 못하고 선교 비를 끊는 경우도 더러 있다. 대부분의 한국교회는 선교 실적에 대해 궁금해 하지만 어디 드러내어 놓고 말 못하는 심정을 그 누가 헤아릴 수 있단 말인가.

 중국선교 하는 사람의 이름 석 자는 그리 중요한 일이 못된다. 때로는 카멜레온처럼 자신을 환경에 맞게 보호 본능으로 잘 숨기며 살아가는 지혜 있는 사람만이 장기적인 사역이 가능 하다는 사실 이다. 같은 지역에 거주하는 선교사들끼리도 서로가 서로를 잘 모르고 지내는 폐쇄성을 극복해야 한다.

그럼에도 한국 교회는 선교 비 보내 놓고 선교사들의 이름을 주보에 반드시 실어야 직성이 풀린다. 당연한 일이지만 선교사를 보호 할 수 있는 차원에서 조심스럽게 접근 해야 됨을 잊지 말아야 한다.

선교보고 하나 제대로 하지 않더라도 자주 연락 한번 제대로 드리지 않더라도 그 선교사를 신뢰하며 뒤에서 묵묵히 기도해 줄 수 있는 그리고 후원 하는 일에 인색 하지 않는 성숙한 많은 교회들이 있었으면 하는 바람이다. 교회 형편이 어려워지면 제일 먼저 끊는 것이 선교 비 일 것이다. 이제 우리 한국 교회는 선교 2세기를 맞이하여 한 단계 차원 높은 선교가 이루어 졌으면 하는 바람이다.

'뱀같이 지혜롭게 비둘기 같이 순결'한 사역이 될 수 있도록 중보 기도는 물론 큰 후원을 했더라도 요란하게 매스컴에 홍보 하는 문제는 제고가 되었으면 한다.

선교지 특히 지역 문제는 가급적 언급을 회피 하여 보안 문제에 특단의 노력이 요망 된다. 한국 교회와 성도들은 선교사 들을 신뢰하고 지속적인 관심과 협력으로 천국에서 열매에 대한 과실을 함께 나눌 수 있기를 기대해 본다.

42. 총성 없는 영적 전쟁을 치루는 선교 현장

지금 전 세계는 하나의 지구촌 로 전문 분야 마다 고유의 브랜드를 가지고 전술과 전략을 총동원 하여 총성 없는 전쟁을 치루고 있는 격전지라고 볼 수 있다. 현대는 하이테크 산업으로 승부를 결정짓는 고부가 가치를 창출 하는 시대이다.

아날로그 에서 디지털시대를 지나오면서 이제는 나노(NANO)기술이 전 분야에 도입될 날도 멀지 않은 시대에 우리는 살고 있다.

하루가 다르게 신기술이 발표 되는가 하면 3차원적인 제한된 원시형태의 삶의 현장 에서 이제는 4차원적인 시, 공간을 초월하는 인터넷을 매개체로 하는 시대에 살아가고 있다.

과학 문명의 발달이 가져온 결과로 세기말 적인 현상인 초고속 시대에 우리는 살고 있다.

시간의 길이는 항상 일정 하지만 시대를 살아가는 사람에 따라서 그 가치는 다양한 모습으로 달라지기 마련이다.

일찌기 우리 주님은 거시적인 혜안으로 오늘의 21세기를 바라보시면서 '천년이 하루 같고 하루가 천년 같다'는 말씀을 하셨다.

이러한 시대에 선교지 에서 살아가는 선교사들도 이제는 전근대적인 사고를 탈피 하고 시대를 리더 할 수 있는 대안을 제시해야 될 때가 온 것이다.

그러나 아무리 시대가 급변하고 신기술이 발표 되는 시대에 살고 있을지라도 한 가지 변치 않는 분명한 사실은 사람들의 영혼은 시대와 상관없이 본래 그대로 존속되고 있다는 사실 이다.

중요한 것은 선교지 에서 사람의 영혼에 대한 본질적인 이해가 없이는 아무것도 할 수 없기에 필요한 것은 '말씀과 기도'(행6:4)로 재무장 하고 하나님의 전신갑주(엡6:10-20)를 취함으로 영적 전쟁에 임하여야 한다는 사실 이다.

세상은 갈수록 사악해 지고 사단 마귀는 끊임없이 교묘하게 복음을 변질 시키며 사람들의 영혼을 사냥해 가고 있기에 총력전을 펼치지 않으면 안 되는 시대에 살고 있다.

세상의 다양한 문화가 시대와 환경에 따라 역사적으로 변천을 거듭하는 다원화 시대에 공존하고 있음은 주지의 사실 이다.

하지만 복음은 시대와 역사 속에서 변함없이 고고한 소리를 포효 하면서 행진 하고 있다. 선교지의 문화는 독특한 양태의 다양한 얼굴로 다가 서지만 우리는 시대를 거슬러 올라가는 복음의 능력만이 시대와 역사 속에서 자리매김을 할 수 있다는 사실 이다.

선교지 에서의 총성 없는 영적 전쟁은 수많은 인고의 세월 속에서 각고의 노력으로 매진해야 함은 당연 하다.

세상의 모든 문화는 주기적으로 순환을 거듭 하고 있다.

그러나 복음은 환경과 역사와 시대 속에서도 빛을 발하는 고유한 기질적인 특성을 가지고 있는 반면에 절대적으로 불 가변적이다.

수많은 사람들이 복음의 능력에 순복할 수밖에 없는 것은 복음만이 가지고 있는 독특한 능력임을 우리는 잘 알고 있다. 복음의 정체성이 제대로 빛을 발할 수 있는 것은 복음만이 가지고 있는 특질 이다.

사단은 `자기 때가 얼마 남지 않은 것을 잘 알기에'최대의 발악을 하고 있다. 마지막 때 일수록 사단은 타 문화권 즉 공산권이나 회교권 그리고 불교 권에서 더욱 기승을 부릴 것이다.

문화라는 미명 하에 기독교 복음이 꽃을 피우지 못하도록 절대 절명의 비장한 전술과 전략으로 방해 공작을 하고 있음을 바로 알고 속지 말아야 한다.

오늘날 수많은 크리스천들이 애매모호한 태도로 일관함으로 복음이 복음으로 승화 되지 못하고 위축 되고 있다는 사실 이다.

 이미 우리 주님께서 영적 전쟁 에서 승리(골2:15)하셨음을 우리가 바로 알고 개개인의 영적 전투 현장 에서 실패 하지 않도록 더욱 경각심을 가져야 한다.
 선교지의 문화를 바로 이해하고 사람들의 영적 상태를 제대로 분석하여 환경과 사람에 따라 다양한 처방을 통해 저들의 영혼을 치료해 주어야 할 때이다.
 사람은 영혼을 가졌기에 '만물의 영장' 이라고 불리어 진다. 그러나 그 영혼이 기능을 제대로 하지 못할 때 심각한 국면에 처해 질수 있음을 우리는 바로 인식해야 한다.
 21세기는 복음의 능력을 절대적으로 필요로 하는 시대이다.
 반면에 많은 영혼들이 더욱 갈망하고 있는 것은 시대와 환경과 역사를 초월 하여 역사 하시는 전능하신 하나님의 절대적인 간섭을 갈구 하고 있다고 해도 과언이 아니다.
 세기말 적으로 사람들은 타인의 간섭을 가급적 이면 배제 하려고 한다. 이러한 때에 교회와 선교사 들은 더욱 강력한 능력의 원천이 되는 말씀의 능력으로 하나님의 나라가 세상에 편만해 질 수 있도록 해야 할 것 이다.
 마지막 시대에 살고 있는 우리는 복음을 위해 모든 것을 투자 하더라도 영혼구원을 위해 전심전력으로 일해야 될 때이다.
 총성 없는 영석 전쟁을 최 일선에서 수행 하고 있는 선교사 들을 위해 후방부대인 교회가 영적 자원(기도, 재정 등)을 충분하게 공급해 주어야 한다.

그리고 선교지 에서 영적 침체 현상으로 인한 궤도 이탈이 되지 않도록 각별히 유념해야 본연의 사명을 감당 할 수 있으리라 본다.

43. 한파도 녹이는 중국교회 지도자의 주님사랑

영하 20도를 오르내리는 혹한의 날씨에 여섯 시간 반 동안이나 기차와 버스를 번갈아 타고 북쪽지역의 한 도시를 다녀오면서 체험한 중국교회의 주님 사랑을 소개함으로 함께 은혜를 나누는 시간이 되었으면 한다.

그 도시의 삼자교회 양회 주석으로 50여 교회 5,000여 성도를 관리하면서 목회를 하고 있는 여성 지도자의 가슴 뭉클한 감동이 있는 체험적인 예기를 소개 한다.

하나님과 교회를 모르는 건축업을 경영하는 사장의 부인이 귀신에 사로잡혀 그 남편이 아내를 치료 하려고 중국 전역을 돌아 다녔다는 것이다.

수많은 병원을 찾아다니며 많은 돈을 허비 하면서 부인을 치료 하려고 했지만 허탕을 치고 돌아오게 되었다. 그런데 본인도 모르게 마지막으로 교회를 찾게 되었고 신앙생활을 시작 하면서 자신의 부인을 교회에 맡기고 믿음을 가지고 기도를 하게 되었다.

그 교회 양회 주석 되는 여성 지도자와 성도들은 믿음으로 혼신의 힘을 다하여 하나님께 기도를 하게 되었고 기적으로 그 부인이 귀신이 떠나가고 자유의 몸이 되었다.

하나님의 은혜를 체험한 건축업을 경영하는 사장이 하나님의 은혜가 감사하여 500평정도 되는 빌딩 한 채(싯가:1억5천만원)를 교회에 바쳤다.

그런데 문제는 정부 관리들이 '왜 빌딩을 교회에 바치느냐 그러지 말고 우리 정부에 주라'고 갖은 회유를 하고 그 빌딩을 뺏으려고 했지만 그 사장은 '내가 왜 정부에 빌딩을 바치느냐 내 부인의 병을 고쳐준 교회에 바치는 것이 당연하다'면서 우여곡절 끝에 교회 이름으로 등기를 하게 되었다.

교회 에서는 교회 입당예배 를 드리려고 준비 하는 중에 시종교국 에서 압력이 들어오기 시작 하였다. 종교법으로 교회에 18세 미만은 교회에 나오지 못하는데 만일에 어린아이 하나라도 교회에 나오게 되면 법을 어겼으므로 건물을 압수 하겠다는 것이다.

그런데 그 교회 지도자가 그러면 가정에 자녀들을 집에 두고 부모들이 교회에 나왔을 경우 만일에 자녀들에게 어떤 불상사가 생기게 되면 너희들이 책임을 지겠느냐'고 하자 더 이상 그 문제는 말하지 않았다는 것이다.

정부에서 여러 모양으로 압력을 행사 했지만 뜻대로 되지 않게 되자 교회를 관리하는 시양회로 하여금 압력행사를 하였지만 교회 지도자는 끄덕도 하지 않고 오히려 시양회 에서 나온 목사들에게 '우리가 하나님께 순종 해야지 왜 정부에 순종 하느냐'고 하자 저들이 돌아가서 이제는 상급기관인 성양회의 목사들을 보내어 정부방침에 순종할 것을 종용 하였지만 그 여성 지도자는 '나는 하나님을 순종하지 정부에는 순종을 하지 않는다' 고 하였다는 것이다.

그리고 정부에서 임명한 양회 주석 자리를 사표를 써가지고 정부(종교국)에 제출 하면서 '내가 양회 회장인 관계로 너희들이 나에게 많은 요구를 하니 양회 주석을 하지 않겠으니 이제 부터는 간섭하지 말라'고 하면서 주석 자리를 던져 버렸다는 것이다.

그러자 종교 국에서 오히려 당황하게 되었고 정부의 방침 상 양회 주석은 있어야 됨으로 그 지역 교회 지도자들 수십 명을 소집하여 다시 양회 주석을 선출 하도록 했는데 결국에는 그 여성 지도자 밖에 없다는 결론이 나와 다시 양회 주석 자리를 맡게 되었다는 것이다.

교회 입당 예배를 드리던 날 성도들을 2,000명이나 동원하여 예배를 드렸는데 정부 관리 들 이나 공안국 에서 감시 차 나왔다가 교회를 잘못 건드리다가는 큰일 나겠다고 생각하여 혼비백산 하여 도망을 가 버렸다는 것이다.

그리고 건물에 십자가를 달았는데 입당 예배를 마치고 난후 정부에서 나와 십자가를 철거 하라고 통고를 하자 그 여성 지도자는 '우리가 십자가를 떼게 되면 하나님께로 부터 어떤 저주가 임할지 몰라서 우리는 할 수 없으니 너희들이 십자가를 직접 철거 하라'고 맞서니 저희들도 겁을 내어 결국에는 십자가를 철거 하지도 못하였다는 사실 이다.

그리고 그 여성 지도자는 정부 관리들을 향해 '우리가 성도들을 말씀으로 잘 관리를 하기 에 아무런 문제가 발생하지 않는 거 아니냐?

만일에 교회가 손을 떼면 수많은 곳에서 종교적으로 문제가 발생 하게 되면 그때는 너희들이 어떻게 감당을 하겠느냐'고 대들자 아무 말도 못하고 돌 갔다는 것이다.

이제는 그 사건을 계기로 저들이 오히려 교회를 두려워하게 되었으며 자기들 마음대로 교회를 함부로 하지 못하게 되었다는 사실 이다.

한 여성 지도자의 명예(양회주석의 권리)를 초월한 자세나 교회의 순수성과 거룩 성을 보호해야겠다는 희생정신을 엿보게 한다. 그리고 하나님의 양 무리를 보호 해야겠다 는 일념과 성도가 하나님께 바친 성물을 보호 해야겠다 는 순수한 믿음이 결국은 정부와 대항하여 승리하게 되었다는 것이다. 많은 중국 교회의 지도자들이 공산당 정부를 두려워하면서 때로는 저들과 타협하고 야합하기도 하는 시대에 하나님을 두려워하면서 주신 사명을 수행하는 모습을 보면서 적지 않은 충격을 받았다.

아합왕 시대에 수많은 교회 지도자들이 무서운 권력 앞에 무릎을 꿇었지만 그래도 하나님께서는 저들에게 무릎 꿇지 않은 7,00명의 종들을 남겨 두었다는 사실을 성경이 증거 하고 있다. 오늘도 묵묵히 자신의 길을 가는 수많은 사람들이 있음으로 중국의 교회가 생명력이 있음을 알게 되었다. 1966년도부터 시작한 문화 대혁명 10년간의 기간 동안 강제로 교회의 문을 닫고 지도자들을 핍박했다.

그러나 믿음을 저버리지 않은 수많은 교회 지도자들이 지하로 숨어들면서 교회의 생명력은 유지 하게 되었고 오늘의 중국 교회의 근간을 이루게 되었으며 보이지 않게 강한 자생력으로 자라나게 되었다. 중국의 삼자 교회 지도자들 가운데 더러는 정부와 타협하기도 하고 어쩔 수 없이 야합을 하는 지도자들도 많이 있다. 그렇지만 순수한 믿음으로 복음을 위해 희생과 봉사의 삶을 살아가는 지도자들이 더 많다는 사실을 우리는 알고 저들의 신앙의 순수성이 훼손 받지 않도록 기도해 주어야 할 것이다.

44. 중국정부에 보내는 한국교회의 메시지

한국과 중국이 1992년도에 정식적으로 국가 간의 수교를 맺은 이래 양국 간에 정치와 경제 그리고 문화적인 발전을 위해 서로 인적 교류와 물적 교류를 증대해 나가고 있다.

양국 상호간의 필요에 따라 협력과 세계 평화를 위해 공동의 노력을 기울이고 있으며 특히 한반도 문제 북한간의 평화체제 구축을 위해 다각도로 노력을 기울이고 있는 시점에 와있다.

중국과 한국은 지리적으로나 문화적으로 서로 끊을 래야 끊을 수 없는 불가분리의 관계에 있다고 볼 수 있다. 지구촌은 바야흐로 서로 협력 하지 않고는 자생적으로 살아갈 수 없는 시대에 우리는 살고 있다.

상호 국가 간의 필요에 따라 공존공생 하지 않고서는 지구의 미아로 추락할 수밖에 없다는 사실 이다. 중국이 시대의 흐름을 정확하게 읽고 변화에 신속하게 대응함으로서 세계의 이목과 관심을 받고 있다.

이러한 때에 한국 교회가 중국을 향해 강력하게 메시지를 보내는 것은 중국 정부가 철저하게 무신론 공산주의 정치체제를 유지하고 있지만 반면에 정부에서 종교의 자유를 인정하고 있는 까닭에 기독교가 자생적으로 성장하고 있음에 감사하게 생각한다.

차제에 중국정부는 기독교에 대한 올바른 판단을 해주기를 바라고 있다.

기독교는 종교를 통해서 정치체재를 위협 하거나 반사회적인 분위기를 조성하고 사람들을 선동하여 기존의 질서나 체재를 부정하는 단체가 아니라는 사실을 바로 인식 하기를 바란다.

기독교는 철저하게 하나님의 말씀인 성경을 통해 사람들의 영혼구원에 그 일차적인 목표를 두면서 구원받은 성도들이 세상 속에서 빛으로 나타나며 소금으로서의 사명을 감당 하게 하는데 그 목적이 있음을 분명히 밝혀둔다.

교회 지도자들의 관심은 구원받은 성도들이 세상 속에서 그리스도인으로서 착한 양심과 선한 행실을 통해 부패되어지고 썩어져 가는 세상에서 한줄기의 밝은 빛처럼 살아가도록 지도하고 있다는 사실이다.

중국 정부는 선교사들의 중국에서의 활동을 종교적 침투라는 측면에서 제재를 하고 있지만 근본적인 기독교의 정신을 바로 알고 대처해 주었으면 한다.

선교사들이 자유롭게 종교 활동을 할 수 있도록 보장해 주었으면 한다. 물론 이단 종파들의 폐해는 전 세계적으로 사회문제화 되고 파급효과를 미치고 있는 것은 사실 이다. 이단으로 규명된 단체에 대해서는 출입을 엄격하게 통제함은 물론 바른 대처를 해야 함은 당연하지만 정통교단 즉 한국정부에서 인정하는 기독교단체나 교단 등에 대해서는 효율적으로 대처해 주었으면 한다.

중국이란 토양 속에서 이단들이 우후죽순 격으로 자생하고 사회 문제화 되는 것은 일반화된 세계적인 추세이며 경향임을 이해하여야 한다.

중국은 지금 다른 모든 학문에 대해서는 최대한 학문적 자유를 허용하고 발전을 위해 외국에 문호를 개방할 뿐만 아니라 적극적으로 유학생을 유치하며 해외에 유학생을 보내고 있다.

그러나 기독교 신학의 발전에 대해서는 전 근대적 으로 원시적인 수준을 벗어나지 못한 유아기적인 상태에서 머물고 있는 실정 이다.

이제 중국정부는 21세기의 떠오르는 태양으로서 명실상부 하게 전 세계에서 영향력을 끼치고 있는 국가의 자리에 올라섰다. 그리고 국가의 명운이 걸린 올림픽을 앞두고 있는 시점에서 정치적으로나 경제적으로 성숙한 단계로 나아가고 있는 시점에서 기독교 신학과 복음에 대해서도 관대하게 대처해 줄 것을 촉구 한다.

 중국교회가 세계를 향해 신학의 학문적 자유는 물론 그 문호를 일반 학문과 동등한 수준에서 재고해 줄 것을 촉구 한다.

 지금 세계는 중국을 주시하면서 중국의 영향력을 기대하고 있다. 인류의 번영과 발전 그리고 세계 평화를 위한 중국의 행보에 대해 지대한 관심을 가지고 있다는 사실 이다.

 중국의 신학교가 해외의 유수한 신학교와 동등한 수준으로 나아가기 위해서는 과감하게 문호를 개방해서 양질의 신학교육이 이루어지고 훌륭한 신학생도 들이 배출되어져서 21세기에 세계를 향해 큰 역할을 할 수 있는 신기원을 이루었으면 한다.

 더 나아가서 중국 자체의 토속적인 신학을 재정립하여 전 세계로 중국의 복음이 확산 되었으면 하는 바람이다. 중국 기독교의 발전이 곧 사람들의 영혼문제는 물론 인류사회에 지대한 영향을 끼치게 되리라 생각 한다.

 중국은 지금 모든 분야에서 세계적으로 두각을 나타내고 있는데 반해 기독교의 발전은 답보 상태를 면치 못하고 있는 오늘의 상황에서 정부의 현명한 결단으로 중국의 교회와 성도들의 신앙이 성숙 되어 지고 신학의 발전을 통해 사회의 발전에 일익을 감당 할 수 있기를 기대해 본다.

 세계의 교회가 중국의 필요를 채워주기를 바란다. 현재적으로 중국

정부가 관심을 비교적으로 가지지 못하는 분야인 복지문제에 대해서 적극적으로 참여 하였으면 하는 바람이다.

상대적으로 빈곤하고 환경이 열악한 무의촌 내륙지역에 병원을 세워주고 학교를 세워주며 양로원을 세워 건전한 프로그램을 통해 사람들의 삶의 질적인 성장을 위해서도 관심을 가져 주었으면 한다.

45. 영적 대지진이 시작되고 있는 중국교회의 현장

오늘날 전 세계의 이목과 관심이 집중되고 있는 중국에서 얼마 전에 한국의 유명한 부흥강사를 지방정부의 초청으로 지역의 복음화를 위해 초빙하여 집회를 가진바 있다.

반신반의 하면서 가진 집회는 그야말로 우리 모두를 아연 실색 하고도 남는 충격 그 자체 이었다. 집회는 시간을 더해 갈수록 늘어나는 성도들을 감당할 수 가 없을 정도로 한마디로 인산인해 이였다.

강사들이 선포하는 복음의 소리에 울려 퍼지는 저들의 아멘 소리는 지축을 뒤 흔들고도 남는 흥분의 도가니를 연출하고 있었다.

마지막 날 말씀을 마치고 안수기도를 하게 되었는데 밀물처럼 몰려오는 성도들로 인해 영적 무질서의 현장이 재현해 내고 있는 하아모니는 초대교회의 현장 그 자체 이었다.

심지어는 우리들을 늘 뒤에서 소리 없이 감시하며 따라 다니던 공산당 관리조차도 집회현장을 몸소 경험 하면서 자신이 사무실 문을 걸어 잠 구고 나서야 강사 목사님 앞에서 한 마리의 순한 양이 되어 고개를

숙이고 안수를 받는 촌극이 벌어지고 말았다.

 강권적인 하나님의 크신 역사가 아니고서는 도저히 있을 수 없는 일이 우리 눈앞에서 실제적으로 일어나고 말았다.

 중국교회를 제대로 파악하고 알지 못하는 사람들은 삼자교회는 공산당의 앞잡이 노릇이나 하는 그런 교회로 오해 하고 삼자교회의 목사들을 그저 이단의 괴수마냥 바라보는 시각이 한국교회 안에는 편만 하다는 것이다.

 그래서 삼자교회에 다니는 성도들을 할 수만 있으면 구출 해야만 하는 심정으로 수많은 한국교회의 선교사들과 목사들은 거저 삼자교회 성도들을 출애굽 시켜서 정부 당국의 눈을 피해 장소를 옮겨 다니며 지도자 교육을 하여 수많은 무자격 지도자들을 양산함으로 오늘날 중국교회의 질서를 흐뜨리고 있다는 사실 이다.

 지금 중국은 종교적인 면에서 우리의 예측을 뛰어 넘을 정도로 무서 우리만큼 빠른 속도로 변화하고 있다는 사실 이다.

 그럼에도 한국교회는 일부 중국 선교 전문가들 이라고 자처하는 사람들의 과거의 구태 의연한 중국에 대한 잘못된 정보만을 가지고 계속적으로 우롱 당 하고 있는 추세에 있음으로 공산당 정부를 부정하고 삼자교회를 불신 하면서 지하교회(가정교회)만을 정당화 하고 있다는 사실 이다.

 이제 우리는 현상적인 측면에서 중국을 제대로 알고 시대적인 사명의식을 가지고 중국에서 역사 하시는 하나님의 구원역사를 바르게 읽을 수 있는 안목이 있어야 한다.

 왜곡된 정보로 인하여 하나님의 구원 역사에 걸림돌이 되어서는 결코 안 된다는 사실 이다.

 일반적으로 중국에 대해서 '되는 일도 없고 안 되는 일도 없는 나라가 중국 이다'라는 속설이 있다. 이 말의 참뜻을 우리는 바르게 이해하고 안 되는 일을 즉 불가능을 가능케 하는 하나님의 역사하심에 맡길 수 있어야 한다.

 지금 우리는 하루가 다르게 급변하고 있는 지구촌의 한가운데에 서있다. 하나님의 구원역사의 수레바퀴는 일정한 틀을 유지 하면서 계획된 데로 진행되고 있음을 알아야 한다.

 하나님은 지금 중국의 영혼구원 사역을 위해서 여러 모양과 방법으로 일하고 계심을 바르게 인식을 하고 대처할 수 있어야 한다. 그리고 영적 올림픽을 위해 혼신의 힘을 다해야 될 시점에 와 있다.

 '이방인의 충만한 수가 들어오기 까지 이스라엘의 더러는 완악하게 된 것이라'(롬11:25)는 하나님의 구원역사를 보더라도 우리는 마지막 시대에 마지막 주자로서의 사명을 새롭게 인식을 하고 복음전력을 위해 총력을 다 해야 된다고 생각을 한다.

 회교권 선교가 우리에게는 마지막 과제로 남아 있다고 하더라도 하나님의 구원 계획은 변함없이 진행이 되고 있다.

 '21세기는 중국이 세계의 중심에 서있다'는 사실이 우리 에게는 마지막 선교의 각축장임을 잊지 않고 전 세계 교회는 하나님의 구원 역사를 앞당겨야 한다는 사명을 간과해서는 안 된다는 사실 이다.

 지금 한국의 교회는 초기에 역사하신 성령의 은혜를 차츰 망각해 가고 있다. 교회의 본질적 사명이 변질이 되고 있음을 우리는 올바로 인식을 하지 않으면 안 되는 기로에 서있다.

 오늘날 교회는 선교에 관심을 가지고 지상 명령의 수행을 위해서 일하지 않고 일반적 으로 사회에서 할 수 있는 복지문제나 노인문제 그리고 비본질적인 문제에 더 치중하고 있는 듯한 인상을 주고 있다.

한국에 세워져 있는 헤아릴 수 없을 정도로 많은 기도원이나 수양관의 일부를 이제는 선교사 들을 위한 안식 관으로의 방향 전환이 있어야 한다.

해외에 나가 있는 만여 명이 넘는 선교사들이 그래도 안심하고 마음껏 복음을 위해 일하다가 돌아와서 쉴 수 있는 공간이 절대적으로 부족한 오늘의 현실 앞에 한국교회는 아무런 대책을 내놓지 못하고 있는 작금의 현실을 우리는 거저 바라보고만 있을 뿐이다.

우리 한국이 국제사회 에서 살아남는 유일한 비결은 선교대국 으로 나가는 길밖에는 희망이 없다는 사실 이다.

교회가 성도들에게 선교의 비전을 바르게 심어줄 수 있을 때만이 한국의 소망은 비로소 보이기 시작을 하는 법이다.

이제 한국교회는 초대 예루살렘 교회를 통해 교훈을 바로 배워야 한다. 그리고 더 나아가서 안디옥 교회를 통해 바울 선교의 사역이 아름답게 열매를 맺었듯이 교회가 총력을 다 해 선교를 현실화 시켜야 함에는 지극히 당연한 귀결 이다.

우리 앞에는 지금 추수를 기다리는 황금들녘처럼 전 세계 인구의 1/4에 버금가는 중국이 손을 내밀고 우리를 간절히 갈망 하고 있다.

한국교회의 축적된 역량을 가지고 교회와 선교단체가 일체감 로 그리고 주의 종과 성도들이 마지막 추수의 대현장인 중국을 가슴에 안고 기도하며 선교를 위해 최선의 노력을 경주해야 할 것이다.

그리고 한국교회는 지금 준비된 신학자들이 포화 상태에 이르고 있다.

좁은 신학대학 에서 선택되기만을 기다리지 말고 이제는 한국교회가 역량 있는 저들을 중국 땅에 보낼 수 있기를 기대해 본다.

뿐만 아니라 이제 한국교회는 부흥사들의 역할이 갈수록 설 자리를 잃어가고 있는 지금 영적으로 신실한 중량감 있는 부흥사들을 중국 땅에 보내어 잠자고 있는 중국 영혼 들을 일깨우는 작업을 해야 한다.

그리고 조선족 사역자들 가운데 준비된 사람들을 통역자로 쓸 수 있는 대안을 마련하여 중국 전역 에서 동시 다발적 으로 부흥의 불길을 지필 수 있도록 준비해야 한다.

중국 선교를 위해 우리 에게 주어진 시간은 6년 남짓 남아 있다고 볼 수 있다. 이제 하나님께서 우리 한국교회를 향하신 뜻을 바로 알고 이를 위해 전심전력 할 수 있어야 한다.

46. 외로운 행진 속에 사역을 감당하는 선교사들

아브라함처럼 믿음으로 고국을 떠나 사명을 가지고 선교지 에서 살아가는 선교사들의 삶과 사역에 대해서 우리 모두는 다시 한 번 관심과 사랑을 가져 주었으면 한다.

우리 한국의 선교사들이 나가서 사역 하고 있는 전 세계의 어느 곳이든지 서로 다른 문화와 관습 그리고 환경과 체제가 가져다주는 충격은 우리 모두가 해결해 나가야 할 과제 이다.

그리고 교단과 교파를 초월하여 선교사들 끼리 아름다운 사랑의 공동체 로 더불어 살아가는 삶의 모습이 우리가 추구 해야 할 궁극적 지향점 일 것이다.

 선교지 마다 보이지 않는 경쟁심과 자기 공명심 그리고 상대방의 사역을 바로 이해하지 못한데서 오는 편협 된 마음이 결과적으로 서로간의 갈등 구조로 만들어 가고 있다고 해도 과언이 아니다.

 그런 가운데 동역자로 서로 위로하며 살아가야 함에도 서로가 서로를 불신함 으로 빚어지는 구조 속에서 서로를 이해하지 못하고 심지어는 상대방의 허물을 들추어내는 결과를 초래함으로 주위의 빈축을 사는 결과를 초래 하고 만다.

 같은 선교사들끼리도 믿지 못하는 사역을 어느 누가 믿어주며 일할 수 있는지 자문자답해 보지 않을 수가 없는 것이다.

 선교대국의 힘찬 거보를 내디딘 한국의 사역자들은 이제 한 단계 성숙한 걸음으로 나아가야 할 때임을 우리는 간과해서는 안 된다.

 물론 공산권 사회이기에 가급적이면 사역을 은폐해야 만이 현지에서 장기적인 사역을 할 수 있다는 사실은 익히 알고 있다.

 중요한 것은 오늘의 시대는 홍보라는 매체를 통하여 사역의 극대화를 추구해야 능률적으로 사역을 할 수 있는 것은 지극히 당연한 것이다.

 하지만 우리의 사역에 대해서 대외비 정도로 사역의 보안을 해야 하는 까닭에 감히 홍보 하는 것은 불가능하기에 사역의 한계점이 있다는 사실 이다.

 사역에 대해 최대한의 보안 유지가 필요하기에 최선을 다해 사역의 극대화를 추구 할 수 있는 길을 모색해야 함은 당연 하다고 볼 수 있다.

 회교권이나 공산권의 경우에는 기독교에 대한 반감 작용 때문에 감시

체재로 인해 극도의 긴장감이 조성되기 때문에 유연하게 대처 할 수 있는 방안 마련이 다소 아쉽다고 볼 수 있다.

그러므로 선교사들 과 더불어 공동 사역을 검토 하지만 현실적으로는 용이 하지 않다는 사실 이다. 특별한 경우를 제외하고 현지에서 사역 하는 사역자들과의 만남은 가급적 자제 하는 것이 서로를 위하는 길이 라고 볼 수 있다.

장기적인 사역을 하기 위해서는 어쩔 수 없이 자신을 은폐해야 만이 지혜롭게 사역을 능동적으로 대처 할 수 있기 때문이다.

복음을 증거 해야 하는 사역자들은 때로는 메일 수 있어도 복음은 메일 수 가 없기에 우리의 방법 즉 전략이 새롭게 개발되지 않으면 안 된 다는 사실 이다. 그렇다고 사방의 감시가 두려워서 할일을 못한다면 선 교지에 있어야 할 필요를 느끼지 못하는 것은 지극히 당연 하다. 선교 사로 살아 갈수록 마음에 억누르고 있는 중압감은 이 땅을 떠나기 까 지는 쉽사리 사라지지 않을 것이다.

항상 긴장된 속에서 삶을 살아가야 하는 선교사들의 삶이 때로는 외 롭고 고달플 수밖에 없는 것은 당연 하다. 그러나 때를 따라 힘주시는 그분의 사랑을 공급 받기에 그래도 실낱같은 희망조차 잃지 않으려고 무던한 마음을 가지고 하루하루의 삶에 충실해지려는 것이다.

고국에서 오가는 목회자들이나 다른 사역자들은 현지에서 사역을 하 는 사역자들의 고충이나 애환을 아무도 모른다는 사실 이다.

현지의 언어적응을 위해 많은 시간을 할애해야 하지만 고국의 교회가 제대로 이해를 못하기에 서투른 언어로 사역을 감당 하기란 여간 쉽지 않은 일이다.

자주 전화번호를 바꿔야 하고 어느 곳을 가더라도 사중경계를 하는 보초병의 심정으로 사역해야 하는 아픔이 우리 모두에게 있는 것이다.
교육장소를 때로는 바꿔 보면서 최선의 방법을 강구해 보지만 그것조차도 여의치 않음을 발견 하게 된다.

고국에서 보내오는 선교 사역비의 대부분이 사역자들의 생활비로 사용되어 지는 현실 앞에서 다른 대안이 쉽지 않음을 발견 하고 나름대로 돌파구를 찾아보려고 하지만 그리 쉬운 일이 아님을 누구나 잘 알고 있다.
사역 비는커녕 기본적인 의, 식, 주문제에 허덕여야 하는 사역자들이 의외로 많이 있다는 사실 이다. 한국교회는 무조건 선교사들을 아무런 대책도 없는 가운데 무조건 파송하기만 하면 의무를 다했다고 생각하는 모양 이다.
최소한의 사역 비는 물론 의료비나 자녀 양육비는 고사 하고라도 현실적인 생활비조차 거부당하는 오늘의 현실 이다.
일생 동안 목회를 마치고 은퇴하는 목회자 들이 후임자와 자신의 퇴직금 문제로 교회와 목회자 사이에 얼굴을 서로 붉히면서 줄다리기 하는 모습이 자주 언론에 오르내리면서 우리의 마음을 서글프게 하고 있다.
수 억 원씩을 오가는 은급 금 예기가 먼 천국예기로 회자 되어 지는 듯하다. 고국을 떠나온 선교사 들은 고국에 대한 별다른 미련이 없다. 그렇지만 사역 하는 동안만이라도 마음껏 사역을 할 수 있는 환경과 여건이 조성 될 수 있기를 기대해 본다.

한국교회는 제발 현지 선교사들 에게 최소한의 의무와 책임만 이라도 감당해 주었으면 하는 바램 이다. 목회적인 여건 때문에 수많은 선교사들이 무적자로 살아가는 경우가 많이 보인다. 일정한 소속감이 없는 관계로 아무도 돌봐 주지 않는 선교사들도 많이 있다.

한국 교회는 선교사들을 위한 프로그램을 자체적으로 개발하여 정기적으로 재충전이 될 수 있도록 해주었으면 하는 바람이다.

교회와 목회자들 그리고 어떤 이벤트를 위해서는 수 억 원의 재정을 투입 하지만 정작 선교사들 을 위한 대책 마련이 전무한 실정 이다.

현지에서 일하는 선교사들이 누구보다도 애국자 인 것은 외국에서 살아본 경험이 있는 사람들은 공감대를 형성 할 수 있으리라 생각 한다.

선교사 이면서도 선교사의 신분을 드러내 놓지 못하는 아픔을 안고 살아가는 수많은 선교사들의 가슴을 어느 누구도 이해 할 수 없을 것이라 생각 한다. 늘 고국의 산천과 하늘을 그리워하며 고국의 부모, 형제들과 고국소식에 목말라 하는 선교사들 그래도 언젠가는 돌아갈 고국이 있기에 묵묵히 자신의 사역을 위해 동분서주 하는 선교사들의 마음을 헤아려 주었으면 한다.

그리고 선교사들을 선교지에 보내어 두고 염려와 근심 그리고 기도와 사랑으로 협력을 아끼지 않는 가족들과 지인들 및 교우들에게 지면을 빌어서 감사를 드리고 싶다.

여러분들의 기도와 정성을 담아 보내어 주는 선교헌금이 우리들에게는 적잖은 위로와 힘이 되고 있음을 감히 고백해 본다.

정말 감사하게 생각하고 있는 것은 그래도 여러분들이 있음에 오늘 우리가 있다는 사실 이다. 선교는 선교사들과 현지교회와 그리고 고국의 여러분들과 함께 만들어 가는 것이다.

47. 사역의 고삐를 늦출 수 없는 대재앙 앞에서.

인류 대재앙의 전주곡 이라고 할 수 있는 지구촌 최대의 대재앙이 인도네시아를 비롯하여 태국등지에 발생하여 수십만 명의 사상자를 내는 참극을 기어이 연출 하고야 말았다.

지진과 해일이 가져다 준 자연재앙 앞에 전 세계 모든 사람들은 벌린 입을 다물지 못하고 숨을 죽이며 하루하루 사망자 숫자가 늘어나고 있는 지금 어디까지 행진해 나갈지 전 세계가 촉각을 곤두세우고 있다.

인도양 지역 에서 발생한 지진 해일이 14시간 만에 1,400킬로나 떨어져 있는 아프리카 소말리아 까지 그 영향을 미쳤다는 사실에 우리는 아연실색 할 수밖에 없음을 고백한다.

이번 대재앙이 가져다준 사건을 보면서 평화롭기만 하던 지구상에 다시 한 번 이 지구촌은 진정 안식이 없음을 알게 해주었다.

이러한 때에 우리는 다시 한 번 나타난 자연재해 현상을 통하여 우리에게 말씀 하시는 하나님의 음성을 들어야 할 것이다.

과학자들은 지진이나 해일 등을 판구조 이론을 통해 지각변동에 대해 설명을 하고 있지만 성경적인 관점을 조명해 보면 그것은 분명히 하나님의 심판임을 말해 주고 있다.

성경적으로 최초의 지진은 '소돔과 고모라'의 대지진 이라고 볼 수 있다. 그 지진은 인간의 죄악으로 인한 하나님의 심판임을 분명히 말해주고 있다. 고라 자손이 하나님이 세운 지도자인 모세를 반역 했을 때도 하나님은 지진을 통해서 거기에 가담한 사람 모두를 심판하고 있음을 보여 주었다.

이번에 대참사가 일어난 지역분포를 보면 대부분이 하나님을 반역하는 불교 권 지역과 회교권 지역을 강타하고 있음을 보여 주었다. 지난번에 일어난 일본의 고베지역의 대참사와 터키지역에 일어난 대참사를 통해서도 여실히 증명을 하고 있다는 사실 이다.

기독교 국가라 할지라도 하나님의 뜻을 거역하고 인간 바벨탑을 쌓아가게 되면 결국 심판을 면하기는 어렵다는 사실 이다.

지금도 하나님은 자신의 뜻에 반역하는 개인이나 가정 국가에 끊임없이 환경을 통해서 하나님의 뜻을 나타내시고자 한다.

우리는 무조건 과학적 이론을 신봉한 나머지 주변에 일어나는 모든 자연 재해 적 현상에 대해서 우연으로 돌린다든지 간과해서는 안 된다는 사실 이다.

예수님께서도 예루살렘 망대가 무너져 죽은 사람들을 통해 우리 자신을 돌아보기를 원했다는 사실 이다. 하나님이 세운 가정이나 교회나 국가 일지라도 하나님의 뜻에 반역하고 불순종 하게 되면 결국은 무너져 내리고야 만다는 사실을 말씀하고 있다.

인간이 세운 제도나 법질서 그리고 자연 건조물은 사상누각에 불과한 것임을 이번 사건을 통해 보여주고 있다. 지식이나 명예나 권력이나 물질마저도 그것은 결코 영원하지 않음을 우리 모두는 익히 알고 있으면서도 이세상이 영원한 것처럼 자주 착시현상을 일으키며 살아가고 있다는 사실 이다.

우리 주님이 "너희 보물을 땅에 쌓아두지 말고 하늘에 쌓아 두라"고 하신 말씀의 의미를 다시 한 번 생각하고 "먼저 그 나라와 의를 구하라"는 주님의 음성을 가감 없이 실천해야 될 때임을 알아야 한다.

이번 대재앙으로 무수히 많은 영혼들이 지옥의 나락으로 떨어지는 것을 우리는 보고만 있어야 했다. 더 이상 언제 까지나 우리 이웃의 영혼이 지옥에 떨어지지 않도록 최선을 다해 영혼구령에 대한 열정을 경주해야 한다.

이 시대를 향한 주님의 음성에 겸손히 귀를 기울이고 우리에게 주신 건강과 시간 물질과 재능을 총투자 하여 죽어가는 영혼 구원을 위해 총력을 다 해 야 될 때이다.

더 이상 한국교회의 목회자들이 교권주의나 배금주의 그리고 명예욕에 사로잡혀 성도들의 피땀 어린 헌금을 자신들의 사금고로 생각을 하고 함부로 사용해서는 안 된다.

마지막 시대를 향한 한국교회에 주신 사명은 오직 선교에 있다. 교회를 건축하여 더 많은 영혼들의 안식을 위한 장소도 중요하고 기도원이나 수양 관을 지어 성도들의 영성 훈련을 위한 장소도 중요 하겠지만 지금 주님이 원하시는 것은 그런 것이 아니다.

바울의 영안이 열려서 '마게도냐의 환상'을 보게 된 것처럼 오늘 우리도 우리의 영안이 열려서 시대를 볼 수 있는 영안이 열려져 주님이 원하는 것을 믿음으로 볼 수 있어야 한다.

전 세계 영혼의 1/4을 차지하고 있는 중국 광활한 대륙 15억의 영혼의 울부짖음을 우리도 들어야 한다.

이번 지진에서 동물들은 육감으로 자기들의 운명을 앞서 예견하고 미리 피하여 재난을 모면 했는데 정작 만물의 영장인 우리 인간은 한치 앞도 내다보지 못하고 말았다는 사실 이다.

하나님께서는 죄를 알지 못하는 동물들 에게는 육감 이라는 독특한 기능을 주어서 생명을 연장시킨 반면에 죄악과 더불어 살아가는 우리 인간 들을 심판 하셨다는 사실 이다.

태초에 하나님이 천지와 우주만물을 창조 하신 이후에 유독 범죄 한 인간들을 바라보시면서

'사람 지으셨음을 한탄 하셨다'는 사실을 우리는 어떻게 받아 들여야 하는지 되묻고 싶을 따름이다. 그리고 타락한 인간 때문에 피조물도 신음을 하고 있으며 조물주인 하나님을 고대 하고 있다는 사실을 우리는 직시할 수 있어야 한다.

하나님의 형상과 모양을 지어 창조된 우리 인간이 오늘날 왜 심판의 도구로 전락이 되고 말았는지 다시 한 번 생각해 보아야 한다.

지금 우리는 '만물의 마지막이 가까운'말세 지말 을 살아가고 있다. 정신을 차리고 근신하여 깨어서 기도해야 한다는 바울 사도의 외침에 귀를 기울여야 될 때 이다.

그러므로 우리는 사역의 고삐를 더욱 바짝 잡아 당겨야 한다.

21세기 세계의 중심국가로 비상하고 있는 중국은 지금 인간 바벨탑 문명의 극치를 이루고 있으며 물질문명 때문에 서서히 오염되어 가고 있는 순수한 영혼들을 신속하게 구출 해야만 하는 사명이 우리에게 주어져 있다.

사도바울이 "'내가 로마도 보아야 하리라"는 말속에서 그 당시 세계의 중심국가인 대 로마 재국에 복음이 증거 되기를 강렬하게 원했던 것이다.

그래서 죄수의 신분으로 로마에 들어갔던 바울을 생각해 보면서 이제는 한국교회가 조선족 중심의 사역에서 한족중심의 사역으로 그리고 동북지역 일변도의 사역이 상하이를 중심한 남방지역의 사역으로 방향전환을 해야 될 때이다. 21세기 최고의 문명국가를 지향하고 있는 상

하이는 전 세계 다국적 글로벌 기업들이 몰려들고 있는 무역, 경제, 금융의 도시로 전 세계의 각축장으로 서서히 변모되고 있다.

이제 우리 한국교회와 선교사들도 21세기 세계 선교의 주역으로서의 역할과 사명을 유감없이 발휘해 나아가야 할 때이다. 한 단계 성숙된 모습으로 세계교회 속에 우뚝 서야 한다.

개 교회 정신이나 개 교파 의식을 지양하고 선교사 들 간에 자기 공명심에 불탄 나머지 사역 이기주의로 인한 폐해를 극소화 시키며 서로 협력의 정신으로 나아가야 한다.

지금 우리는 주어진 기회를 최대한 활용하여 사역의 극대화를 이룰 수 있기를 기대해 본다.

48. '로뎀 나무 은총'의 축복이 가져다주는 열매

하나님이 쓰시는 주의 종을 가정에 모실 수 있다는 것이 은혜요 축복인 것은 제가 주의 종이 되었다고 해서 그러는 것이 아닙니다.

성경이 이에 대해서 말씀을 하고 있을 뿐만 아니라 주의 종을 잘 섬긴 사람들에게 우리 주님은 항상 축복을 하신 것만 보아도 알 수 있는 것입니다.

우리가 잘 알고 있는 대로 엘리야가 갈멜산 상에서 이방신들과 겨루어 승리한 후에(왕상18장) 아합왕의 부인 이세벨에게서 '엘리야를 죽이겠다'(왕상19:2)는 협박의 소리를 듣자 곧 바로 낙심이 찾아 왔습니다.

그때 엘리야는 생명을 위하여 도망하여 브엘세바에 이르러 광야로 들어가 로뎀 나무 아래 앉아서 죽기를 구하였던 것입니다.

그때 하나님께서 천사를 보내어서 위로하게 하시고 숯불에 구운 떡과 물을 가져다주었으며 거듭 위로를 받도록 하였습니다.

거기서 엘리야는 "일어나 먹고 마시고 그 식물의 힘을 의지하여 사십 주, 사십 야를 행하여 하나님의 산 호렙에 이르니라"(왕상19:8)고 기록하고 있습니다.

사람이 인생을 살아 가다보면 예기치 못하는 위기를 만나 절망에 처할 때가 한 두 번씩 있습니다. 이럴 때 우리는 하나님께서 천사를 통해 엘리야에게 역사 하셨던 것처럼 오늘도 삶의 환경 속에서 여러 모양으로 삶의 위기를 맞이할 때 누군가가 나에게 위로해 줄 수 있다면 다시 일어나 사역을 회복하고 삶의 용기를 얻어서 하나님의 일을 감당하는 자리에 설 수 있다는 사실 입니다.

흑룡강 성의 어떤 지역에서 제법 규모가 큰 교회의 부목사로 일한 어느 목사님의 이야기입니다. 그 교회의 당회장 부부가 모두 목사인데 자기들에게 주어진 권세를 가지고 이 목사님 에게 조금도 쉴 틈도 주지 않을 뿐더러 보이지 않는 억압을 통해 자유함을 누리지 못하게 하였습니다.

그 결과로 이 목사님은 극도의 신경쇠약 증세로 심지어는 '죽고 싶다'고 고백 하는 지경에 까지 이르게 되었던 것입니다.

그 사실을 듣고 왕복 20시간이 넘는 거리 임에도 불구하고 찾아 갔던 기억이 납니다. 이 목사님을 만나 대화를 나누던 중, 모시고 와서 섬기게 되면 회복을 하여 중국교회의 지도자로서의 사명을 감당할 수 있음을 깨닫게 되어 그 일을 추진하게 되었습니다.

우리 집이 '로뎀 나무 은총'같은 역할을 해야 되겠다고 생각을 하게 되었습니다.

다시 사역을 회복 할 때까지 사례비도 드리면서 영적회복을 하도록 도와 드리는 것이 곧 주님을 기뻐 시게 하는 일임을 알았습니다.

지금 한국에는 목회를 하다가 여러 모양으로 실의에 빠져 낙담을 하고 곤경에 처한 목회자들이 많이 있습니다.

이럴 때 누군가가 조금만 힘이 되어 준다면 영적으로 회복을 하고 육적(떡과 물)으로도 힘을 얻어 하나님의 사역을 새롭게 할 수 있다는 사실입니다.

제2, 제3의 '로뎀 나무'아래에서 힘을 얻도록 많은 분들이 여기에 관심을 가져 주셨으면 합니다.

49. 청결한 마음과 선한양심과 거짓이 없는 믿음

요셉은 자기 뜻과는 상관없이 "요셉이 이끌려 애굽에 내려가매"(창 39:1) 종으로 팔려가는 신세 임에도 하나님의 뜻과 섭리신앙을 가졌기에 후일에 창세기 45장4절~8절의 고백을 할 수 있었음을 보면서 신앙의 위대함을 보게 됩니다.

오늘날 우리 주변에서 바울이 영적인 아들 디모데를 향해 요구한 "청결한 마음과 선한 양심과 거짓이 없는 믿음으로 나는 사랑"(딤전1:5)을 강조 하지만 그렇게 살아가는 사람들을 만난다는 것이 쉬운 일이 아님을 깨닫게 되는 것입니다.

사람들은 저마다의 삶을 살아가면서 크게는 하나님의 영광을 위해 산다고 하지만 삶의 내면을 들여다보면 과연 하나님의 사람으로 삶을 살아가는지 의심 할 수밖에 없음을 보면서 안타까운 마음입니다.

저마다 자기의 이익을 위해서는 신앙양심을 쉽게 팔기도 하고 하나님의 말씀을 제대로 알지 못해 무엇이 선 악 인지도 제대로 분별하지 못하면서도 영적으로 우준 하기에 시대를 보는 안목이 없으며 기도가 없기에 입으로는 사랑을 외치나 서로 미워하고 반복과 질시의 삶을 살아가고 있는 오늘의 현실 앞에 참담한 심정 입니다.

오늘 하나님이 진정으로 찾으시는 사람은 '청결한 마음의 소유자요, 선한양심을 가진 사람이며, 거짓이 없는 믿음으로'살아가는 사람들입니다.

인간의 연약함을 인정 하지만 세상의 빛이요 소금이 되어야 할 사명이 있음을 우리는 자각하고 현실만을 탓할 것이 아니라 거시적인 안목을 가지고 믿음으로 하나님 앞에 서야하는 우리의 모습을 바라보며 살아갈 수 있기를 기원 합니다.

50. 포기할 수 있는 것도 은혜

　사람이 인생을 살아가면서 때로는 선택했던 것들 중에 중요하게 생각한 어떤 것을 포기해야 하는 시점에서 고민해야 될 때가 있습니다.
　그리고 어떤 것이든 포기할 수 있는 것도 아무나 하는 일이 아님을 알 수 있으며 포기 하는 것이 쉬운 일이 아니라는 것을 우리는 너무나 잘 알고 있습니다.
　지나간 일들을 회상 하면서 중요한 고비마다 포기한 것을 헤아려 보면 수없이 많이 있지만 그중 몇 가지만을 소개해 보고자 합니다.
　첫 번째의 포기는 그동안 태어나서 자란 고향을 포기하고 고향땅을 떠나올 때의 일입니다.
　시골 울릉도에서 태어나 자라면서 마지막으로 정든 고향과 직장생활을 포기하고 부모님 곁을 떠나서 서울에 올라올 때가 1979년도 였습니다.
　믿음의 조상 아브라함이 혈혈단신으로 고향을 떠난 것처럼 부모형제 일가친척을 떠나 서울 땅에 발을 딛기 까지는 오랜 시간을 고민하고 갈등을 한 이후에 내린 결론 이었습니다.
　두 번째의 포기는 직장생활의 포기였습니다.
　'79년 도부터 시작한 공직생활을 아무 미련도 없이 그것도 15년간의 공직 생활(고향 울릉도에서 6년 포함)을 포기 했습니다.

많은 사람들이 만류를 하였지만 결정적인 순간에 장래의 생활에 대한 아무런 대책도 없이 1987년도에 사표를 내고 목회를 위해 공직생활을 포기 한 것은 하나님의 은혜의 결과임을 고백 합니다.

세 번째의 포기는 2002년 9월에 그동안 15년간이나 제2의 인생을 시작한 목회자로서의 길을 포기 해야만 했습니다.

부족한 사람이 하나님의 은혜로 성도들의 영혼을 위해 일하다가 제3의 인생인 선교사의 길을 가려고 목회자로서의 삶을 정리하고 많은 기득권을 포기 하고야 말았습니다.

솔직히 쉬운 일이 아니었음을 고백 합니다. 지금도 이일에 대해서는 아쉬움을 가지고 있지만 하나님의 뜻으로 조용히 받아 드리고 있는 중입니다.

네 번째의 포기는 고국 땅을 포기하고 부모님과 일가친척, 그리고 형제들을 두고 이방 지역인 중국사역을 위해 선교사로 들어간 것입니다.

다섯 번째의 포기는 그동안 가장 아끼며 애장품으로 여기던 나의 재산 1호라고 할 수 있는 소장도서를 중국의 후학들과 교회 지도자들을 위해 포기한 것입니다.

소유권에 대한 집착을 버려야 하는 갈림길에서 적잖은 고민이 있었음을 고백 합니다.

그러나 중국교회와 지도자들의 영적인 발전을 위한 길이라면 최상의 선택임을 간과하지 않을 수 없습니다.

사람은 본래 소유의식이 강하다고 볼 수 있습니다. 그래서 한번 들어와서 소유하게 되는 것(권력, 명예, 물질 등)은 좀처럼 떠나보내기는 쉽지가 않습니다.

　그런데 지나간 세월을 돌아보면서 포기할 수 있었던 것은 전적인 하나님의 은혜라 여겨집니다. 많은 사람들이 '세상과 세상에 있는 모든 것들'이 영원히 있을 것 이란 착각 속에서 살아 간다는 것입니다.

　그렇지만 '눈에 보이는 것은 영원한 것이 없음'을 우리는 분명히 알기 때문에 때로는 내가 소중하게 여기는 어떤 것들을 포기해야 될 때(양자택일)가 있을 때 과감한 결단을 통하여 포기 할 수 있는 지혜가 필요합니다.

　움켜잡기만 하는 것이 행복이 아니라 포기 할 수 있는 것도 은혜임을 깨닫고 그것을 실천할 수 있는 용기가 주어지기를 기원합니다.

51. 영혼구령의 열정이 빚어내는 아름다운 작품

　우리 주님이 가장 기뻐하는 사람은 영혼구령에 대한 열정에 불타는 심령을 가진 사람입니다. 주님이 이 땅에 오신 목적도 '잃어버린 영혼을 찾아 구원하시기 위함' 입니다.

　언제나 사역을 하면서 늘 가슴속에 영혼구령에 대한 열정을 한 번도 잊어본 적이 없는 일에 대해서 감사 할 일입니다.

　시간만 나면 기회가 주어지면 사람들에게 복음을 전하는 마음을 주님이 주심으로 때를 얻든지 못 얻든지 전도 하는 일에 최선을 다하고 있음에 감사를 드립니다.

　중국 선교현장에서 사역 하던 중 있었던 일입니다. 남경에 있는 정보

통신 대학 교수와 선교협의를 한 후 곧바로 성경을 펼쳐들고 말씀을 가르치기 시작 하였습니다.

짧은 한정된 시간 이지만 한 말씀이라도 가르쳐야하기에 열심히 말씀을 가르치고 있는데 다른 테이블 에서 식사를 하던 한 자매가 우리가 있는 곳으로 와서 말씀 듣기를 요청 하였습니다.

주의 성령이 그 자매로 하여금 말씀을 듣게 하셨습니다.

우체국에 근무 한다는 그 자매가 말씀을 듣고 기도시간을 마치자 눈물을 글썽거리는 모습에 적잖은 감동을 우리 모두에게 안겨 주었습니다.

'때를 얻든지 못 얻든지 말씀을 전하라'는 주님의 말씀이 오늘 이와 같은 아름다운 일들을 연출 할 수 있다는 것을 알았으며 우리는 늘 사역을 하면서 담대함이 있어야 함을 깨달았습니다. 그리고 주의 일은 언제나 믿음을 가지고 하게 되면 아름다운 열매를 맺게 하신다는 사실을 다시 한 번 알고 감사를 드립니다.

52. 요원의 불길처럼 타오르는 중국 복음의 현장

최근에 주의 은혜로 여러 지역을 돌아볼 기회가 있어서 주로 대도시를 중심으로 많은 곳을 돌아보게 되었다. 그동안 고정관념처럼 생각했던 부분들을 새롭게 수정할 수밖에 없는 상황이 발생한 것은 축복이 아닐 수 없다. 주로 대도시를 중심으로 복음의 불길이 새롭게 타오르고 있다는 사실 이다.

현지 중국인들의 복음에 대한 열정은 전 세계가 익히 알고 있는 터라

별로 놀랄 일이 아니지만 작금의 상황은 그렇지가 않다는데 있다.

그런데 예전에 중국 복음의 현장을 생각했던 시각은 주로 농촌지역에 국한된 것이었기에 중국정부도 크게 관심을 두지 않았던 것은 힘이 없고 연약한 하층민들 이라는 사실 이다.

그러나 지금은 상황이 많이 달라졌기에 지금 중국 정부도 긴장의 고삐를 늦추지 못하며 전전긍긍 하고 있다.

중국은 지금 대도시에서 요원의 불길처럼 복음의 불길이 타오르고 있다는 것이다.

그것도 지식층과 기업인들을 중심으로 타오르는 불길이 지금 서서히 중국 전역으로 옮아가고 있다는 사실이다. 뿐만 아니라 중국의 정치적인 상황과 여건 때문에 디아스포라가 되어 전 세계로 흩어진 화교들이 자그마치 6,000만 명이나 된다는 사실을 간과할 수 없다.

세계 화교들의 결집체라고 할 수 있는 화상대회가 전 세계적으로 열릴 만큼 저들의 영향력은 가히 폭발적 이라는 사실 이다.

미국인 들이 두 세 사람 모이면 학교를 세우고, 중국인들 두 세 사람 모이면 식당을 차리고 한국인들 두 세 사람 모이면 교회를 세운다는 말이 있다.

그 결과 미국의 문화가 전 세계를 서서히 물들이고 있는 반면에 한국인들의 종교적인 열정 이상의 결과로 전 세계에 수많은 선교사를 파송하고 있음에서 짐작케 한다.

하지만 중국인들 특히 화교들은 가는 곳마다 지역의 경제를 주도할 정도로 많은 돈을 벌었다. 이 사실을 중국정부가 알고 중국을 떠난 화교들을 포용하게 됨으로 중국 건설의 중심이 지금 화교자본 이라는 사실을 간과 할 수 없다.

중국에 들어온 세계 여러 나라의 자본 가운데 절반 이상이 화교자본 이라는 데서 중국을 보는 방향키를 새롭게 설정 해야만 한다는 사실 이다.

중국을 중심으로 대만과 홍콩, 싱가포르 그리고 주변에 많은 나라들이 중국 화교들을 중심으로 경제 질서가 재편되고 있음을 우리는 직시 해야 한다.

6,000만 명이나 되는 화교들 가운데 주를 믿고 주님을 위해 헌신하는 화교들의 복음의 열정이 가히 폭발적 이라는 사실이다. 이 일은 결국 인류역사를 주관 하시며 구원역사를 주관 하시는 하나님의 섭리 가운데 있음을 우리는 알 수 있다.

지금 전 세계의 선교의 흐름이 자연스럽게 'BACK TO YERUSALEM'으로 향하고 있어 구원역사의 정점을 향하여 가고 있는데서 시대의 흐름을 알 수 있다.

이에 발맞추어 세계교회가 선교의 마지막 시대의 주자들로서 서로 협력사역을 통해 일하고 있다. 복음의 마지막 정점은 이스라엘의 구원 이지만 마지막 관문이 이슬람 문화권 즉 회교도들 이라는 사실을 우리는 간과 해서는 안 된다는 사실 이다.

바야흐로 세계의 종교질서는 기독교와 이슬람교의 양대 산맥을 정점으로 재편 되어져 가고 있다. 보이지 않는 영적전쟁은 이미 시작 되고 있는 가운데 오늘 우리 한국교회의 절대적인 사명은 중국교회의 복음의 현장에 우리가 역동적으로 참여하여 저들과 함께 공동으로 발맞추어 나아가야 한다는 사실 이다. 우리 한국교회는 회교권 즉 이슬람권의 사역에 대해서는 비전이 상대적으로 약하다는 사실 이다.

미국은 패권주의가 가져온 결과로 결국 이슬람 문화권에 적대 감정만 일으키고 말았다. 하지만 중국정부의 외교적 승리가 이슬람 문화권에 절대적인 영향력을 끼친다는 사실은 결국 마지막 이슬람 문화권의 선교사역은 중국이 주도권을 가지고 해야 한다는 사실을 보여주고 있다. 중국은 이슬람 문화권 특히 회교도들에 대해서는 관용적 이라는 사실을 여러 부분을 통해서 알 수 가 있다.

 작금의 현실 가운데 우리 한국교회와 선교사들이 해야 할 절대 절명의 사명 가운데 하나는 한족의 복음화 이다.그동안 우리의 중국사역은 주로 동북지역 특히 조선족에 편중이 되고 말았지만 이제는 서북지역으로 관심의 눈길을 돌려야 한다.

 서북지역은 타 지역에 비해서 상대 적 으로 환경이나 문화가 열악하며 고원지대 가 많고 지리적으로도 먼 관계로 대 부분의 선교사들이나 한국교회가 기피하는 지역 이다.

 실크로드를 따라 서부지역으로 선교 사역 지를 새롭게 개척하여 한족들을 훈련하여 저들을 서부지역으로 많이 파송 할 수 있어야 한다.

 이제는 우리들의 선교 방향을 서부지역 대 개발에 발맞추어 서부지역으로 눈을 돌려야 할 때 이다.서부지역 에는 정부에서 세운 삼자 신학원이 전무하기에 상대적으로 사역지가 열악할 뿐더러 사역자 들 또한 열악할 수밖에 없다는 사실 이다.

 화교들 가운데 독실한 크리스천들은 이미 시대를 향한 안목을 가지고 중국사역에 헌신을 하고 있다. 특히 화교들은 오래전부터 가정교회와의 연대감을 가지고 하나님의 구원 역사를 위해서 최선의 노력을 경주하고 있다는 사실을 간과해서는 안 된다.

 오늘 우리는 삼자교회와 가정교회 간의 간격을 좁혀 주는 역할을 해야 한다.

　서로가 특히 형제교회 라는 인식을 가질 수 있도록 관용과 이해 그리고 사랑으로 품을 수 있도록 도와주어야 한다.

　하나님께서는 이 마지막 때에 우리 한국교회에 주신 선교의 사명을 망각하고 선교의 고삐를 늦추거나 태만하게 되면 중국교회로 촛대를 옮긴다는 사실을 직시해야 한다.

　중국교회를 사용하시기 위해 여러 모양으로 준비를 하고 있다는 사실에서 우리는 위기감을 가져야 한다. 지금 중국은 가는 곳마다 능력 있는 지식인들과 기업인들이 서서히 영적인 잠에서 깨어 일어나고 있다.

53. 자질이 부족한 자격 없는 한 선교사의 무언의 고백

　일전에 고국에 들어갔다가 출판사 사장이 건넨 한권의 책을 무심코 바라보다가 나도 모르게 실소를 하게 되었다. '김치도 포기 못하는 선교사'라는 제목의 책을 받아 들면서 나를 보는 듯 해서 나도 모르게 얼굴이 달아오르면서 가슴이 찡 하는 느낌을 받았다.

　책의 내용은 한 아프리카의 선교사가 십 수년 동안 선교를 하면서 펴낸 책 이었다.

　순간 나도 모르게 자책감에 사로잡히게 된 것은 다시 한 번 나 자신을 냉철하게 되돌아 볼 수 있는 계기가 되었다. 그 분은 김치하나 포기 못했지만 난 아무것도 포기 하지도 못하는 자질이 부족한 자격 없는 선교사에 불과 하다는 사실 이다.

무엇을 포기 하지 못한 것인지 밝혀 보면서 새로운 돌파구를 모색해 보고자 한다.

먼저 민족주의도 포기 못한 선교사임을 고백해 본다.

그동안 십 수 년 간 나름대로 이 땅에 있는 영혼들을 사랑 한다고 하면서 민족주의 하나 포기 하지 못한 구약에 나오는 '요나'와 같은 선교사라는 생각 이다.

그래서인지 할 수만 있으면 도망가고 싶은 환상에 사로잡힐 때가 한 두 번이 아님을 실토 한다. 중국은 56 개 민족이 중화사상을 중심으로 조화와 균형을 이루며 함께 어우러져 살아가는 민족 이다.

그중에 조선족은 한국의 특수한 정치적인 상황(한일합방, 남북전쟁 등)속에서 새로운 삶의 개척지를 찾아 일지기 중국으로 떠나갔던 사람들 이다.

한중간의 대화가 시작 되면서 한국인들 에게는 조선족 들이 새롭게 부각이 되기 시작 했다.중국의 정치와 문화 선교 등 그리고 다방면 에서 조선족과의 관계는 불가분의 관계에 놓일 수밖에 없는 상황 이었다.

중국과 한국에서 알게 모르게 조선족과의 관계가 새로운 사회문제로 대두 되면서 겪는 아픔이 있기 마련이다. 또 하나는 현지 언어 도 능숙하지 못한 자격 없는 선교사라는 사실 이다.

선교사는 그 선교지의 언어를 당연히 정복해야 함에도 불구하고 무엇이 그리 급한지 이곳의 언어부터 배워야 함에도 언어는 대충 배우고 사역부터 해야 하는 촌극을 연출 하고 말았다는 사실 이다.

물론 여러 가지 이유는 있지만 그 이유는 하나의 핑계에 불과 하다는 사실 이다. 선교사의 제일 되는 자격조건은 우선적으로 현지 언어임에는 두말할 나위가 없다.

 선교사의 언어 구사능력은 최소한 현지에서 직접적으로 통역 없이 설교를 할 수 있을 정도는 물론 지도자들을 가르칠 수 있는 자질을 갖추는 것은 기본 이라고 생각 한다.

 이 일을 위해서 한국교회는 한 선교사가 최소한의 기본 언어에 대한 실력을 갖출 수 있도록 인내를 가지고 기다려 줄 수 있기를 기대해 본다. 대부분의 한국교회는 선교사를 파송한 이후에 당장 열매를 거두어 오기를 기대하기 때문 이다.

 뿐만 아니라 현지 문화 에도 적응 하지 못하는 자격 없는 선교사임을 고백해 본다. 지금까지 이곳에 살면서 특히 한족들 중심으로 사역을 하면서 힘든 부분이 있다면 음식 문화 이다.

 사역지를 옮겨 다니면서 늘 고추장과 김치와 된장을 생각해야 하는 선교사 이다.

 그리고 한족들과 어우러져 사역을 하면서 늘 불편한 것은 화장실 문화 이다. 저들은 지극히 자연스러운 일이지만 그렇지 않은데서 문제가 있다.

 가는 곳마다 중국의 화장실은 가히 엽기적 이다. 과거 우리나라 복음의 초기에 들어와 사역을 한 미국을 비롯한 세계 여러 지역의 선교사들은 지금 중국의 상황보다도 우리나라의 화장실 문화는 더 어려웠을 텐데 인내 하면서 사역을 한 저들을 다시 한 번 생각해 본다.

 현지문화를 극복 하면서 사역을 해야 하는 것은 당연함에도 이것마저 극복하지 못하는 선교사 자신이 야속하기만 하다.

 그리고 고국에 대한 향수에 늘 사로잡히는 자격 없는 선교사 이다. 하루에도 몇 번씩 이나 고국에 대한 향수 내지는 지금까지 나를 낳아주고 길러준 어머님과 사랑하는 형제들을 향한 애정 때문인지 늘 고국에 대한 향수로 고민 할 때가 많이 있다.

 그래도 중국은 한국과 지리적 으로 가까워서 마음만 먹으면 지금 이라도 들어 갈 수 있는 곳이지만 지척에 두고도 마음대로 가지 못하는 마음을 누가 이해 할 수 있을 것인가 생각해본다.

 육신의 고향조차도 극복 하지 못한 선교사야 말로 정말 엉터리 중에 엉터리가 아니고 무엇이랴. 우리 에게는 영원한 영혼의 고향인 천국이 있는데도 말이다.

 이 땅에 마음을 뺏기지 말아야 하는 것을 잘 알면서도 때로는 망각하고 살 때가 많음을 고백 하면서 어리석은 자신을 바라 보면서 너털 웃음을 웃고 만다.

 더 나아가서 사역하는 이 땅이 갈수록 싫어지는 자격 없는 선교사라는 사실 이다. 물론 땅을 사랑하기보다는 영혼을 사랑하기에 이곳에 왔지만 현실은 그렇지가 않음에 있다.

 이 땅에서 저들과 함께 살아가야하기에 그래도 이곳을 사랑해야 함에도 그렇지 못한 자신을 바라보면서 그저 안타까울 뿐이다.

 중국 이라는 나라는 언젠가 자신들의 필요와 요구가 충족 하게 되면 우리나라 한국을 뒷발로 걸어 찰 수밖에 없다는 사실을 인식 하기 때문이라서 그런지 갈수록 이 땅이 싫어지기 때문 이다.

 민족주의 하나도 극복하지 못하고 현지 언어도 제대로 구사하지 못하면서 더 나아가 현지 문화에도 적응하지 못하는 선교사 이다.

 그래서 고국에 대한 향수에 늘 사로 잡혀 고국에 돌아갈 날만 기다려

지며 갈수록 중국이 싫어지는 자질이 부족한 자격 없는 선교사임을 감히 고백해 본다.

그러나 사명으로 인하여 주어진 사명 때문에 어쩔 수 없이 믿음으로 하루하루를 인내 하면서 영원을 사모 하면서 살아가는 선교사 이다.

그래도 중국을 억지로라도 사랑하려고 노력 하면서 나를 보내신 그 분의 기대에 어긋나지 않도록 최선의 노력을 경주 하면서 사역을 향해 달음질 해본다.

나를 믿어주는 많은 분들의 기대에 실망을 안겨 주지 않기 위해서라도 오늘은 이곳 내일은 저곳을 다니며 그 분을 향한 뜻을 이루고자 묵묵히 이 길을 걸어간다.

54. 서부지역 개발은 선교의 역사적 전환점

어느 신학자가 말하기를 '바울은 복음과 함께 문화를 가지고 갔다'고 설파 한 것처럼 복음이 들어가는 곳에 문화가 함께 따라 간다는 것이다.

중국정부가 수년전에 도시의 균형적 발전을 추구 하면서 베일에 가려진 수줍은 처녀 마냥 살포시 고개를 내민 서부 지역 이라는 단어가 생소 하지 않는 것처럼 지금 서부지역은 변화의 물결이 도도히 굽이쳐 흐르고 있기 때문 이다.

서부지역이 개발 되지 않았더라면 문명의 혜택을 받지 못한 채 숨죽이고 있을 법 한데 이제는 오히려 당당히 고개를 내밀고 이방인들을 맞아들이기에 분주하기만 하다.

서부지역 개발의 문은 역사의 주관자 되시는 하나님의 작품인 것은 지극히 당연 하다. 복음의 문이 이제는 서부지역을 통과 하게 될 때 이스라엘을 향한 구원의 행진이 클라이막스를 이루게 되기 때문 이다.

  지금 서부지역은 건설의 망치 소리가 밤, 낮 쉬지 않고 움직이고 있는 가운데 사람들의 가슴속에 희망을 안겨 주고 있다. 하나님의 구원 역사 수레바퀴는 언제나 동쪽에서 출발하여 서쪽으로 향하기 때문에 서부지역 선교의 중요성이 부각되기 때문 이다.

  예루살렘 에서 출발한 복음의 씨앗이 로마를 거쳐 유럽으로 그리고 영국으로 건너가 미국에서 꽃을 피웠다.

  미국의 수많은 젊은이들이 앞을 다투어 세계선교의 대열에 오르더니 결국 우리나라 한국에 들어오면서 서서히 아름다운 열매를 맺는 가운데 이제는 중국을 향해 달음질 하고 있다.

  지금 중국의 수많은 젊은이들의 가슴에 복음의 모닥불이 타오르기 시작하자 마치 마른 장작에 불이 타들어 가듯 활화산처럼 타오르기 시작 하였다.

  이제는 그 불이 서부지역 대 개발에 발맞추어 맹렬한 기세를 몰아 서부지역을 금방 이라도 집어 삼킬 듯이 타오르고 있다.

  하나님의 구원 역사의 서정이 서서히 대단원의 막을 내리기 위해서는 반드시 통과해야 될 관문이 서부지역 임에는 두말할 나위가 없다.

  이제는 전 세계가 서부지역을 주목 해야 할 때 이다.

  우리는 결코 서부지역 선교의 중요성을 간과해서는 안 된다. 서부지역은 아랍 문화권 특히 회교도들의 교두보 역할이 되기 때문 이다. 세계선교의 주도자 이신 하나님의 구원역사의 정점은 이슬람 문화권이기에 우리는 긴장의 끈을 잠시라도 놓아서는 안 된다.

　기독교와 이슬람교 간에 보이지 않는 영적 전쟁이 선교역사의 분수령이 될 것이기 때문 이다.

　서부지역을 통과해야 만이 아랍권을 통해 예루살렘으로 복음의 행진이 가능하기 때문 이다.

　서부지역은 지금 복음의 불모지 마냥 동부 연안 지역에 비해 상대적으로 복음화 율이 낮기 때문에 집중적인 공략이 필요한 곳이기도 하다.

　오늘의 중국은 도시와 농촌 간 그리고 동부와 서부 지역 간 격차가 현저하게 차이가 있다. 도시의 발전과 더불어 문화적 불균형이 가져오는 결과는 사람들에게 상대적 박탈감을 느끼기에 충분 하다고 볼 수 있다.

　이러한 때에 기독교의 복음을 통해 사람들의 가슴속에 그리스도의 사랑이 심겨질 때 감사가 넘쳐날 수 있기 때문 이다.

　서부지역의 영적 교두보가 많이 세워져야만 그 여세를 몰아 중동 특히 아랍권 복음화에 효율성을 가져다 줄 수 있기 때문 이다.

　지금 동북지역 이나 연안지역 에는 사역자들의 발걸음이 끊이지 않고 있지만 서부지역 에는 지리적 여건이나 경제적 여건 그리고 환경적 요인으로 인하여 소외당하고 있다고 해도 과언이 아니다.

　서부지역이 하나님의 구원역사에 비추어 볼 때 중요한 지역임에는 틀림이 없다. 그러나 많은 사람들이 회피 할 수밖에 없다면 우리는 주어진 기회를 적절히 활용하시 못하는 우를 범하게 될 뿐 만 아니라 직무유기를 하고 마는 것이다.

　뿐만 아니라 하나님의 구원 역사의 걸림돌 이 되어 책망 받을 수밖에 없다는 사실 이다. 서부지역 가운데는 전인미답의 지역도 많이 있다.

젊은이들을 많이 훈련하여 집중적으로 공략을 하여 난공불락의 도성이 복음으로 뒤 덮일 것을 믿음으로 바라본다.

이제 우리는 새로운 선교전략 으로 무장 하여 성숙한 그리스도의 문화적 바탕 위에 전진 할 수 있기를 기대해 본다.

역사의 주관자 이신 하나님의 지식과 지혜로 선교역사의 이정표를 설립 할 수 있었으면 한다. 선교에 대한 장미 빛 같은 환상은 금물 이다.

무수히 많은 시행착오를 경험 하면서 불 퇴진의 굳센 믿음으로 어떠한 난관에 봉착 하더라도 믿음으로 전진 하여 승리 할 수 있어야 한다.

서부지역 선교를 극복하여 마지막 관문인 이슬람 선교의 관문을 통과 하게 되면 하나님의 구원 역사의 파노라마는 대단원의 막을 내리게 된다.

마치 운동장 에서 달음질 하는 선수처럼 최선의 노력을 경주 해야만 한다. 동안 축적된 노하우를 유감없이 발휘 할 수 있을 때 최대한의 응집력으로 도약할 수 있기 때문 이다.

선교의 개인 지상주의를 탈피하고 자기 공명심이나 교단 이기주의를 과감하게 배격하여 아름다운 피날래를 장식 할 수 있기를 기대해 본다.

이제 우리 모두는 서쪽으로 눈을 돌려야 할 때 이다. 마치 바울이 마게도냐 인들의 환상을 보는 것처럼 '와서 우리를 도우라'는 저들의 소리가 청천벽력과 같은 소리로 각자에게 들려 지기를 바라본다.

언제나 하나님은 믿음으로 전진 하는 자에게 은혜와 긍휼을 베푸실 뿐만 아니라 함께 동행 하시며 우리를 소망 가운데 인도하기 때문 이다.

요엘 선지자를 통해 주신 말씀대로 "그 후에 내가 내 신을 만민에게 부어 주리니 너희 자녀들이 장래 일을 말할 것이며 너희 늙은이는 꿈을 꾸며 너희 젊은이는 이상을 볼 것이며 그 때에 내가 또 내 신으로 남종과 여종에게 부어 줄 것이"(요엘서 2:28_29) 이라고 말씀 하셨다.

이제 우리는 시대적 사명감을 가지고 마지막 때를 살아가면서 '때를 따라 양식을 나누어 줄자'가 누구인지 찾으시는 주님 앞에 발견 되어 질 수 있기를 기대해 본다.

서부지역 선교는 오늘날 우리의 몫인 반면에 아랍 특히 회교문화권의 선교는 특별히 중국을 통해서 이 일을 이루실 것이라고 확신이 든다.

바야흐로 세계는 하루가 다르게 급변 하고 있기 때문에 장래 일을 예측하기가 쉽지 않은 불확실성의 시대에 우리는 살고 있다.

그러므로 늘 깨어 파수군의 사명을 감당 하는 길만이 이 시대를 살아 가는 우리의 지혜이다.

55. 거시안적인 관점을 필요로 하는 중국선교

오늘날 대부분의 사람들 가운데 부분적으로 알고 있는 지식을 가지고 마치 전체를 아는 것처럼 착각 속에 살아가는 사람들이 많다는 사실이다.

우리 옛말에 '서울 갔다 온 사람보다 안 갔다 온 사람이 마치 서울을 더 잘 아는 것처럼'말하는 경우를 두고 하는 말이다.

중국에 한 두 번 다녀 온 사람들은 마치 중국을 그것도 다 아는 것처럼 말하는 사람들이 많이 있다. 현지에서 사역 하고 있는 선교사들조차도 마치 자신이 중국 전체를 다 잘 알고 있는 전문가 인 것처럼 말하는 경우를 많이 보아 왔다.

장님이 코끼리를 부분적으로 만져보고 난후에 코끼리 전체를 아는 것처럼 말하는 경우 와 같다고 볼 수 있다.

 자신이 하고 있는 사역이 전부 인 것처럼 말하는 사람들을 만나 보면서 실소를 금하곤 한다. 특히 선교사들은 기본적인 선교신학의 정립은 물론 이지만 더 나아가서 거시안적인 안목을 가지고 제대로 분석하여 평가 할 줄 알아야 한다는 것이다.

 중국 전체라는 거시적인 안목의 바탕 위에 부분적인 사역을 평가 하면서 상호 보완적 으로 나아가는 길이 바람직한 길이라는 사실 이다.

 오늘날 한국교회는 선교라는 대명제 아래 정형화 되고 도식화 된 하드웨어는 있는데 그 지역의 소프트웨어는 준비 되어 있지 않다는 사실 이다.

 그럼으로 이제는 현지에서 사역하는 선교사들이 지역 하드웨어 시스템을 구축해 나가야 하는 것은 당연 하다고 볼 수 있다.

 중국의 경우도 기본적인 가드라인 이나 아웃라인은 모두 설정되어 있지만 여기에 따른 시스템이나 대안이 없다는 사실 이다.

 이제 우리는 근시안적인 관점을 탈피 하여 거시안적인 관점과 방향으로 나아가야 한다는 사실 이다. 중국교회의 선교현장은 우리가 미처 인식하지 못할 정도로 빠른 속도로 진행 되고 있음을 알아야 한다.

 이미 남방 지역의 가정교회 지도자들은 이스라엘 지도자들과 교류를 시작 하여 'BACK TO JERUSALEM' 으로 방향을 설정 하여 나아가고 있다는 사실 이다.

 지하교회 특히 가정교회 중심으로 사역하고 있는 대부분의 한국 사역자들조차도 현재 진행되고 있는 선교의 흐름을 제대로 파악하지 못하고 있는 경우가 많이 있다.

 중국은 지금 정치 발전은 물론이요 경제적인 대국으로 나아가고 있는 반면에 선교대국 으로 나아갈 채비에 만전을 기하고 있다.

중국은 여행 자유화 정책으로 방향을 급선회 할 것이고 수많은 중국 사람들이 세계로 향하여 나갈 것임은 자명한 사실 이다. 이 때를 맞추어 중국교회의 사역자들이 해외를 향하여 봇물이 터지듯 나갈 것이다. 특히 아랍지역을 선교의 교두보로 삼고 예루살렘으로 나아가는 행진에 합류 할 것이다.

지금 전 세계에 흩어져 있는 화교 네트워크는 4,000 만~5,000 만 정도로 추산을 하고 있다. 오래 전 부터 중국의 가정교회와 화교 네트웍이 함께 손을 잡고 중국의 복음화를 위하여 매진 하고 있음을 우리는 간과해서는 안 된다.

그동안 한국교회는 10 여 년간의 중국선교에 많은 물질을 쏟아 부으며 사역의 최선봉에서 열심 으로 달려 왔다 .

하지만 이제 한국교회는 중국 선교에 흥미를 서서히 잃어가고 있는 시점에 와 있다.

중국이 경제적인 힘을 바탕으로 세계 시장을 점령해 나가듯이 전 세계에 흩어져 있는 화교 네트웍이 기다렸다는 듯이 본토에 대한 향수를 가지고 몰려들고 있다.

그동안 축적된 자본과 언어 그리고 동질적인 문화를 바탕으로 물밀듯이 본토를 향해 밀물처럼 밀려들고 있음에서 우리는 다시 한 번 경각심을 가져야 할 때 이다.

대만이나 홍콩 그리고 싱가포르니 말레이지아 등지에 흩어져 있던 화교 네트웍이 실제적으로 움직이기 시작 했다.

이제 중국 교회는 오히려 한국 보다는 상대적으로 위험 부담이 적은 화교들을 파트너로 선택 하는 경향이 늘어나고 있다.

중국의 종교정책은 절대적으로 외세에 문호를 개방 하지 않는다 는 사실을 역사적인 사건을 통해 우리에게 잘 증명해 주고 있음에서 알 수 있다.

중국은 지금 서서히 모택동 시절에 선택 했던 '칼, 막스 레닌주의'에 입각한 공산주의 사상이 더 이상 실효를 거둘 수 없다는 판단 하에 공자를 중심으로 하는 유교중심을 근간으로 정치를 서서히 변혁 시켜 나가고 있다.

그렇지만 기독교만큼은 삼자애국 주의에 입각하여 철저 하리 만큼 외세의 참여를 차단 시켜 나가고 있다. 결국 모든 분야에서의 개방은 허용 하되 기독교 정책은 자신들만의 기조로 나간다는 것이다.

이제 우리는 더 이상 중국선교에 연연하는 정책을 고수하기보다는 한 단계 더 차원 높은 방향으로 대등한 입장을 견지해 나가는 방법을 모색해 나가야 할 것이다.

중국교회와는 대등한 차원에서 저들의 부족한 부분을 보충해 줄 수 있는 관계로 서로 협력해 나가는 방향이 중요하다고 볼 수 있다.

차제에 우리 한국교회와 선교사들은 중국 선교에 대한 그동안의 수고와 보상은 하나님께 맡기고 새로운 패러다임을 구축하여 새로운 방향으로 전진해 나갈 수 있기를 기대해 본다.

56. 한국교회에 요청되는 선교사들의 위기관리 시스템

　가족들과 함께 현지에 들어와서 사역을 시작 한지가 벌써 햇수로 5년차를 맞이하고 있는 초년병에 불과한 선교사 이다.
　하지만 나름대로 이곳에서 사역과 삶을 살아오면서 몸으로 부딪치며 체득한 것을 한국교회와 현지 사역자들과 함께 공유 하면서 우리 모두 공동분모를 찾아 해결점을 제시 할 수 있기를 기대 한다.
　먼저 현지 사역자들의 위기는 예배의 회복에 초점을 맞추어야 한다. 공산권이나 회교권 에서 사역 하고 있는 선교사들은 들어내어 놓고 공식적으로 예배를 드린다는 것이 그리 쉬운 일이 아니다. 그러다보니 제대로 된 예배를 드리기가 여간 쉽지 않은 것은 하나님의 눈치보다도 주변에 있는 사람들의 눈치를 우선적으로 보아야하기 때문 이다.
　혹시나 주변 에서 누가 듣고 보고 있지는 않은지 가슴을 졸이며 예배를 드려야 하는 심정을 누가 알 수 있단 말인가.
　마음껏 자유롭게 소리를 내어 찬송하고 기도할 수 있는 우리나라가 정말 복된 나라라는 사실을 감사 할 수 있어야 한다.
　물론 요즈음은 그래도 많이 자유로운 것은 한국인들이 있는 곳마다 한인교회가 세워지기 때문에 마음만 먹으면 교회로 가면 된다.
　그렇지만 현지에서 사역을 하다보면 쉽지 않기에 때로는 혼자서 예배를 드릴 때도 있으며 가족들과 함께 예배를 드릴 때가 있다. 사역도 중요 하지만 예배생활이 제대로 되지 않고서는 장기간의 사역에 어려움이 따른다는 것은 경험해본 사람만이 알 수 있다.
　그리고 현지 선교사들에게 요구되는 위기는 기본 생활비와 사역 비에 관한 문제 이다. 많은 선교사들이 기본 생활비조차 어려움을 겪는 경우가 많은 것을 주변에서 보아 왔다. 생활비 문제로 결국은 바람직한 사역을 하기 에는 역부족 이다.

한국교회는 선교사들의 선교 비에 대해서는 매우 관용적 이라고 보아도 무난하다. 우선적으로 눈에 보이지 않기에 선교사들의 삶에 대해서는 관심 밖 일 수밖에 없는 것은 자명한 일이다.
  여기에 대해 관심을 가져 주실 것을 기대해 본다.
  교회의 우선적 사업이 선교 이어야 함에는 지극히 당연 하겠지만 선교는 언제나 우선순위가 점차로 뒤로 밀려가고 있다는 사실을 알아주었으면 한다.
  교회 재정이 어려울수록 제일먼저 삭감되는 예산이 선교 비 항목 이라는 사실은 현지 에서 사역 하고 있는 선교사들 에게는 가슴에 멍이 들게 한다는 것을 잊지 말았으면 한다.
  교회가 아무리 힘이 들더라도 한번 책정한 선교 비는 계속적으로 선교사들을 믿고 밀어 주었으면 하는 마음이 간절하다.
  나아가서 선교사들의 위기는 가족들의 건강에 대한 위기 이다.
  대부분의 선교 지는 의료 수준이 열악함으로 건강에 대한 위기가 닥치면 어쩔 수 없이 고국으로 들어가야 하는 문제가 발생 한다.
  갑작스런 질병에 대한 대책이 속수무책인 까닭에 여러 가지 예기치 못한 일들이 발생함으로 오는 위기 이다.
  얼마 전에 서부지역에 갔었는데 거기에서 현지 중국인 사역자로 부터 들은 내용인즉 한 선교사의 사모가 고산병으로 순교 하였다는 소식을 들었다.

믿음으로 하는 사역 이지만 예상치 못한 사고로 선교사역에 차질을 가져 올 뿐 만 아니라 남은 유가족들에게는 가슴에 깊은 상처를 가져 다주기 때문 이다.

한국교회는 여기에 대한 종합적인 대책 마련이 시급 하다고 볼 수 있다. 고국을 뒤로 하고 선교지에서 사역을 하면서 갑작스럽게 닥치는 건강 문제는 어느 누구도 예측할 수 없는 일이지만 조금만 더 관심을 가져 준다면 슬기롭게 대처 할 수 있으리라 생각 한다.

한 번씩 찾아가는 고국에서 선교사들의 건강관리에 대해 관심을 가져 주었으면 하는 바램 이다. 정기적인 건강검진은 물론 이지만 수시로 건강관리에 대해 체크를 할 수 있는 시스템 마련이 있어야 한다.

뿐만 아니라 선교사들의 쉼터(즉 안식관)에 대한 위기 이다. 모처럼 찾은 고국에서 편안히 휴식을 취하고 돌아갈 수 있는 쉼터가 있었으면 한다.

지금도 고국 에서는 많은 선교사들이 모처럼 찾아간 고국에서 적당한 쉼터를 찾지 못하여 방황하고 있다는 서글픈 선교사들의 현주소 이다.

전국에 기도원이나 교회에서 지은 수양 관들이 많이 있음에도 이윤추구 라는 미명 하에 선교사들이 쉴 곳이 부족 하다. 한국교회는 최소한 어느 교회라도 선교사들이 머물 수 있는 쉼터를 제공 할 수 있기를 기대해 본다.

최소한 임대주택이라도 마련하여 선교사들이 언제라도 고국에 들어가면 마음껏 쉬었다 올 수 있는 시스템 구축이 시급 하다고 볼 수 있다.

신교사 쉼터 마련을 위한 캠페인이 전교회적 으로 일어났으면 하는 바램 이다. 지금 한국교회수가 5 만 교회라고 한다면 최소한 10 % 만이라도 이 일에 동참 하였으면 한다.

전 세계에 흩어져 일하고 있는 선교사 들은 고국에 들어가기에 앞서 숙소 문제부터 걱정하기 때문 이다.

마지막으로 선교사들의 당면한 문제는 노후에 대한 위기 이다.

고국을 떠나갈 때 대부분의 선교사들은 모든 것을 미련 없이 정리 하고 떠나기 때문 이다. 선교지 에서 앞만 바라보고 최선을 다해 신앙의 경주를 하지만 세월은 지나가고 자녀들이 성장 하면서 노후에 대한 대책이 없기 때문에 많은 사람들이 허탈해 하고 있다는 사실 이다. 물론 주님만을 의지 하고 믿음으로 사역을 한다고 하면서도 인간의 한계를 극복하지 못한 채 살아가고 있기 때문 이다.

고국에서 나름대로 사역을 하는 목회자는 최소한의 노후대책을 염두에 두고 있지만 선교사들은 그렇지 않음으로 오는 위기 이다. 한번 떠난 교회나 교단 그리고 고국이 저들 선교사들에게는 관심밖에 있기 때문 이다.

현지에서 사역을 하면서 매스컴을 통해 몇 백억 짜리 교회를 짓는다는 뉴스를 들을 때나 평생 목회한 목회자들이 교회와 수억~수십억의 퇴직금 문제로 줄다리기 하는 소식을 들을 때면 차라리 비애를 느끼고 만다.

한국교회에 부탁 하고 싶은 선교사들의 바람은 크고 대단한 것이 아니다. 소박한 꿈 이라고 보아도 좋을 것이다. 생활비와 사역 비 그리고 건강문제와 쉼터에 대한 얘기며 노후에 대한 얘기 이다. 이 모든 문제들은 선교사들의 관점에서 접근해 보면 위기 그 자체라고 할 수 있다. 현지 에서 고국을 뒤로 하면서 사역하는 선교사들의 꿈 이 아름다운 모습으로 이루어지기를 기대해 본다.

57. 중국교회의 양극화 현상 어떻게 극복 할 것인가?

지금 우리나라의 현실정치의 화두는 양극화 현상 극복에 대한 구체적인 대안 마련을 위해 동분서주 하고 있는 모습을 대통령의 연두 기자회견 을 통해 보여 주었다.

세계는 바야흐로 농경시대에 이어 산업사회를 지나오면서 이제는 정보화 시대에 살고 있다. 하루가 다르게 세계는 급변 하고 있음을 우리는 간과해서는 안 된다.

도시 산업화를 통해 경제발전을 이루고 정보화 산업을 통해 지구촌이 이제는 하나의 네트웍 으로 괄목할 정도로 빠르게 성장하게 되었다.

그 결과로 나타난 현상이 도시와 지역 간, 계층 간의 양극화 현상, 정규직과 비정규직간의 양극화 현상이 수면 하에 잠복 되어 오던 중 이제는 활화산처럼 타오르고 말았다.

급기야는 사회문제로 대두 되고 요원의 불길처럼 곳곳에서 걷잡을 수 없을 정도로 통제 불능 화 되고 있다는데서 우려를 금할 수 없다.

차제에 우리 사회가 다시 한 번 새로운 모습으로 성숙되어 가는 과정으로 나아가기 위한 진통을 겪을 수밖에 없음을 우리는 인식해야 한다.

서로가 대결구도를 지양하고 상생의 원리로 나아감 으로 아름다운 사회질서와 성숙된 시민의식을 갖춘 문화시민의 긍지와 민주시민 으로서의 자질을 갖춘 국가로 발전 되었으면 하는 바램 이다.

지금 중국교회의 어제와 오늘을 진단해 보면서 갈등구조를 가지고 있는 중국교회의 양극화 현상을 슬기롭게 풀어 나갈 수 있기를 기대해 본다.

먼저 중국교회는 삼자교회(정부의 인가를 받고 등록된 교회)와 가정교회(지하교회, 광야교회)와의 양극화 현상 이다. 삼자교회는 정부로 부터 법인격을 부여 받은 교회로 교회 내 에서의 종교 활동은 비교적 자유롭다는 사실 이다.

반면에 가정교회는 비인가로 불법적인 종교 활동으로 규정되었기 때문에 교회의 활동이 상대적으로 자유롭지 않은 까닭에 고발당하면 정상적인 종교 활동을 할 수 없다는 사실 이다.

삼자교회와 가정교회와의 양극화 현상은 지나칠 정도로 서로가 서로를 인정 하지 않으면서 불신과 비방은 물론 교회의 정체성을 인정 하지 않고 있다.

언젠가 중국교회가 정부로 부터의 자유로운 종교 활동을 보장 받게 되면 양극화 현상은 더욱 심화 될 수밖에 없음을 알고 두 교회간의 일치와 화목을 위한 배전의 노력이 있어야 한다.

그리고 중국교회는 이념과 말씀의 양극화 현상을 체험하고 있는 교회 이다.

중국이 공산화 된 이후에 국민들 모두가 주체사상에 입각한 공산주의 이념교육을 받은 까닭에 교회로 나오는 많은 사람들이 하나님의 말씀과 공산주의 이념간의 양극화 현상 앞에 고민과 갈등을 경험 하고 있다는 사실 이다. 현실의 교회조차도 이념과 말씀의 양극화 현상 사이에서 고민하고 있음을 우리는 알아야 한다.

중국의 종교정책은 절대로 18 세 미만의 사람들에게는 복음을 전하지 못하도록 규정 하고 있다. 사람의 나이가 18 세 이면 기본적으로 고등학교 과정을 이수 할 연령이기에 이 기간 동안 이미 인격형성은 물론 모든 면에 사회의 구성원으로 살아갈 수 있는 최적의 연령 이다.

이 기간 동안 중국은 모든 교육제도를 통해 이념교육 으로 무장 한 이후에 종교의 자유를 보장 하지만 이미 이념교육을 통해 사상의 재정립을 가져 왔다는 사실 이다.

뿐만 아니라 말씀과 현실간의 양극화 현상 이다.

중국의 토양이 근본적으로 공산권 문화의 무신론적인 사고가 가득 차 있기 때문이다. 오늘의 중국은 복음화 율이 극히 저조 한 까닭에 복음이 뿌리 내리기가 그리 쉽지 않은 까닭에 믿음을 가진 그리스도인조차 세상 속에서 그리스도인으로 살아가기란 난관이 많아 말씀을 현실 삶에 적응하기가 어렵다는 것을 인식해야 한다.

더 나아가서 중국교회와 한국교회와의 양극화 현상 이다.

중국 국민의 대다수는 한국에 대해 우월의식을 가지고 있다는 사실을 간과해서는 안 된다.

우리가 생각 하는 것과는 정반대의 사고구조를 가지고 있음을 알고 슬기롭게 대처해야 할 것을 주문해 본다.

한국교회는 중국교회에 대해 장자의식을 가지고 있지만 기독교 역사를 보면 결국은 우리 한국교회는 중국교회로 부터 복음의 빚을 지고 있음을 알아야 한다.

그동안 중국교회는 한국교회에 대해 상당부분 의존적 이었지만 이제는 우리 한국교회가 스스로 중국교회가 자립할 수 있도록 섬김의 본을 보여 주어야 한다. 중국교회와 한국교회는 상호의존적인 관계 에서 이제는 동반자적 자세를 견지해 나갈 필요성이 있다.

동등하고 대등한 관계로 서로 협력 하게 됨으로 시대의 부름에 함께 동참 할 수 있기를 기대해 본다.

삼자교회와 가정교회의 양극화 현상, 이념과 말씀간의 양극화 현상, 말씀과 현실간의 양극화 현상, 중국교회와 한국교회의 양극화 현상 을 극복할 수 있는 원천적 대안은 그리스도의 정신 안에서 우리는 근본적으로 이해를 하지 않으면 안 된다.

주님의 성품과 정신을 통해 우리는 슬기롭게 양극화된 의식구조를 변혁 시켜야 만이 이 땅에 교회를 세우시고 말씀을 통해 하나님의 나라와 의를 이룩하신 주님의 참된 정신을 본받을 수 있어야 한다.

양극화 현상을 해결 할 수 있는 유일한 대안은 희생의 본이 되신 우리 주님의 십자가 정신만이 시대의 부산물인 고착된 양극화 현상을 타계할 수 있으리라 생각 한다.

오늘 우리는 양극화된 현실 사회구조적인 모순과 고질적인 병패를 청산하여 시대를 밝히는 빛과 소금으로서의 역할과 사명을 할 수 있기를 우리 모두 소망해 볼 수 있기를 바란다.

58. 중국의 새로운 변화에 대처하는 선교 방향 설정

우리나라가 본격적으로 중국선교에 매진하게 된 계기는 다름 아닌 1992년 한. 중 수교를 분기점으로 볼 수 있다. 그 이후에 우리나라의 중국선교는 15년 이라는 역사의 시간이 지나가고 있는 시점에 와 있다.

짧지 않은 기간 동안 우리 한국교회는 중국 이라는 특수를 맞이하여 나름대로 다각적인 시각을 가지고 다양한 방법으로 사역을 위해 최선의 노력을 경주해 왔다고 생각 할 수 있다.

그동안의 사역을 살펴 볼 때에 나름대로 사역의 결과에 대해 쉽게 재단 할 수 는 없지만 자평해 본다면 절반의 점수를 매길 수 있으리라 평가해 본다.

이제 우리 한국교회와 현지에서 일하는 선교사들은 중국의 새로운 변화에 대처 할 수 있는 패러다임을 개발 하지 않으면 답보상태를 면할 길 이 없다고 볼 수 있다.

과거의 도식적인 선교의 매뉴얼만으로는 시대적인 상황에 대처할 수 없음을 알고 새로운 길을 모색해야 만이 아름다운 열매를 맺힐 수 있을 것이다.

지금 중국은 그동안 농촌중심의 사회구조가 이제는 도시중심으로 변화 되고 있음을 얼마 전 중국 정부당국(건설부)의 발표를 통해서 익히 알 수 가 있다.

1978~2004 년 사이 도시화 수준은 17.9 % 에서 41.8 % 로 향상 되었으며 또한 도시인구는 1억 7,000 만에서 5 억 4,000 만으로 증가 되었고 전국의 도시 수는 193 개 에서 661 개로 늘어났다는 구체적인 통계를 발표 했다.

그리고 중국은 인구 100 만 명 이상의 대도시가 49 개 이며 50 만 명~100만 명의 도시도 78 개 이며 인구 20 만 명 이상의 도시가 213 개라는 것이다.

이런 추세로 나간다면 한국과 마찬 가지로 갈수록 이 농화 현상이 가속화 되어서 도시 중심의 구조로 재편될 수밖에 없음을 우리는 잘 알고 여기에 새롭게 대처하지 않으면 안 된다는 사실 이다.이제는 우리 선교사들도 대도시 중심의 선교전략 으로 방향을 급선회 하지 않으면 선교의 효율화를 기대 할 수 없을 뿐만 아니라 시대에 뒤떨어 질 수밖에 없음을 알아야 한다.

뿐만 아니라 전근대적인 사고 구조의 틀을 과감하게 벗어날 수 있어야 한다.

전 세계에 흩어져 살고 있는 화교의 숫자가 5,000 만 명 이상 인데 그중에 최소한 10 % 를 기독교인으로 본다면 그 숫자는 최소한 500만 명 이상 이다.

그들은 경제적인 힘을 갖추고 있을 뿐만 아니라 복음으로 무장이 되어 있다고 유추 할 수 있다. 이제 그들이 서서히 고국을 향해 기지개를 켜며 고국의 복음화를 위해 거보를 내딛고 다가오고 있는 현상을 어디에서나 쉽게 찾아 볼 수 있다.

반면에 상대적으로 중국의 교회도 이제는 파트너쉽을 서서히 교체 하고 있음을 우리는 분명히 알아야 한다.

지금 중국교회는 한국을 비롯한 다른 외국과의 선교 적 유대감은 많은 위험 요소를 안고 있기에 제한적 일 수밖에 없다. 그러나 화교는 얼굴의 형태나 언어 그리고 모든 면에서 중국 본토인들 과 차별이 없기 때문에 갈수록 중국교회는 저들을 선호 하고 있다.

전 세계에 흩어져 있는 화교 교회가 이제는 고국의 복음화라는 대명제 앞에 물질과 말씀을 앞세우고 개선장군처럼 진군해 들어 고 있음을 우리는 알고 슬기롭게 대처 할 수 있어야 한다.

이제 우리 한국교회는 화교교회에 비해 상대적으로 다방면에 걸쳐 중국을 향한 선교의 열정도 이제는 서서히 식어져 가고 있는 시점에 와 있다고 해도 과언이 아닐 것이다.

차제에 우리는 다시 한 번 그동안의 중국선교를 재점검 하면서 현실에 맞는 선교 방법을 새롭게 모색 해야만 한다.

한국 교회는 물론 현지에서 사역 하고 있는 선교사들이 상호 협력과 동반자적인 모습으로 일 할 수 있을 때 중국선교는 시너지 효과를 창출 할 수 있다고 볼 수 있다.

전 세계가 중국을 주목하고 있으며 미국을 비롯한 유럽 지역에서 중국어 배우기 열풍이 강하게 불고 있다.

일지기 일본은 중국과의 관계 속에서 역사적인 피해망상에 사로 잡혀 있는 중국으로 서는 시선이 곱지 않기에 실패 하였다고 볼 수 있다.

그러나 우리 한국과의 관계는 다방면에 걸쳐서 아름다운 관계로 발전 하고 있지만 이관계가 어느 때까지 지속 가능 할지는 아무도 예측하지 못한다는 사실 이다. 중국의 정치현상도 표면 적 으로는 공산주의를 표방하고 있지만 이제는 유교의 유가사상을 중심으로 하는 정치를 하고 있음을 우리는 감지 할 수 있다.

한국인이 있는 곳마다 한인교회가 많이 세워지고 있는 것은 고무적인 일이지만 서로 경쟁관계 보다는 서로 협력하면서 함께 중국선교 라는 대명제 아래 공생 할 수 있기를 기대해 본다. 한국에서의 목회를 실패한 사람들이 중국에 들어와 새로운 차원의 돌파구를 모색 한다면 중국의 복음화는 요원 할 수밖에 없음을 우리는 이해하여야 한다.

세계교회 가운데 앞서가는 한국교회 답게 분명한 방향을 제시할 수 있어야 한다.

화교문화권의 중국선교에 대한 열정은 우리와는 차원이 다르다. 저들은 그동안 수많은 신학적인 교재를 번역하여 공급 하였을 뿐만 아니라 지도자 교육은 물론 강의 사역을 통해 중국교회가 자생적으로 성장 할 수 있도록 견인차 역할을 해 왔음을 인정해야 한다.

그리고 미국교회의 중국선교의 역사도 우리 보다는 10년이나 앞서 왔다는 사실을 우리는 알아야 한다.

그럼에도 불구하고 우리 한국교회가 마치 중국선교는 우리의 전유물처럼 우리식대로 대처해 왔음을 반성 할 수 있었으면 한다.

거시적인 안목이 없이 불과 인구 200 만도 안 되는 중국의 소수 민족에 불과한 조선족 선교가 마치 중국 선교인 것처럼 스스로 속아 왔다는 사실을 우리는 간과해서는 안 된다.

미국을 비롯한 세계의 교회는 중국 전체를 보고 처음부터 사역을 수행한 반면에 그동안 우리 한국은 부끄럽게도 조선족을 대상으로 사역을 해 왔다는 사실 이다.

그러다 보니 중복투자는 물론 한정된 사역만이 전부인 것처럼 경쟁적으로 달려 왔지만 그 결과는 가시적인 유형교회는 여러 곳에 세워 졌지만 제대로 된 주님의 제자를 양육 하지 못했다는 사실 에서 자괴감마저 든다.

중국 속에 살아가는 조선족들은 본래적인 순수한 신앙마저도 변질 되어 이제는 많은 사람들이 주님만을 바라고 의지하기보다는 한국교회와 주의 종과 선교사들을 바라보게 되었다.

우리 모두의 공동 책임임을 실감하고 바른 진리의 말씀으로 저들을 바르게 세워 질 수 있도록 최선을 다하여 이제는 저들도 타민족을 선교하며 나아가 한족들을 복음화 하는데 앞장설 수 있도록 해야 한다.

지금 중국은 100 만 불 이상의 고소득자들의 수가 30 만 명을 상회하고 있으며 중국전체 인구의 5 % 이상인 7,000 만 명이 중산층으로 보아야 한다.

 갈수록 빈익빈 부익부 현상이 두드러져 가고 있으며 도, 농간의 소득과 빈부의 격차가 벌어지는 반면에 상대적으로 정신적인 빈곤과 황폐함이 극심하다고 볼 수 있다.

 이에 대한 대책 마련도 심각 하다고 볼 수 있다.

 중국 어느 한부분만 으로 전체를 평가 할 수 없다. 전체를 바로 볼 수 있는 시각을 가지고 능동적 으로 대처 할 수 있기를 기대해 본다.

 우리 모두가 같은 마음으로 함께 새로운 변화에 대처하는 선교방향이 설정 될 수 있기를 기대하게 될때 아름다운 열매를 맺힐 수 있을 것이다.

59. 급변하고 있는 중국 선교현장의 패러다임

 오늘의 지구촌이 하루가 다르게 시시각각으로 급변하고 있는 가운데 이곳 중국의 선교현장도 예외는 아니다. 시대의 조류에 떠밀려 급물살을 타고 떠내려가고 있듯이 고전적 중국 선교 전문가들의 이론을 뒤집기라도 하듯 선교의 패러다임이 급변하고 있는 시대에 우리는 살아가고 있다.

 중국은 지금 모든 분야(정치, 경제, 역사, 문화, 사회)에서 변화속도를 빠르게 진행 시키고 있다. 만만디의 중국이 이제 고어로 취급될 정도로 각계각층에서 쏟아져 나오는 신조어가 중국 뿐 만 아니라 세계 지형을 변화 시키고 있다고 해도 과언이 아니다. 새로운 법률은 물론 시대에 맞게 각종 제도와 법을 고치는가 하면 곳곳에서 개혁을 시도하고 있다.

 기독교에 관한 종교 법률도 이제는 신축적으로 운용을 하고 있음을 알 수 있다. 중국을 읽을 수 있는 코드가 '되는 일도 없고 안 되는 일도 없는'나라라는 사실을 뒷받침이라도 하듯 지혜롭게 법 테두리 안에서 다양한 일들을 시도할 수 있다는 사실 이다.

 작년부터 시행이 되고 있는 종교법 가운데 외국과의 교류문제에 대해서는 더욱 적극적으로 장려하는 한층 진일보 하고 있음을 우리는 알아야 한다.

 도시와 농촌간의 경계와 구심점이 이제는 허물어지고 있기에 선교의 패러다임이 농촌중심 에서 도시중심으로 방향전환을 시도 하지 않으면 안 된다.

 농촌인구의 도시유입이 새로운 사회문제로 대두되고 있는 것은 어제 오늘의 일이 아니다. 중국 대도시 어디를 가더라도 기차역전을 가보면 시골에서 상경한 수많은 인파로 홍수를 이루고 있다. 갈 곳을 잃은 사람들의 눈망울에서 방황하는 저들의 당황해 하는 모습을 쉽게 읽을 수 있다.

 전국각지 에서 진행되고 있는 바이블스터디 그룹은 이제 포화상태를 이루고 있다고 해도 과언이 아니다. 베이징만 하더라도 줄잡아 1,000개 이상의 소그룹중심의 바이블스터디가 있다는 사실을 들었다. 지금 중국의 교회는 삼자교회와 가정교회간의 구분이 점차적으로 애매모호해 지고 있는 추세에 놓여 있다.

 삼자교회의 지도자들 가운데 가정교회로 옮겨가는 현상도 눈에 띠게 두드러져 가는 현상임과 동시에 가정교회 역시 지도자들 가운데 제도권인 삼자 교회 안으로 옮겨가는 현상도 비일비재 하다.

보이지 않은 성령의 주도권적인 사역현상 으로 이해할 수밖에 없다. 인위적인 방법으로는 불가능한 현상이 지금 중국교회 안에서 진행되고 있다는 사실 이다.

중국교회의 성장현상을 교회 성장학적 으로는 설명이 부족하기에 우리는 성령의 주권 하에서 주도적으로 하시는 일임을 알아야 한다. 다만 우리는 그 일에 믿음으로 순응 하면서 대세의 흐름에 동조할 수밖에 없음을 인지 할 뿐 이다.

점차적으로 중국은 화교권 사역자들이 밀물처럼 밀려오고 있음으로 상대적으로 우리 한국인 사역자들의 설자리가 좁아지고 있음도 알아야 한다.

반면에 중국의 새 신자들의 분포를 분석해 보면 소위 중국에서 말하는 지식분자들(하이칼라 층)이 많이 주님께로 돌아오고 있다는 고무적인 사실 이다.

도. 농간의 간격이 갈수록 좁아지는 반면에 빈, 부의 격차는 갈수록 멀어지고 있으며 사람과 사람간의 아름다운 정의 문화는 반비례 하고 있다는 사실을 간과해서는 안 된다.

그리고 중국은 교통수단이 갈수록 발전 하는 가운데 특히 항공수요가 급증함으로 인해 상대적으로 저렴하게 비행기를 이용할 수 있음으로 시간을 줄일 수 있어 사역을 극대화 할 수 있는 좋은 기회라는 사실 이다.

동서와 남, 북 간의 간격이 갈수록 좁혀지고 있는 가운데 사역의 효율성을 가져다주는 이점을 최대한 활용할 수 있다.문제는 재정적인 뒷받침만 용이 하다면 사역의 극대화와 효율성 이라는 두 마리의 토끼를 모두 잡을 수 있다는 사실 이다.

중국은 지금 예전과 다르게 사역자들의 열정적인 열망이 점차적으로 식어져 가고 있음도 우리가 예의 주시해야 할 부분 이다. 믿음으로 순수하기만 하던 저들의 사고 속에 언젠가 모르게 경제논리가 자리 잡히기 시작 했으며 이를 악용하는 지도자들도 우후죽순처럼 나타나고 있음도 알아야 한다.

다시 중국사역자들의 허리띠를 졸라 메어줄 수 있는 강력한 영성훈련이 필요한 시점에 와 있다는 사실 이다.

향후 중국교회의 부흥운동을 주도할 수 있는 부흥운동의 물결이 일어나야 한다. 우리 한국교회의 중량감 있는 목회자들이 이 운동에 많이 참여할 수 있는 시스템 마련이 급선무 이다.

요원의 불길처럼 일어나는 영적 부흥운동을 재 점화 하여 하나님의 구원역사를 앞당길 수 있어야 한다.

중국교회의 지도자들이 더 이상 물질로 인하여 사역을 거치게 해서는 안 된다. 저들의 순수했던 믿음과 사랑과 헌신이 변질되지 않게 그리고 훼손되지 않도록 해주는 길만이 중국교회를 아름다운 모습으로 이끌 수 있다.

순교자의 영성으로 저들을 재무장 하여 올림픽 이후에 새롭게 쓰여지는 선교역사를 주도할 수 있도록 해주는 것이 오늘 우리의 사명임을 알아야 한다.

미국교회와 선교사들이 우리 한국교회와 목회자들의 영성을 세계교회 속에 설 수 있도록 견인차의 역할을 했음을 우리는 잊어서는 안 된다.

이를 거울로 삼고 발판으로 삼아 중국교회가 세계교회 속에 견고하게 설 수 있도록 버팀목이 되어 줄 수 있을 때 진정 선교의 아름다운 열매가 맺혀 질 수 있다.

우리 한국교회의 중국 선교역사가 일천하기에 조급증을 버리고 장기적인 안목으로 저들을 육성 발전 할 수 있도록 후원하는 시스템이 무엇 다도 필요한 시점에 와 있다.

수많은 지도자들을 양육하는 것도 중요 하지만 양질의 비전이 있고 차후의 중국교회를 리더 할 수 있는 지도자들을 키워내는 길만이 중국교회를 건강한 교회로 만들 수 있다는 사실 이다. 상호 경쟁적인 선교를 지양하고 이제는 선교사들과 선교 단체 들 간의 바람직한 커뮤니케 이션을 통해 공동적인 시스템을 구축할 수 있어야 한다.

'하나님의 나라'라는 대명제 앞에서 역시 우리는 '하나님의 선교'라는 과제를 안고 지상명령을 수행할 수 있어야 한다.

자기공명심 이나 편협 된 사고방식 그리고 전근대적인 패러다임을 과감하게 개혁할 수 있는 길 만이 우리한국교회의 중국선교 역사에 새로운 좌표를 설정 하며 이정표를 제시 할 수 있다. 상호 협력적인 시스템으로 공통분모를 창출할 수 있도록 배전의 노력을 기울여 주기를 감히 기대해 본다.

60. 중국교회, 부흥과 선교운동을 통한 제2의 영적 각성 운동

중국교회는 그동안 정치적인 소용돌이 속에서 문화혁명(1967~1976)의 과정을 거쳐 광야와 같은 고난과 형극의 길을 걸어오게 되었다.

지나간 세월은 연단과 핍박 의 과정을 통해 교회의 순수성과 거룩 성을 회복하는 계기를 마련하였다고 볼 수 있다.

굳게 닫힌 교회의 문이 새롭게 열린지 30 여년에 불과 하지만 하나님의 은혜와 성령님의 강권하심 속에 1 억 이라는 전 세계 최대의 기독교 국가로 발돋음 하고 있는 시점에 와 있다.

교회성장학적 으로 설명이 불가능한 사도행전에 나오는 초대교회에 강권적으로 임한 성령의 주도적인 사역으로 중국교회가 비상하기 시작 하였다.

국가정책의 일환인 경제발전에 발맞추어 교회도 서서히 일어나기 시작 하더니 이제는 세계가 부러워 할 수밖에 없는 세계 속에 자리를 잡기 시작 하였다.

중국은 특별하신 하나님의 섭리가 있다고 보여 지는 것은 저들이 사용하는 문자를 보더라도 보이지 않는 성령의 간섭하심이 있다는 사실 이다.

지금 중국 각지에서 진행 되어 지고 있는 말씀운동이 걷잡을 수 없을 정도로 널리 퍼지고 있는 것은 익히 다 알고 있는 사실 이다.

전 세계에서 들어온 선교사들의 열정과 헌신이 오늘날 말씀에 무지한 소경과 같은 중국교회와 성도들의 영안을 열기 시작 하면서 교회가 점차적으로 질서를 잡기 시작 했으며 헌신 자들이 속출 하고 있음을 우리는 알고 있다.

 미국이 우리나라 보다도 10 년 먼저 중국에 들어와 사역을 하기 시작 했으며 곧 이어 전 세계 각지에서 사역을 하기 시작 하였고 우리나라도 1992 년부터 사역을 시작 한지가 15 년의 시간이 지나 갔다는 사실 이다.

 이제 중국교회가 유아기적인 과정을 지나 청년기적인 과정에 도달 하였다고 해도 과언이 아니다. 많은 사람들이 아직도 중국교회가 걸음마 단계를 벗어나지 못했다는 수준에서 접근을 하고 있음에서 실소를 금할 수 없다.

 우리보다도 먼저 대만이나 홍콩등지 에서 중국교회를 향한 사역을 앞서 진행하여 왔기에 성숙한 단계로 진입한지는 이미 오래전 예기 이다. 지금 중국교회의 복음화 율을 8 % 정도로 보고 있다는 사실 이다.

 일본교회가 복음을 수용한지가 200 년의 역사를 가지고 있음에도 복음화 율은 고작 1 % 정도에 머물고 있음을 보면서 우리에게 많은 것을 시사해 주고 있다.

 이제 우리 한국교회와 목회자들 그리고 선교사들은 중국교회를 새롭게 인식 하지 않으면 시대에 뒤쳐진 전근대적인 사고방식으로 중국교회를 볼 수밖에 없음으로 더 이상 우를 범치 말기를 감히 부탁해 본다.

 마치 중국선교는 우리들의 전유물인 것처럼 우리의 방식대로 식민지화 하는 선교정책 으로서는 희망이 없다.

 이제는 말씀운동만 전개할 것이 아니라 강력한 기도운동을 통한 초대교회와 같은 성령운동이 일어나기를 기대해 본다. 한국교회의 부흥운동이 교회성장에 미친 영향력에 대해서는 아무도 부인 할 수 없는 사실 인 것처럼 중국교회도 이제는 부흥운동이 일어나야 할 때 이다.

바른 부흥 운동을 위해서 건강한 한국교회의 건전한 영성과 지성 그리고 능력을 겸비한 겸손한 부흥사들이 중국에 들어 와 이 운동을 일으켜야 한다는 사실 이다.

하나님의 구원역사의 중심지에 있는 중국교회가 요원의 불길처럼 일어나야 만이 마지막 주자로서의 회교문화권인 아랍지역의 선교와 힌두문화권의 인도선교를 가능케 할 수 있기 때문 이다. 올림픽 이후의 중국을 우리는 생각해 보면서 과연 주의 성령의 역사하심이 어떤 방향으로 어떻게 진행 하실지 주목해야 할 필요성이 있다.

교회를 세우시는 분도 하나님이시오, 선교를 주도하시는 분도 하나님이시다. 다만 우리는 역사의 흐름 속에서 각자에게 주신 믿음의 분량과 은사와 달란트를 십이분 활용하여 효율적 이면서 효과적인 선교가 가능 하도록 쓰임 받는 도구에 불과 하기 때문 이다.

다만 사단의 역사가 이 흐름을 잘 알고 있기에 교묘한 전략과 수단 방법을 총동원 하여서 우리의 영적사역 을 훼방 할 것임은 분명 하기에 '뱀 같이 지혜롭고 비둘기 같이 순결한' 자세로 임해야 할 것이다.

이제는 무계획적이고 무분별한 선교를 지양하고 조직적 이면서 체계적인 그리고 분명한 방향설정을 구체화 하여 전진해야 할 것이다.

서로 경쟁적인 선교보다도 상호 협력과 동반자적인 사역의 자세가 중요 하다고 볼 수 있겠다.

한국교회와 선교단체는 자신들이 보유하고 있는 정보를 최대한 현지 사역자들에게 오픈함으로 커뮤니케이션 의 통로가 원활 할 수 있도록 해주어야 한다.

중국과 한국은 상호 불가분의 관계에 와 있다고 볼 수 있다. 중국정부의 최고 지도자인 후진타오의 정치이념 즉 철학이 '화해'라는 사실을 우리는 간파해야 한다.

이제는 중국이 세계의 중심에 자리 잡고 있기에 그들의 리더십이 보이지 않는 영향력을 발휘 하고 있다는 사실 이다.

화해의 메신저 역할을 하겠다는 중국 최대 지도자의 통치철학이 기독교의 중심사상 이기도 하다. 구원받은 새로운 피조물의 사명(고후 5:17-21)이 바로 화해에 있기 때문 이다.

중국은 사회 구성원과 집단들 간에 대립과 모순이 존재 하지만 전체적으로 통일성이 깨어지지 않는 가운데 서로 다름을 인정 하면서 조화와 균형을 추구 하겠다는 의지를 읽을 수 있다.

지금 우리 한국사회의 양극화 현상은 위험수위에 와 있다고 해도 과언이 아니다.

이러한 때에 한국교회가 리더십을 발휘할 때 임에도 기독교의 본질적인 사명마저도 외면하고 있다는 사실 이다.

이제 중국교회는 서서히 보이지 않는 가운데 일어서고 있다. '선교하는 중국'의 슬로건을 기치로 힘차게 웅비 할 수 있도록 우리가 도와주어야 한다.

그동안 한국교회가 가지고 있는 축적된 노하우를 전수해 주어야 할 때이다. 일방적인 선교만 할 것이 아니라 저들을 한 단계 업그레이드 할 수 있는 전략을 가지고 접근해야 될 때 이다. 서로 협력시스템을 구축하여 상호보완적인 사역을 할 수 있어야 한다.

이제 한국교회는 청년기를 넘어 중, 장년기에 와 있다고 해도 과언이 아니다. 선교 120 여년의 역사 속에 이미 한국교회는 세계교회 속에 우뚝 서고 말았다.

이제는 전 세계를 향하여 힘차게 비상 할 수 있어야 한다. 개 교회 주의와 개 교단 적인 파벌주의 에서 돌아서야 할 때 이다.

초교파적인 협력사역을 기준으로 세계교회를 향하여 비상 하되 함께 동역할 수 있는 방향전환이 필요 하다고 볼 수 있다.

지금 한국교회의 장점은 말씀운동과 기도운동 그리고 부흥운동과 선교운동 문화운동 및 봉사 정신 등 에서 괄목할 정도 이다.

이제 우리 한국교회는 자만하지 말고 주신 은사를 활용하여 최대한 세계교회를 섬길 수 있도록 재생산 하여 분배해 주어야 할 것이다.

역량 있는 한국교회의 지도자들을 중국교회는 필요로 하고 있다. 중국교회가 세계교회를 향해 그리고 변방 16 개 국가를 향해 나아갈 수 있는 방향키의 역할을 우리가 도와주어야 한다.

'선교하는 중국교회'가 될 수 있도록 그리고 열매 맺을 수 있는 제 2의 영적 각성 운동의 중심에 한국교회와 중국교회가 함께 갈 수 있기를 기대해 본다.

61. 중국 선교전략 의 다변화 모색 방안

지금 지구촌이 시시각각으로 급변하는 시대에 우리는 살아가고 있음에도 시대의 흐름에 변화를 거부 하면서 고전적 이면서 통상적인 선교 방법만 고집하며 안주 하게 되면 결과적으로 실패의 자충수를 둘 수밖에 없음을 알아야 한다.

짧지 않은 세월동안 중국 사역을 위해 혼신의 힘과 정열을 투자 하면서 사역의 효율성을 기대하며 전진 하지만 늘 시행착오를 겪을 수밖에 없음을 바라보고 실소를 금하고 만다.

다시 굳은 마음으로 새로운 결심을 하며 한걸음씩 조심스럽게 나아가지만 시대와 역사의 흐름 앞에서는 겸손해 질 수 밖에 없음을 고백해 본다.

세상은 무서우리만큼 다변화 하는 가운데 역사의 소용돌이의 한 정점 가운데를 향하여 나아가는 우리에게는 오히려 평온하기 까지 하다.

'임마누엘'되시는 그 분으로 인하여 믿음으로 승리의 팡파레를 울리는 그 날까지 '믿음의 주요 우리를 온전케 하시는'그 분을 바라보면서 희망의 나래를 마음껏 펼칠 수 있기를 기대해 본다. 중국은 지금 전 세계 역사의 무대 중심을 향하여 서서히 거대하게 비상을 하고 있는 시점에 와 있다.

철저하게 정치는 공산주의를 표방 하면서도 정책적인 면 에서는 자유주의 이상의 환상적인 대책을 연일 쏟아내고 있다고 해도 과언이 아니다.

그동안 우리 한국교회는 십 수 년 간 중국선교를 위해 혼신의 힘을 쏟아 부었다고 해도 과언이 아니다. 작금에 와서 우리 한국교회의 중국선교를 결산해 본다면 평점 이하의 수준에 머물러 있음을 우리는 간과해서는 안 된다.

중국선교에 대한 환상만을 가지고 임했기에 전략의 부재로 인해 수많은 시행착오를 겪을 수밖에 없었음을 감히 고백하지 않을 수 없는 것은 과거를 거울삼아 이제는 새롭게 전진해야 할 것이다.

그동안의 노력과 헌신 그리고 수고가 헛되지 않는 길은 과감하게 잘못된 방식은 미련 없이 청산을 하고 새로운 포지션에서 전략을 수정할 때 아름다운 열매를 맺힐 수 있을 것이다.

다만 우리에게는 과거의 쓰라린 경험을 거울삼아 도약할 수 있는 길을 모색 하지 않으면 주저앉을 수밖에 없기 때문이다.

언제 까지나 과거지향적인 프레임만을 고집 할 것이 아니라 변화를 추구해야 만이 경쟁력을 갖추어 승리 할 수 있기 때문이다.

갈수록 중국선교 상황은 다변화 될 수밖에 없음을 우리는 새롭게 인식 해야만 한다. 어디까지나 도식적인 선교방식만 고집할 것이 아니라 새로운 변화에 대응 할 수 있는 대안 마련이 시급 하다고 볼 수 있다.

현지에서 사역하고 있는 선교사들이나 후방 병참선 기지의 역할을 하고 있는 한국교회는 서로의 역할 분담을 통해 조화 있는 사역을 할 수 있어야 한다.

'나 아니면 안 된다' 는 사고방식을 탈피 하고 공동체적인 하나님의 나라를 건설하기 위한 거시적인 사고로 전환해야 한다.

중국의 사회주의적인 정치나 사회구조가 변화 하지 않는 것을 전제로 한다면 우리는 현실적 으로 벽에 부딪칠 수밖에 없음을 알아야 한다.

이제는 거시안적인 안목을 배제한 일회성 선교를 지양 하고 장기적인 안목으로 지속적인 사역이 가능할 수 있는 시스템으로 전환해야 할 때이다.

한국교회는 가급적 평신도 전문인 선교사들을 많이 파송 할 수 있기를 기대해 본다. 목회자들을 현지에 보낼 때는 반드시 역량 있는 준비된 사역자들을 엄선해서 보낼 수 있는 시스템 마련이 급선무일 것이다. 한국에서 목회를 실패 하고 중국 현지 선교지에 와서 이곳에서 건강한 교회와 사역자들을 배출해 내기란 쉽지가 않다.

선교사는 민간 외교관의 신분임을 자각해야 한다. 오늘의 한국교회는 은퇴한 원로목사들의 설자리가 상대적으로 없기 때문에 일평생 목회현장에서 수고한 분들에 대한 예우적인 차원에서라도 기존교회가 후원하여 원로 목사님들이 수시로 선교현장에 찾아와 일 할 수 있는 시스템 마련이 필요하다.

그리고 지금 한국교회는 안수 받은 목회자들 중 수 천명의 사역자들이 사역지가 없어 방황 하고 있다. 할 수만 있다면 저들을 선교현장에 투입하여 함께 동역 할 수 있도록 제도적인 뒷받침이 있었으면 한다.

그동안 한국교회는 교회를 세우는 일과 지도자들을 양육 하는 일을 위해서는 혼신의 힘을 다해 왔다고 볼 수 있지만 상대적으로 간접적인 사역방법의 일환으로 사회복지 분야에는 관심이 부족한 것을 인정할 수 있어야 한다.

초기 한국교회를 찾아와 사역한 전 세계의 선교사들은 교회설립 보다는 학교를 세우며 병원과 고아원을 세워 사역을 함으로 사회의 구조적인면에 관심을 가진 까닭에 한국교회가 질적인 성장을 가져 왔음을 우리는 알아야 한다.

이제는 중국정부가 외국과의 종교정책적인 면에 지대한 관심을 가지고 있음을 우리는 주시해야 한다. 현재 중국정부가 관심 가질 수 없는 취약한 부분을 우리 한국교회가 보완 할 수 있었으면 한다.

성급한 생각으로 그동안의 투자효과에 반해 열매가 없다고 해서 섣부른 판단을 하지 않기를 바란다. 오히려 그동안 우리 한국교회는 중국에 대해 인내심을 가지고 잘 참아 왔기에 이제는 아름다운 열매를 거둘 수 있을 것으로 생각 한다.

'사람이 무엇으로 심든지 그대로 거둔다'는 진리의 말씀이 중국선교 현장에 새롭게 적용될 수 있기에 믿음으로 바라보면서 절대로 낙심하지 않기를 주문하고 싶다.

십 수 년 동안 정열을 바쳐 사랑한 중국을 향한 한국교회의 기대를 하나님은 반드시 보상해 주실 것이다. 이제 우리는 중국선교에 대한 그동안의 수고에 대한 열매를 거둘 수 있는 때가 도래 하고 있다고 성급하게 진단해 본다. 이제는 우리 한국교회가 총력을 다 해 하나님의 구원역사의 중심에 서있는 중국을 향해 다시 한 번 선교에 매진 할 수 있기를 바란다.

62. 관계문화 속에서의 관계를 통한 중국사역의 다변화 모색

중국사회를 읽을 수 있는 코드는 한마디로 '꽌시문화'(관계문화)라고 해도 과언이 아닌 것은 이곳에 살아가면서 체득한 것이기에 더욱 실감케 해주고 있기 때문 이다. 한마디로 중국을 말한다면 '되는 일도 없고 안 되는 일도 없는'나라 라는 사실 이다.

우리가 살고 있는 지구촌 전체가 관계문화를 통해서 형성되어 가고 있는 것은 지극히 당연 하다고 생각 한다.

중국선교는 바야흐로 지금 정점을 향해 달려가고 있는 듯한 느낌을 시사 하고 있다.

 중국은 워낙 방대한 나라인지라 어느 한 지역을 중심모델로 분석 할 수 없다는 사실 이다.

 한 지역의 종교정책이 다른 지역과 동일하게 적용이 될 수 없다는 사실을 우리는 인지를 해야 한다.

 중국은 지금 세계 속의 중심국가로 진입을 하고 있기 때문에 과감하게 개혁 개방의 정책을 실시하고 있는 것은 사실 이다. 우리가 생각 하는 이상의 과감한 정책의 발전이 사회주의 국가라는 사실 마저 잊어버리게 해 주고 있다는 사실 이다.

 이러한 때에 국가의 종교정책도 과거와는 다르게 진일보적인 방향으로 발전을 거듭하고 있지만 우리가 피부로 느끼기에는 미흡할 수밖에 없음을 이해해야 한다는 사실 이다.

 중국의 교회는 문화대혁명(1966-1976)을 거치면서 서서히 기지개를 켜고 깨어 일어나고 있다는 사실 이다. 불과 30 년의 세월이 지나가고 있는 시점에 와 있기에 아직도 미성숙 할 수밖에 없음을 우리는 이해하여야 한다.

 함부로 섣부른 판단을 해서도 안 되고 조급한 마음으로 중국선교를 접근해서도 안 된다는 사실을 우리는 알아야 한다. 그동안 중국교회는 삼자중심(자치, 자양, 자전)의 교회(정부가 인정하는)보다는 우후죽순처럼 일어난 가정교회(지하, 광야)의 영향력이 지대하였다는 사실을 우리는 간과 할 수 없음을 알아야 한다.

 가정교회가 중국교회 성장과 발전에 미친 영향력은 실로 엄청나다고 볼 수 있다. 핍박과 환란의 역경을 통과 하면서 자생적으로 성장한 가정교회 가 있었기에 오늘날 중국교회가 세계교회가 부러워 할 수 있는 교회로 성장 할 수 있었으리라 생각 한다.

그렇기 때문에 우리는 가정교회의 역할을 중시 할 수밖에 없다는 사실 이다. 가정교회는 중국교회의 양적 성장을 위해서 견인차의 역할을 하고 있다는 사실 이다.

반면에 가정교회의 질서가 난립이 되어서 수많은 역기능을 초래하였음을 우리는 또한 인식해야 한다. 지금의 중국정부는 가정교회 보다는 삼자교회 중심으로 교회의 질서를 세워 나가고 있다고 해도 과언이 아니다.

가정교회가 미친 순기능적인 측면 보다는 역기능 적인 면으로 인하여 교회와 사회 질서에 미친 영향력이 크다고 분석하기 때문 이다. 또한 중국정부는 사회성장의 이면에 교회가 미치는 영향력을 과소평가 할 수 없기 때문 이라고 볼 수 있다.

올림픽과 세계 박람회를 앞두고 조용한 가운데 가정교회의 난립된 질서를 바로 세워 나가는 운동을 펼쳐 나가고 있다는 사실 이다. 오늘 우리는 지혜롭게 중국선교를 진행해 나가야 한다는 사실 이다.

중국사회를 이해하는 코드가 관계문화 라는 사실을 우리는 염두에 두고 슬기롭게 대안을 마련하여 방향을 설정할 수 있어야 한다.

중국 어느 곳을 가더라도 관계문화만 잘 정립이 되어 진다면 얼마든지 사역을 효과적으로 할 수 있다는 사실을 우리는 알아야 한다.

공산권이든 사회주의 문화권 이든 불교문화권 이든 회교 이슬람 문화권 이든 그 속에 살고 있는 사람들은 모두다 영혼을 가지고 있다는 사실도 우리는 알아야 한다.

그들 나름대로 영혼의 갈증 또한 우리는 간과해서는 안 된다는 사실 이다. 시의 적절 하게 관계문화를 통해서 얼마든지 하나님의 사역은 가능 하다. 또한 하나님의 일은 언제나 기도하는 사람들을 통해서 역사 하시기 때문에 그 지역에 예비 된 하나님의 사람들을 찾는 일이 중요 하다고 볼 수 있다.

지금 중국의 어느 지역은 저렴한 비용으로 호텔에서 얼마든지 집회나 강의가 가능 한 곳이 얼마든지 있다. 문제는 예비 된 하나님의 사람들을 만나야 한다는 사실 이다.

하나님의 일은 언제나 하나님이 주도적으로 하심을 우리는 잊지 말아야 한다. 그렇기 때문에 우리는 관계문화의 중요성을 새롭게 인식하고 한층 더 발전된 방향을 모색해 나 갈 수 있어야 한다. 지금 시점이 중요 하다고 볼 수 있는 것은 중국정부가 지금 올림픽 이라는 대명제를 목전에 두고 있기 때문에 우리는 서로 협력의 정신을 가지고 새로운 대안을 모색해야 할 때 이다.

대부분의 기독교인들은 하나님과의 수직적인 관계 문화만 고집하고 있음으로 인해서 일을 그르칠 때 가 자주 있다는 사실 이다. 십자가는 수직과 수평이 교차될 때 가능한 것이다. 수평적 관계인 사람과의 관계를 우리는 중시하고 지혜롭게 대처해 나가면 얼마든지 중국의 선교는 아름다운 모습으로 발전 될 수 있다는 사실 이다.

정면 돌파 하는 것만 중요한 것이 아니다 때로는 돌아가는 방법도 있고 우회적으로 가는 방법도 얼마든지 가능 하다.

이제는 고전적 이고 전통적인 방법만을 고수 할 것이 아니라 발상의 전환을 시도 하는 것도 중요한 방편의 일환 이라고 생각 한다. 사역의 다양화를 통한 다변화 모색 이다. 서로의 경험을 바탕으로 지혜를 모아서 하아모니를 연출 할 수 있기를 기대 해 본다.

중국 이란 거대한 곳 이다. 우리 한국교회 10 만여 목회자들이 다 들어온다고 해도 얼마든지 사역 할 수 있는 광활 한곳이기에 생각을 크게 하는 것이 중요 하다.

서울 지역에 무임 목회자가 자그마치 수 천 명이라는 소리가 귓전에 들리고 있다. 안타까운 일이지만 새로운 방법과 대안을 모색해야 될 때이다. 무임 목회자들이 가지고 있는 달란트를 세분화해서 사용이 될 수 있는 방안을 한국교회가 찾아야 한다.

이것은 우리 모두의 책임인 것이다. 공동 책임을 가지고 사역의 극대화를 기 할 수 있었으면 한다. 이를 위하여 함께 공동으로 노력 하면서 저들 에게도 일할 수 있는 사역의 기회를 허락해 주어야 한다.

중국과 한국은 이제 상호 동반자적인 관계로 나아가야 할 시점에 와 있다. 한국 교회가 가지고 있는 잠재적인 고급 인력을 활용 할 수 있는 대안이 마련된다면 새로운 비상구를 찾을 수 있다고 본다. 한국교회의 성장이 정체된 상황에서 우리 한국교회의 역할을 선교에서 새롭게 찾아야 한다. 선교는 구색 맞추기식이나 전시 효과 식 로는 희망이 없다. 선교는 교회의 첫 번째 사명임을 잊지 말고 상호 보완적 으로 선교를 위해서 한 단계 발전 할 수 있기를 기대 해 본다.

63. 이제는 올림픽 이후를 대비해야 할 때 이다

중국교회의 복음의 역사는 우리가 생각 하는 것보다 훨씬 오래된 역사를 가지고 있다는 사실을 아는 사람들은 그리 많지 않다. 그러면서도 우리는 중국교회의 기본적인 역사 인식에 대해서는 제대로 알지 못하면서도 아이러니 하게 중국선교에 임하고 있음을 알아야 한다.

기독교가 중국에 전파된 것은 635년에 아라본(阿羅本)이 장안 (지금의 西安)에 도착하여 네스 토리안 주의를 전한 것이 처음 이라고 한다.

그것에 대한 자세한 역사적인 고증은 서안 시내에 있는 대진경교유행중국비(大秦景敎流行中國碑)에 기록되어 있다는 사실 이다. 그 이후에 기독교는 북방 에서는 실크로드를 통해 서, 남방 에서는 무역선을 통하여 활발하게 전파 되었다.

1294년의 요한 콜비노(John of Monte Corvino)의 선교, 1582년 마테오리치(MATTEO RICCI)의 선교 그리고 로마 카톨릭의 도미니칸 선교사와 프란체스칸 선교사들이 활동 하게 되었다. 그리고 허드슨 테일러(J.H.TAYLOR)가 1865년에 '중국내지 선교회'(China Inland Mission)를 통해 활발한 선교운동을 전개해 왔었다.

그러는 가운데 1949년에 중국 공산당이 세워지고 모택동의 집권하던 1951년에는 중국에 들어 와 선교활동을 하던 모든 선교사들이 중국에서 축출되고 중국교회가 폐쇄되는 운명을 맞이하고 말았다.

급기야 중국은 문화대혁명(1966~1976)을 통하여 새로운 역사의 변혁기를 맞이하게 되었다. 문화대혁명이 끝나고 중국교회는 1978년도 부터 긴 잠에서 깨어나기 시작한 이래 불과 30 년이 지나지 않았다는 사실 이다.

중국의 제 2 대 지도자인 등소평이 개혁개방의 정책을 실시한 이래 중국은 급속도로 경제가 발전하기 시작 하여 지금은 세계의 중심국가로 부상하고 있다는 사실을 우리는 간과해서는 안 된다. 우리 한국교회의 중국선교는 1992년도부터 시작한 이래 14년의 역사를 지나오면서 수많은 시행착오를 겪으면서 오늘에 이르렀다.

오늘의 중국사회를 바라보면서 특히 중국 정부의 종교정책에 대한 찬반논의에 대해 우리는 예의 주시 할 수 밖에 없음을 알아야 한다.

중국의 사회변동에 대해 우리는 다시 한 번 민감하게 주시 할 수밖에 없는 것은 현실 사회를 부정 할 수 없기 때문 이다. 지금 중국은 자본주의 이상의 자유를 누리고 있음을 피부로 느끼고 있다.

중국의 여러 지역을 돌아보면서 다양한 계층의 사람들을 만나면서 저들이 가지고 있는 '2008 베이징 올림픽' 이후의 기독교의 개방에 대해서 의견을 들어보면 대부분 기독교가 개방이 된다는 견해를 가지고 있음에 내심 놀라지 않을 수 없다.

오늘의 한국교회는 삼자교회 보다는 가정교회(지하교회, 혹은 광야교회) 중심 의 사역 위주 이므로 자연적으로 올림픽 이후에는 교회가 문을 닫게 된다는 위기의식을 가지고 있다는 사실 이다.

중국인들은 이미 자유세계를 경험했기 때문에 역사의 시계 바늘을 거꾸로 돌리기에는 불가능 하다는 사실을 이미 파악을 하고 있다. 뿐만 아니라 교회를 통해 구원의 은혜를 체험한 수많은 사람들은 이미 복음을 위해 헌신을 하고 있을 뿐만 아니라 이제는 주님을 위해 희생을 각오 하고 있음을 우리는 간과해서는 안 된다.

올림픽 이후에 중국교회는 하나의 교회를 견지하기가 쉽지 않다는 사실을 우리는 알고 여기에 대해 슬기롭게 대처 하여야 한다.

그동안 잠재 되어 있던 수많은 교파들이 우후죽순처럼 발생할 것임은 자명한 사실 이다. 여기에 대해 우리 한국교회도 나름대로 대책을 세우지 않으면 안 된다 는 사실 이다.

 현지에 와있는 선교사들이 자기의 공명심을 드러내기 보다는 서로가 협력 할 수 있는 시스템 마련이 있어야 한다.

 한국교회가 가지고 있는 고질적인 병폐를 선교사들도 그대로 답습하고 있다는 사실을 우리 한국교회는 간과해서는 안 된다.

 개 교회 이기주의나 개 교단 이기주의 현상이 선교현지 에도 여실히 드러나고 있음을 볼 수 있다. 성경의 원리 보다는 개교단의 선교정책이 우선시 되고 있음도 문제점의 원인을 제공 하고 있다는 사실 이다.

 이제 중국교회는 진일보한 성숙된 교회로 나아가는 길목에 와 있다. 한국교회의 역기능적인 모순된 영향력이 더 이상 선교지 에서 재현 되어서는 안 된다.

 지금 중국교회의 양극화 현상(삼자교회 와 가정교회)을 극복 할 수 있는 유일한 대안은 예수 그리스도를 중심으로 '하나님의 나라' 라는 큰 틀 안에서 이해 될 수 있어야 한다.

 '큰 가슴을 지닌 그리스도인' 이라는 대 명제를 가지고 나아가야 한다.

 중국교회가 세계 속의 교회로 나아갈 수 있는 전기를 우리 한국교회가 마련해 주어야 한다. 하나님의 관점에서 바라 볼 수 있는 거시적인 안목이 필요 하다고 볼 수 있겠다.

 세계는 지금 중국을 주목 하고 있는 시점에서 그동안의 중국선교가 구호로만 그칠 것 이 아니라 실제적으로 열매를 맺을 수 있기를 기대해 본다.

 이제 중국교회로 하여금 아랍선교의 비전을 잉태 할 수 있도록 해 주어야 한다.

 중국교회가 그동안 받은 사랑의 빚을 회교권 선교를 위해서 재투자

할 수 있도록 만드는 길 만이 선교를 극대화 할 수 있는 좋은 기회라고 생각 한다.

하나님의 구원 역사를 위해 마지막 때에 중국을 예비 하시고 아랍선교를 위해 준비 하게 하셨음을 우리는 저들에게 가르쳐 주어야 한다.

전 세계에 흩어져 있는 중국 출신의 화교(6,000만)를 주님은 아름다운 모습으로 중국교회가 선교하는 교회로 나 갈 수 있는 교두보와 방패의 역할로 사용 하실 것이다.

64. 시대에 맞는 패러다임으로 중국교회 역동적 사역

중국의 기독교 정책은 사회주의 국가이기에 그 정체성과 특수성을 이해하지 않고는 사역을 위한 접근이 용이 하지 않다는 사실을 이미 알고 있는 사실 이다. 그럼에도 불구하고 중국사역을 한다고 하는 사람들 가운데 상당수가 중국과 중국사회의 특수성은 차지하고라도 중국교회의 역사인식 조차도 제대로 이해하지 못하고 사역에 뛰어드는 사람들이 많이 있음을 알 수 있다.

오늘날 중국교회의 삼자교회와 가정교회간의 양극화 현상과 교회와 정부 간의 불신은 이미 골이 깊어질 때로 깊어져 간격을 메우기가 그리 쉽지 않은 것은 사실 이다.

보여 지는 모든 현상적인 면은 시대의 흐름 속에서 자연 발생적 으로 도출되기도 하지만 오히려 그렇지 못한 부분도 많다는 사실을 우선으로 인식해야 한다.

그러기 때문에 전인미답의 미지의 세계라도 우리 앞에는 언제나 예측 불가능한 일들이 예기치 않게 도사리고 있는 반면에 다른 한 면을 보면 가능성의 문도 열려 있기에 우리는 다시 한 번 중국선교에 대해 새롭게 인식 할 필요성을 가지게 한다.

언제나 사역의 중심에는 우리 주님의 간섭하심이 있기에 인간적으로 되어 지는 것 같지만 보이지 않는 성령님의 간섭 속에서 역사는 움직이고 있다는 사실을 우리는 도외시해서는 안 된다.

한국교회의 중국선교는 수많은 헌신과 희생의 바탕위에 역동적으로 대처해 오늘에 이르렀지만 득실을 굳이 따져 본다면 값비싼 댓가를 치룬 반면에 그 열매를 바라보면서 실소를 금할 수 없는 것은 다시 한 번 우리 앞에 기회가 있기 때문 이다.이제 우리는 지나간 사역현장을 결산 하면서 새로운 패러다임에 맞는 재창조적인 사역을 효과적으로 수립해야하기 때문이다.

중국은 지금 하루가 다르게 전 분야에 걸쳐서 국제화 시대에 걸맞게 급속도로 변모 되어 가고 있다. 전 근대적인 선교방식 으로는 시대의 조류를 거슬러 올라 갈 수 없기에 새로운 선교전략이 수립 되어야 하는 것은 당연한 이치이다.

현지에 들어와 사역을 하는 선교사 들 간에 보안상의 관계로 커뮤니케이션이 전혀 없는 관계로 각개전투식의 사역을 너나 할 것 없이 하기에 중복투자는 물론 사역의 효율성과 기대치를 충족시키지 못하고 있는 실정 이다.

마치 숲만 보고 나무는 보지 못하는 촌극은커녕 나무는 보는데 전체 숲은 보지 못하는 우를 많이 범하고 있는 실정 이다.한국에서의 목회와 신학이 성숙하지 못한 가운데 무조건적으로 사명 하나만을 가지고 중국에 들어와 사역에 임하다 보니 균형 잡힌 감각을 가지고 세계 속의 중국교회를 바르게 보지 못하는 까닭에 중국교회와 목회자들을 섬긴다는 사실 자체가 아이러니 할 뿐 이다.

이제 한국교회도 선교사 파송국가로 긍지와 자부심을 가지고 있기에 그동안의 축적된 노하우를 토대로 해서 선교지에 대해 바른 리더쉽을 발휘해야 할 때라고 생각 한다. 한국교회는 여타의 세계교회가 가지지 못하는 훌륭한 자원들을 많이 가지고 있다.

한국교회는 헌신적이고 열정적인 성도들이 많이 있는 반면에 훌륭한 신학자들 역시 많이 준비가 되어 있으며 선교에 열의를 가진 목회자와 교회도 많이 있다는 사실 이다.

이제 중국교회를 바라보는 시각을 교정해서 진일보된 시각으로 미래를 바라 볼 수 있기를 기대해 본다.

개 교회 주의나 개 교단 주의 중심의 업적 위주의 사역 보다는 효율적 이고 능동적으로 대처 할 수 있는 마인드가 필요 하다는 사실 이다.

무분별 하게 목사들 몇 사람이 중국에 들어와 목사안수에 대한 기본적인 소양이나 지식 그리고 목회적인 방향도 파악 하지 못한 채 목사안수를 남발 하여 중국교회의 질서를 깨뜨리는 일들이 없었으면 한다.

중국교회의 목회자들의 영적인 수준도 이제는 많이 향상 되었다고 볼 수 있다.

문제는 한국교회 에서 지도자 교육이나 사역을 위해 들어오는 목회자들의 자질이나 인격 실력 그리고 영성 부문 등 모든 면에서 중국교회 목회자들 보다 오히려 뒤쳐진 목회자들이 중국선교를 위해서 자주 중국에 들어온다는 사실 이다.

마치 중국교회 위에 군림하듯이 들어와 섬김 보다는 섬김을 받으려는 사역자들이 많이 있다는 사실 이다.

한국교회가 중국선교에 대해 바른 사역을 제대로 감당하지 못하면 이제는 사역지 마저 화교사역자 들에게 잠식을 당하고 만다는 사실을 간과해서는 안 된다.

전 세계에 역량 있고 비중이 있는 화교 사역자들이 점차 으로 중국사역을 위해 자기들의 고국을 찾아오고 있다는 사실을 우리는 바르게 인식해야 한다. 우리들에게 중국사역을 위한 시간이 그리 많지 않다는 데에 때로는 위기감마저 들게 하고 있다.

이제 우리 한국교회는 목회자와 신학자 그리고 선교행정가 및 현지 사역자가 하나가 되어 사역에 대해 면밀히 분석하고 리서치 하여 대안을 마련해야 한다. 중국 이라는 거대한 나라도 중요 하지만 하나님의 구원 역사라는 거시안적인 관점으로 보아야 한다.

우리는 중국이 중요한 선교 전략 지라는 것을 염두에 두고 중국교회로 하여금 아랍지역을 버팀목과 지렛대로 활용하여 마지막 하나님의 구원 계획인 예루살렘 복음화를 위해 포커스를 맞추어야 함을 잊지 말아야 한다.

이스라엘 민족의 복음화가 하나님의 구원의 핵심임은 두말할 나위가 없다. 그러기 때문에 우리는 하나님의 관심인 이스라엘을 향해 가는 길목에 있는 중국과 회교권인 아랍지역을 통과 해야 만이 구원의 대 드라마가 드디어 대단원의 막을 내리게 됨을 우리는 잘 알고 있다.

지엽적 이면서 편협적인 사고에서 벗어나 하나님의 관점에서 우리는 크게 생각할 수 있는 안목을 가지고 나아가야 하는 것이다.

한국교회에 주신 사명은 전 세계교회를 깨우는데 있음을 우리는 바로 인식해야 한다. 교회가 하나님이 무엇을 원하시는지 바로 알고 대처해 나갈 때만이 한국과 한국교회에 희망이 있는 것이다. 이제 한국교회는 이벤트식의 선교나 백화점식의 끼워 맞추기식의 선교를 지양하고 진정 중국교회가 필요로 하는 사역에 초점을 맞추어 나갈 수 있기를 감히 주문해 본다.

차제에 현지에서 사역 하는 선교사들도 서로 다름을 인정하고 자신의 달란트와 믿음의 분량 그리고 은사를 가지고 협력사역을 통해 아름다운 사역의 열매가 맺혀 지기를 기대해 본다.

65. 한국인 유엔 사무총장 당선과 세계선교의 함수관계

한국이 역사상 세계사적으로 거대한 족적을 남길만한 괄목할 정도의 일들을 통해 세계인들로 부터 주목을 받은 일들이 더러 있었다는 사실이 역사적으로 증명이 되고 있다.

정확한 통계적인 자료는 아니지만 기억을 더듬어 유추해 본다면 1950.6.25.의 북한의 남침 사건은 세계적인 역사적 사건임에는 틀림이 없는 것은 당시에 유엔 안전보장 이사회 에서 우리나라를 돕기 위해 16 개 국가 에서 군인들과 물자들을 보내 왔으며 그 결과 위기에서 우리 한국이 다시 일어설 수 있는 계기가 된 것만은 틀림이 없다.

분단국가로서 전 세계인들의 염려와 불안 근심 속에 치러 진 1988년도의 '서울 올림픽'은 우리의 경제적 도약을 위한 발판을 마련해 주었으며 국력의 상징과 더불어 다시 한 번 인류 역사 속에 세계적으로 우리 대한민국의 위상을 드러낼 수 있는 결과를 가져다주었다.

그 이후 역시 한국에서 처러진 '2002 월드컵'대회를 통해서 한국인의 은근과 끈기 저력을 다시 한 번 온천 하에 공포 하는 전기를 만들었다고 볼 수 있다.

한국인의 정신을 굳이 말한다면 '은근과 끈기 그리고 위기에 대처하는 능력의 강함'이라고 표현 한다면 지나치다고 볼 수 있을지 의문 이다. 외국에서 바라보는 외국인들의 눈에는 한국이 곧 망할 거 같은데 망하지 않고 버티는 것이 이상 하다는 예기를 들었다.

한국과 한국인을 향한 거대한 보이지 않는 전능하신 하나님의 손길을 간과하기 때문 이라는 생각이 든다.

이번에 전 세계가 깜짝 놀랄만한 일들이 다시 한 번 연출이 되어 세계의 이목을 받게 된 것은 세계 유일의 분단국가 에서 그것도 무려 35 년 만에 아시아인으로 '세계의 제상' '세계 최고의 외교관'이라는 유엔 사무총장이 한국인이 되었다는 사실이 세계인들을 놀라게 하고 있다. 유엔 사무총장이라는 자리는 국제 사회의 분쟁과 갈등을 중재하고 해결하는 조정자의 역할이라는 측면에서 중차대한 자리임에는 틀림이 없다.

한국은 어떻게 보면 건국과정 에서부터 한국 전쟁 등 굵직한 역사적 전기마다 유엔의 수혜를 받아온 반면에 이제는 유엔에서 주도적 역할을 하게 되었다는 사실이 마치 격세지감을 가져다 주는 느낌 이다.

한국인의 유엔 사무총장 탄생은 정치적. 외교적으로 한국의 역사적 도약 기회를 제공할 것으로 전망해 볼 수 있다.그러기 때문에 우리 한국교회는 정치와 종교를 떠나서 축하해 주어야 하는 것은 당연 하다고 볼 수 있다.

이번에 유엔 사무총장 으로 당선된 반기문총장이 만일에 기독교인 이었다면 기독교 신문지면 마다 세계선교를 위한 추측성 기사는 물론 야단 법석 이었을 텐데 '동네 불구경 하는 식' 의 무관심한 것은 같은 민족으로서 부끄러울 뿐 이다.

그가 불교 신자라는 사실 하나 만으로 편협 된 종교적 색깔과 기독교 본질적 사랑의 포용적 한계를 드러내는 것 같아 아쉽기만 하다.

정치와 종교를 떠나서 우리는 당연히 한국인이 유엔 사무총장이 되었다는 사실 하나만 으로 한 세기에 한번 오기 힘든 일이라는 것을 알고 거국적인 축하를 해 주어야 할 일이다.

한국인의 유엔 사무총장 당선이 가져다주는 영적 유익에 대한 손익 대차 대조표를 작성해 보면 이것은 분명히 우리 한국 교회를 향한 청신호로 받아 들여야 한다는 사실 이다.

유엔에 정식으로 가입된 국가만도 자그마치 192 개 국가이다. 하나님께서는 인류 구원 역사를 주도적 으로 운행 하고 있음을 우리는 성경을 통해 익히 잘 알고 있다.

흔히 우리는 지금의 시대를 '말세지말'이라는 표현을 사용 하고 있으며 교회와 세미나 마다 '종말론 세미나'가 홍수 시대를 맞이하고 있는 것이 작금의 현실임에는 아무도 부인 할 수 가 없다는 사실 이다.

지금 세계적으로 선교를 위해 총력을 다 할 수 있는 나라는 그리 많지 않다고 볼 수 있다. 한국은 그동안 인적자원 이나 물적 자원 그리고 성도들의 선교에 대한 열정 등 모든 것이 준비 되었다고 해도 과언이 아니다.

그동안의 세계선교는 미국이 주도적으로 해 온 사실에 대해서는 이견의 여지가 없다. 지금도 미국의 선교사들은 전 세계적 으로 왕성하게 사역을 하고 있는 것만은 틀림이 없다.

그러나 미국의 세계화 전략의 부산물이 가져온 미국의 패권주의의 결과 미국 선교사들이 사역할 수 있는 공간이 제한적이 되고 말았다는 사실이 안타까울 뿐이다.

일본이 세계적인 경제 대국 이라도 상대적으로 선교적인 인적자원 이나 열정이 부족 하며 전 세계가 일본을 싫어하기 때문에 일본은 선교 할 수 없는 핸디캡을 가지고 있다.

중국은 아직도 제한적인 종교적 부자유로 인하여 선교 하는 데는 여러 가지로 걸림돌이나 부작용이 많기 때문에 더 많은 인내를 필요로 하고 있음을 우리는 익히 알 고 있다.

그렇다면 유일하게 하나님의 구원역사에 마지막으로 제반 여건이 갖추어진 나라로는 한국임에는 틀림이 없지만 한국교회가 선교 적 사명에 대해 다시 한 번 일어 설 수 있을지가 미지수 이다.

중국 정부가 만일 중국교회에 종교적 자유를 가져다준다면 얼마든지 중국을 통해 세계선교의 마지막 피날레를 장식 할 수 있으리라 전망하는 것은 다소 성급한 판단이라고 생각 할 수 있으리라고 볼 수 있다.
이번 한국이 낳은 반기문외교부 장관의 유엔 사무총장 당선이 가져다주는 영적의미를 극소화 하지 말고 다시 한 번 하나님께서 한국을 높여 마지막 복음을 전하게 하려는 뜻으로 우리는 받아들일 줄 아는 겸손이 필요 하다고 볼 수 있다. 인도의 시성 타고르가 외친 글귀를 다시 한 번 우리는 음미해 보면서 유태인들 마냥 영적 자만에 빠지지 말고 전 세계를 상대로 '세계 평화와 안전을 위해' 창설된 유엔의 헌장 이념처럼 우리도 성경의 근본정신인 '사랑과 화평'의 자세로 마지막 주자로서의 사명을 잊지 말기를 바란다.

66. 네트웍을 통한 중국선교의 효율성과 극대화 방안

지금 우리들이 살고 있는 시대는 하루가 다르게 급변하고 있다고 해도 과언이 아니다. 특별히 문명의 총아라 할 수 있는 컴퓨터의 개발로 인한 인터넷의 보급이 가져다주는 혁명은 가히 지구촌 시대를 네트웍(NET-WORK)화 함으로 시대를 가속화 하고 있다.

현 시대를 일컬어 네트웍 시대라 일컬어지고 있는 이유가 여기에 있다. 지금은 전 세계가 하나의 네트웍화 되어 가고 있다고 할 수 있을 만큼 서로의 필요를 따라 네트웍화 하지 않고는 무한경쟁 시대를 살아갈 수 없기 때문 이다.

이런 만큼 세상은 급속도로 충격적으로 급변하고 있는 시스템 문화 한가운데 우리는 살아가고 있는 것이다.

정치, 경제, 문화, 사회는 물론 모든 분야 에서 인적, 물적 자원은 물론 전 분야 에서 서로 협력과 상생을 통한 네트웍화를 도모 하고 있음을 볼 수 있다.

기업 간의 상호 선의 적 경쟁은 물론 국가와 국가 간의 상호 협력을 통한 시스템 창출을 위해 서로 연대감을 구축 하고 있음을 우리는 잘 알고 있다.

그 대표적인 예가 UN(세계 192개 국가 연합체)이라는 네트웍이다. 그리고 NATO(북대서양조약기구)나 EEC(유럽구주공동체) WTO(세계보건기구)등 이루 헤아릴 수 없는 기구들을 보더라도 상호 연대감을 통해 서로의 필요를 채워 주는 역할을 하고 있음을 알 수 있다.

인류사회는 더불어 살아갈 수밖에 없음을 우리는 간과해서는 안 된다.

전 세계가 하나의 지구촌으로 문명이 가져다주는 최상의 혜택을 서로가 공존 할 수밖에 없는 구조 속에 우리는 살아가고 있기 때문에 더욱 더 우리는 네트웍의 이점을 최대한 활용할 수 있을 때 최대의 효과를 가져 올 수 있다는 사실 이다.

개인은 물론 어느 사회나 국가를 막론하고 네트웍을 잘 할 수 있을 때 부가가치 창출을 극대화 할 수 있기 때문이다.

중국선교도 동일한 원리가 작용한다는 사실은 당연 하다고 볼 수 있다. 세상은 더불어 살아 갈수 밖에 없는 현실이기에 우리는 서로가 서로를 필요로 할 수 밖에 없는 공동체라는 한 울타리 안에서의 삶이 가져다주는 최소한의 인식전환이 필요 하다고 볼 수 있다.

그럼에도 불구하고 수많은 사람들이 마치 독불장군 마냥 스스로 이기적으로 살아 갈 수 있다는 착각 속에 자기만의 독특한 울타리 안에서 시스템을 구축하고 있다는 사실 이다.

다양한 사역을 하면 할수록 네트웍의 중요성을 인식 할 수밖에 없다. 이제는 지구촌이 하나의 공동체적인 운명으로 가고 있다는 사실 이다. 독자적인 시스템으로는 고립무원으로 갈 수 밖에 없음을 우리는 주변에서 얼마든지 볼 수밖에 없다.

서로가 개인적으로 소유하고 있는 정보를 이제는 공동으로 공유할 수 시스템 구축이 필요 하다고 볼 수밖에 없다.

중국사역에 대한 정보도 이제는 공유할 수 있을 때 비용을 최소화 할 수 있을 뿐만 아니라 사역에 대한 효과도 극대화 할 수 있다는 사실 이다.

마치 개인이 소유하고 있는 정보를 전가의 보도처럼 여기고 독식 한다면 불행 하다는 볼 수 있다. 사람은 무엇이든지 나눌 수 있을 때 가치관의 상승효과는 물론 자족감이나 만족감을 가져다주기 때문 이다.

물이 흐르지 않고 한곳에만 머물러 있으면 오염이 되어 악취를 풍기는 것은 물론 썩기 마련 이다. 옛 속담에 '흐르는 물에는 이끼가 끼지 않는다' 는 것처럼 오늘 우리들의 사고의 전환이 필요 하다고 볼 수 있다.

내가 가지고 있는 최상의 정보를 이제는 우리 모두를 위해 공유할 수 있을 때 하나님의 나라와 하나님의 교회는 물론 하나님의 선교를 극대화 할 수 있다고 생각 한다.

미시적인 안목만을 가지고 현재 상황만을 고집할 것이 아니라 에서 차원 높은 거시적인 안목을 가지고 세계를 바라보는 안목을 가질 수 있어야 한다.

많은 사람들이 자기가 성장해온 세계(환경, 지식, 대인관계, 경험)의 울타리를 벗어나지 못하고 우물 안 개구리 마냥 삶을 영위 하고 있다는 사실 이다.

이제 우리는 가슴을 넓게 펴고 세계를 향한 하나님의 관점을 가지고 모든 분야를 볼 수 있기를 기대할 수 있기를 바란다.

자신이 고집하고 있는 성격이나 성향 그리고 선호하는 취향 등 모든 것을 한 단계 높은 수준으로 업그레이드 할 수 있을 때 발전은 물론 더욱더 전진 할 수 있으리라 생각 한다.

우리는 이제 하나님의 관점을 가지고 모든 것을 관조 할 수 있어야 한다. 중국에 대한 선교 적 이해도 갈수록 다양화 할 수 있어야 한다.

우리의 삶과 사역을 극대화 할 수 있는 최상의 방법은 내가 가지고 있고 알고 있는 모든 것을 내려놓을 수 있는 지혜가 필요 하다고 볼 수 있다.

자기만의 독특한 칼라만을 고집 하지 말고 이제는 상대방의 유익을 위하고 더 나아가서는 공동체의 유익을 위하며 사회와 국가 하나님의 나라를 위해서 최대한 활용될 수 있기를 기대해 본다.

이제 우리 모두는 서로의 필요를 채워 주면서 성숙을 위해 나아갈 수 있기를 기대해 본다.

크게 생각 하자.그리고 멀리 내다보자. 서양속담에 `벌레의 눈을 가진 자는 망하고 새의 눈을 가진 자는 흥 한다'는 교훈을 잊지 말자.

자신만을 위하지 말고 서로가 서로를 섬길 수 있는 아름답고 성숙된 문화를 만들어 갈 수 있었으면 하는 바램 이다.

함께 더불어 살아갈 수 있는 공동체적인 의식의 중요성을 인식 하면서 나만의 독특한 캐릭터를 형성하기 보다는 함께 공유할 수 있는 아름다운 선교문화를 만들어 갈 수 있었으면 한다. 우리 에게 사역을 위한 시간표가 그리 많지 않다고 생각을 한다.

선교신학 적 이며 도식적인 구태의연한 발상 보다는 현장감 있는 사역을 추구 하되 함께 공존 할 수 있는 시스템을 구축하여 아름다운 족적을 남길 수 있기를 기대해 본다.

67. 오늘의 중국교회 지금이 위기의 때다

중국교회에 시대적인 하나님의 은혜와 구원사적인 역사 가운데 문화혁명(1966-1976)을 거치면서 1978 년경부터 잠긴 빗장의 문을 열어 젖히면서 잠자던 중국교회가 서서히 기지개를 켜기 시작 하고 이 때를 기다렸다는 듯이 요원의 불길처럼 여기저기서 부흥의 불길이 타오르기 시작 하였다.

중국교회가 문화혁명의 극한 고난을 딛고 다시 일어나기 시작한지 불과 30 여년의 역사를 지나오면서 다시 한 번 위기의 때를 맞이하고 있다고 해도 과언이 아니다.

　많은 중국선교 전문가들의 예측과는 달리 새로운 오늘의 위기를 진단해 보면서 함께 고심해 볼 수 있는 시간이 되었으면 한다.

　그동안 중국 정부는 문화혁명 이래 보이지 않게 교회를 핍박하기 시작 하였고 탄압의 고삐를 더욱 움켜잡았지만 기독교 역사 에서 증명 하듯이 성도와 교회는 핍박과 환란 그리고 고통의 밤을 통과 하면서 시련과 연단을 받아 더욱 교회의 정체성인 순수성과 거룩 성을 통해 신앙의 성장과 교회의 부흥을 가져 온다는 사실 이다.

　국내적으로는 수많은 교회 지도자들이 감옥에 들어가면서도 복음을 위해서는 순교도 불사 하겠다는 불 퇴진의 신앙이 가져온 결과 우후죽순처럼 교회가 끊임없이 성장 하면서 발전을 거듭 하기 시작 하였다.

　뿐만 아니라 국외의 많은 지역들도 중국선교의 관심을 가지면서 밀물처럼 몰려오기 시작 한 결과 중국 공산당원들 의수를 능가하기 시작 하였고 급기야는 위기의식을 가져다주는 결과를 초래 하였다.

　이러한 사실을 명백하게 잘 알고 있는 정부가 기독교에 대한 정책을 수정 할 수밖에 없음을 인식 하게 되었다. 그리고 전혀 반대의 방법인 '햇볕정책'을 사용하기 시작 하였다는 사실 이다. 우리나라 속담에 '가랑비에 옷 젖 는다' 는 말처럼 체감하기 힘들 정도로 시행을 하고 있는 까닭에 누구도 눈치를 채지 못하고 있다.

　지금부터 점진적으로 마치 예화 가운데 "산마루 정상을 향해 걸어 올라가는 사람이 입고 있는 웃옷을 벗기기 위해서 바람과 태양이 경주를 하기 시작 하였다.

먼저 바람이 옷을 벗기기 위해 안간힘을 쓰면서 바람을 불게 했지만 결코 옷이 날아갈까 봐 더욱 잔잔히 조였지만 태양의 차례가 와서 서서히 햇볕을 비추이자 드디어 옷을 벗고 말았다" 는 예화가 내포하는 영적 의미를 다시 한 번 생각해 보아야 한다.

얼마 전만 하더라도 삼자교회 라고 할지라도 교회설립을 정부에서 허가 받기란 그리 쉽지가 않았음을 익히 알고 있다.

최소한으로 집회 인원이 50 여명 이상 있어야 하며 정부에서 인정하는 삼자 신학 원을 반드시 졸업해야 함은 물론 예배장소가 제대로 준비가 되어야 허가를 해 준다는 사실 이다.

그런데 최근에 일부 지역에서는 앞에서 말한 구비 조건을 갖추지 않더라도 누구든지 교회 설립 허가를 쉽게 받을 수 있도록 하고 있다는 사실 이다.

그리고 명백하게 드러나지 않은 이단교회 라고 할지라도 묵인해 준다는 사실 이다.

이슬람교도 이전에는 설립 절차가 복잡 했지만 지금은 상당부분 완화하여 쉽게 교회 설립이 가능해 졌다는 사실 이다.

표면적으로 보면 기독교를 향하신 하나님의 섭리라 생각 하면서 두 손을 들어 기뻐하면서 환영을 해야 하는 사실 이지만 이면에 보이지 않게 감춰진 전략을 우리는 영적으로 볼 수 있어야 한다. 말세 지말이 되면 거짓 선지자들이 많이 일어나 광명의 천사처럼 자신을 위장 하고 있다는 사실을 이미 성경은 지적 하면서 우리에게 경계를 촉구 하고 있다는 사실 이다.

누구든지 무자격자 일지라도 교회설립을 할 수 있다는 사실은 보이지 않는 교회의 영적혼란은 물론 영적질서가 깨어진다는 사실 이다.

그 뿐만 아니라 정상적인 신학교육을 받지 못한 지도자들로 인하여 성도들의 우민화 현상이 일어 날 수 있음을 우리는 직시해야 한다.

그리고 기독교의 질적인 가치가 하락 하면서 지식인들이나 영향력 있는 사람들이 교회를 도외시 할 수 있음을 우리는 간과해서는 안 된다.

이러한 때에 우리는 어떠한 자세로 중국교회를 섬겨야 할 것인지 제시 하고자 한다. 먼저 영적 지도자인 우리들이 깨어 정신을 차려야 함을 잊지 말아야 한다.

쓰레기 더미에 한 송이 장미꽃이 유난히 고고한 빛을 발휘 하는 것처럼 세상을 향해 '빛과 소금의 역할'을 제대로 할 수 있어야 한다.

중국은 하나님의 구원역사에 있어서 아주 중요한 위치를 차지하고 있는 까닭에 함량 있는 교회 지도자들을 할 수만 있으면 많이 양육하여 '중국의 복음화'는 물론 중동선교를 가능케 하면서 더 나아 가서는 세계선교의 교두보의 역할이 될 수 있게 해야 한다는 사실 이다. 이러한 종합적 이면서 구체적인 선교전략 수립을 세워 나아가야 한다.

위기는 새로운 기회의 시작임을 새롭게 인식 하면서 하나님께 더욱 지혜를 구하여 시대적인 하나님의 뜻을 이룰 수 있도록 전진해야 한다.

수많은 중국의 영혼들이 지금 참된 하나님의 말씀을 갈망 하고 있다. 저들의 갈급한 심령을 생수와 같은 하나님의 말씀으로 채울 수 있어야 한다.

"이 때를 위함인지 누가 아느냐"는 외침의 소리에 귀를 기울여서 시대를 바르게 관조 할 수 있기를 기대해 본다.

68. 한국 선교사상 최대의 선교지인 중국

얼마 전에 한국최대의 공식적인 선교 기구인 세계선교 협의회 에서 전 세계에 파송된 선교사 들을 다각적(교단 및 선교 단체 등)인 방법으로 조사 연구 검토한 결과 현재 한국교회 가 파송한 선교사의 수는 전 세계 173 개국에 16,616 명으로 미국에 이어 두 번째 선교 강대국 임을 발표 하였다.

그 중에 중국에 파송된 선교사의 수가 2,640 명으로 최고로 많은 숫자라는 사실 이다. 그 뒤를 이어서 미국에 파송된 선교사의 수는 1,855 명이며 일본에 파송된 숫자는 1,099명으로 중국이 단연 우위를 차지 하게 되었다.

한국과 중국이 정식적인 외교관계를 통해 수교한 지가 15 년의 짧은 기간 임에도 불구하고 상대적으로는 파송된 선교사의 숫자가 가장 많다는 사실은 중국이 최대의 선교현장 임은 아무도 부인 할 수 없다는 사실 이다.

아마도 전 세계적 으로 유래가 없을 정도로 가장 많은 선교사들이 중국에 들어와 사역을 하는 최대의 각축장 이라고 해도 과언이 아닐 것이다.

이러한 때에 한국과 중국은 역사적으로 그리고 지리적인 이점을 통해 가장 많은 선교사 들이 사역 할 수밖에 없는 당위성을 가지고 있다고 보아야 할 것이다.

한국과 중국은 지금 서로의 필요에 의해 움직이고 있음을 실제적으로 알 수 있는 것은 지금 한국에 들어 와 있는 중국인의 노동 인력이 30

만 가까이 있으며 중국에 들어와 유학 하고 있는 학생들을 포함에 중국의 거대한 시장을 공략하기 위해 상주하고 있는 사람들이 대략 30만 명을 상회 하고 있다는 사실 이다.

　이러한 때를 대비하여 한국교회와 선교 단체들은 새로운 패러다임을 가지고 대변혁에 대처 할 수 있도록 철저한 준비를 요구 하고 싶다.
　가급적이면 모든 가능성을 다 열어 두고 이에 대한 준비를 지금부터라도 성급한 마음으로 준비를 해야 한다. 만일에 한국과 중국의 외교관계를 통해 자유 왕래가 시작 된다면 우리들의 예측불허를 뛰어 넘어 상상할 수 없을 정도의 대변혁이 일어나리라 생각 한다.
　중국정부가 여행 자유화를 시도 한다고 보면 중국인들이 가장 가고 싶은 여행지는 우선적으로 한국을 선택 할 수밖에 없는 것이 지리적으로나 경제적으로 그리고 한류문화의 영향으로 엄청난 중국인들 최소한 10%를 계산 하더라도 1억 5천만 명이며 20%를 계산하면 3억 정도의 사람들이 한국을 찾을 수 있다는 단순계산 을 할 수 있다.
　지금부터 대비 한다고 해도 이른 것이 아니라 오히려 때 늦은 감이지만 우리 땅에 자기발로 들어오는 중국인들을 향한 선교 적 대안을 시급히 마련해야 할 것이다.
　한국교회는 그동안 중국에 들어와 유학을 하고 있는 잠재인력에 눈을 돌려야 한다.
　불과 빠르면 2 년 이내 늦어도 4년 이내에 실현 될 것이다. 여기에 대해 우리 한국교회가 공동적으로 대처 할 수 있도록 대안 마련이 시급 하다고 볼 수 있다.

한국교회의 아름다운 기독교적 전통문화가 이때를 대비하여 저들에게 영향력을 미칠 수 있도록 준비 되어야 한다. 지금 전 세계적 으로 한국교회의 새벽 기도 운동이나 선교운동 그리고 영적부흥 운동, 영성 운동, 기독교적 가치관으로 무장한 문화운동이 관심의 대상이 되고 있는 시점에 와 있다.

아름다운 문화 콘덴츠를 개발하여 중국교회에 유형무형으로 공급이 될 수 있어야 한다. 이제부터 잘 준비하여 영적으로 리더 할 수 있는 분위기 창출이 시급 하다고 볼 수 있다.

이제 한국교회는 교파운동 이나 개 교단 주의를 지양하고 역동 감 있는 새 시대에 새롭게 부응할 수 있는 협력과 상생의 시대를 열어 나가야 한다.

선교단체도 상호 보완적인 관계로 협력할 수 있는 공동적인 관심사를 개발 하여 연대해 나갈 때만이 아름다운 조화와 균형을 이룰 있으리라 생각 한다.

세계는 이제 지구촌 한 가족 한 울타리 같은 개념 을 가지고 있는 반면에 서로의 필요를 충족하기 위한 총성 없는 경제전쟁을 가져 오지만 선교전선에서 만큼은 대결 구도가 아닌 사단, 마귀와의 영적전쟁 임을 부인 할 수가 없는 것이다. 이제 우리 한국교회는 거시적인 안목으로 구원사적인 측면을 통해 세계를 바라 볼 수 있어야 한다.

이제 우리가 살고 있는 지구촌은 환경적으로 볼 때 마지막 시대를 향해 가고 있는 듯한 느낌을 갖게 한다.

중국이 한국교회 선교역사상 최대의 선교지인 만큼 우리 한국교회는 최대의 기회를 아름다운 모습으로 선용 할 수 있어야 한다.

역량 있는 선교사를 현지에 파송 하는 것은 물론 중국교회의 질서를 존중 하면서 서로 상호보완적인 방법을 구축하고 조직적 이고 효율적인 선교사 관리는 물론 후속 조치와 행정적인 관리도 염두에 두어야 한다.

지금 중국교회는 한국교회를 필요로 하고 있다. 경제적인 필요보다도 실제적인 교회 운영 관리와 목회자들의 자질 향상 및 교육에 관심을 보여 주기를 원하고 있다.

현지에서 사역하고 있는 선교사 상호간에 협력을 통해 사역의 극대화를 가져 올 수 있어야 한다. 그러기 위해서는 파송교회 그리고 파송교단 파송선교단체 간의 커뮤니케이션이 원할 하게 될 때 현지에 있는 선교사들도 서로 협력 할 수 있다고 본다.

교회와 교단 , 선교단체간의 간격이 좁혀지지 않고서는 현지사역이 아름다워 질 수 없음을 우리는 잘 알고 있다. 교회가 하나 됨을 간절히 원하는 주님의 심정을 이해하여야 한다.

이제 우리는 하나님의 구원역사의 마지막 때에 살고 있다고 해도 과언이 아니다.

이러한 때에 더욱 각성 하여 시대적 소명감을 가지고 중국선교 가 시대적인 요청임을 바로 인식 하면서 최선의 노력을 경주하여 하나님의 영광을 위해 마지막 승리의 팡파레를 울릴 수 있기를 기대 본다.

69. 중국선교, 보편적 해법 방안을 통한 대안

우리가 살고 있는 시대의 변천을 살펴보면 수렵시대 에서 농경 시대를 거쳐 산업사회의 단계를 넘어 이제는 정보화 시대로 급속할 정도로 패러다임이 급변하고 있다.

하나님의 말씀은 동일 하지만 우리 주변을 둘러싸고 있는 환경 에서부터 지구촌 문화가 하루가 다르게 급변 하고 있기 때문에 변화 할 수밖에 없는 현실을 간과해서는 안 된다.

지금의 시대는 모든 분야에서 스스로 변화 하거나 변화되지 않으면 살아남을 수 없는 위기의 시대라고 해도 과언이 아니다.

오늘의 중국에 불고 있는 변화의 강풍은 예측 할 수 없을 정도로 무서우리만큼 다양한 모습으로 시시각각 변하기 때문에 풍향계를 예의 주시 하지 않으면 안 된다는 사실 이다.

'중국선교는 왕도 가 없다'는 이 한마디로 오늘의 중국을 가늠 할 수 있어야 한다. 지나간 과거의 역사와 기록들을 유추해 보면서 거울로 삼을 수는 있지만 절대적 이지 않다는데서 우리는 다시 한 번 새로운 각오를 가져야 한다.

우리 안에 웅크리고 있는 골리앗과도 같은 자신과의 싸움에서 승리 하지 않으면 결코 사역 그 자체도 한계점을 극복 할 수 없다는 사실을 우리는 바로 알고 대처 할 수 있어야 한다.

수많은 한국교회와 목회자들과 심지어는 중국 현지 에서 사역하고 있는 사역자 들 조차도 중국을 마치 '장님이 코끼리 만지듯이' 부분적으로 사역을 이해하고 있다는 데서 갈수록 갭이 크질 수밖에 없음을 우리는 알아야 한다.

 현지에 대한 올바른 정보야 말로 사역을 효과적으로 수행 할 수 있는 단초를 제공하기 때문 이다. 대부분의 사역자들이 자신의 객관적 이고 지엽적인 한계를 극복 하지 못한 가운데 그 원인이 있음을 묵과 할 수 없으리라.

 우리 한국교회를 향한 주님과 세계의 기대가 크기 때문에 다소 중압감을 느낄 수는 있지만 그렇다고 해서 우리에게 맡겨진 책임마저도 회피하는 우를 범하지 말아야 한다는 사실 이다.

 오늘의 중국교회는 밀물처럼 밀려들어 오는 화교 사역자들과 한국의 사역자들 사이에서 적잖은 눈치를 보아 가면서 고민 하고 있음을 우리는 직시해야 한다.

 교회나 교단 선교단체나 선교사 들 간에 경쟁적인 공명심을 지양하고 '하나님의 선교'를 수행하는 한 지체로서의 통전적인 선교가 요구될 때 임을 우리는 심사숙고해야 한다.

 시대를 향하신 하나님의 구원역사의 흐름을 예의 주시 하면서 성령님과 함께 사역을 할 수 있을 때 만이 사역의 기대치를 상승 시킬 수 있다.

 오늘의 중국사회는 그동안 경제성장 일변도의 정책을 중시하다 보니 상대적으로 소외계층 들로 인하여 중국정부도 적잖은 고민을 하고 있음을 알 수 있다.

 체재 유지를 위해 정치적으로는 공산주의를 표방 하지만 경제정책은 시장 자유경제의 원칙에 입각하여 정책을 집행 하면서 민주주의화 현상이 표출 되어 지고 있다는 사실 이다.

 제반 사회의 문제점 들이 수면 하에 잠식 되어 있다가 이제는 서서히 부상 하고 있다고 해도 과언이 아니다. 중국교회로 하여금 이러한 사회적 책임에 대해 외면 할 것이 아니라 공동 관심사로 알고 교회가 효율적으로 대처 할 수 있도록 방향 제시를 할 수 있어야 한다.

교회는 '세상의 빛' 과 '세상의 소금'으로서의 본래적 기능을 제대로 수행 할 수 있을 때만이 교회로서의 정체성을 회복 할 수 있다.

사회의 조직과 제도와 법을 새롭게 만들고 개혁을 한다고 해서 변화 하지 않는다는 사실을 우리는 익히 체득하고 있기 때문 이다. 중요한 것은 사람이 변화 되지 않고서는 일시적인 허울에 불과 하기 때문 이다. 기독교적인 가치관이 누룩처럼 파급이 되어 질 때 다양한 패러다임이 제 기능을 발휘 할 수 있다고 단정 지을 수 있다.

세상은 앞서 나가는데 기독교적인 문화나 가치관이 세상문화를 지배 하지 못함으로 인해 파생 되는 수많은 문제 앞에서 우리는 결코 자유 롭지 못하다는 사실 이다.

살아있는 물고기가 강을 거슬러 올라가듯이 역동적인 크리스천들이 세상 속에서 진정한 자유를 누릴 수 있는 문화가 형성될 수 있기를 기대해 본다.

서구 유럽이나 미국의 문화가 자연스럽게 세상 속으로 스며들듯이 우리의 기독교적 가치관이나 정체성이 빛바랜 그림처럼 퇴색 되지 않았으면 한다.

중국은 지금 미국 다음 가는 강대국임에는 의심의 여지가 없다. 그렇지만 중국은 이 시점에서 만족 하지 않고 중국 '중화주의 사상'이 세상을 지배할 수 있게 하기 위해서 지구상에 혜성처럼 나타났다가 역사의 뒤안길로 사라진 강대국들의 흥망성쇠를 재조명 하면서 그들의 전철을 밟지 않고 다시 한 번 중국이 세계역사의 중심무대에 설 수 있는 야심을 가지고 있다는 사실을 우리는 간과해서는 안 된다.

 이러한 시점에 중국 기독교의 역할과 사명이 아름다운 모습으로 자리 매김이 될 수 있도록 한국교회가 관심을 가지고 상호 보완적인 협력을 통해 동반자적 으로 행진 할 수 있었으면 한다. 고정관념과 전근대적인 사고방식의 틀을 과감하게 과단성 있게 깨뜨려야 한다.
 그러기 위해서는 우리 스스로가 시대가 요구하는 패러다임에 능동적으로 대처하기 위해서 변화하지 않으면 안 된다.
 중국교회는 이제 유아기에서 소년기를 지나 청년기로 진입했음을 역사를 통해 증명 되어 지고 있는 시점에서 우리 한국교회의 역할과 자세도 변화 되어야 함을 잊지 말아야 한다. 중국선교는 지역에 따라 전략도 달라져야 함은 물론 이다.
 천편일률적인 잣대를 가지고 우리식으로 마음대로 재단해서도 안 된다. 유아독존 격으로 군림 하듯이 하는 방식을 탈피해야 한다. 어디가지나 한 지체임을 잊지 말고 겸손히 섬김의 위치에서 더불어 나아갈 수 있기를 기대해 본다.
 중국과 중국교회가 필요로 하는 다변화 된 프로그램 개발이 시급 하다고 볼 수 있다. 문화적인 선교와 교육선교를 체계화 시킬 대안 마련이 있어야 한다.
 언제까지나 음성적이고 편법인 방법으로는 사역의 한계가 있음을 우리는 바로 알고 새로운 대안 모색을 강구해야 한다.
 더불어 가는 선교 공동체적인 마인드를 가지고 마지막 시대에 한국교회와 세계교회가 한마음으로 중국선교에 매진하면서 사역이 극대화 될 수 있기를 기대해 본다.

70. 중국선교 사역의 효율성과 극대화 방안

 한국교회의 중국선교가 명실 공히 만 15 살의 나이로 접어들면서 다시 한 번 도약을 위한 새로운 접근방법의 시도가 필요한 시점에 도달하였다.
 이에 대해 사역의 효율성과 극대화 방안을 한국교회와 선교 관계자들과 현지 사역자들에게 방향설정을 통한 새로운 변화를 시도 하고자 한다.
 우리들은 항상 새로운 변화에 대한 극복대안을 마련하고 과감한 프론티어 정신을 가지고 상황 변화에 신축적 이면서 신속한 대책을 필요로 하는 시점에 와 있음을 자각해야 될 때 이다.
 지금 한국교회는 용량초과적인 과 부화 현상이 일어나고 있는 시점에 와 있다.
 우후죽순처럼 세워진 신학교 에서 배출된 인적 자원이 이제는 사회문제화 되고 있다고 해도 과언이 아니다.
 지금의 한국교회의 수많은 목회자들 가운데 수도권 에만 대략 수천명~수만 명의 무임 목회자들 가운데 일부분이겠지만 다단계로 몰려 선의의 피해가 속출하여 파급효과가 크다는 사실이 현실의 한국교회 문제를 대변해 주고 있다.
 한국교회의 개 교회 주의나 개 교단 주의 등으로 인하여 목회자 수급 계획의 불균등 현상이 오늘의 문제를 양산 했다는 사실 이다.
 무자격 목회자들(소명감과 사명감이 부족한)의 양산이 가져온 결과는 교회의 분열로 이어지고 목회자들을 향한 반목과 불신이 가져온 결과는 오늘날 한국교회 뿐만 아니라 사회의 공해와 같은 부작용이 곳곳에서 발생 하게 되어 사회가 교회를 바라보는 시각이 부정적으로 나타남은 당연한 결과 이다.교회 본래적인 기능이 이미 마비되어 제 기능을 발휘하지 못한 때가 오래 되었다.

 이에 대해 한국교회와 목회자들 그리고 선교현지 사역자들과 선교단체들에게 감히 제언을 하고자 한다. 먼저 우리는 시대를 향한 하나님의 구원 역사적인 관점에서 오늘을 직시해야 한다. 예루살렘 에서 출발한 복음이 이제는 지구를 돌아 태평양을 건너 중국에 머무르고 있음을 알 수 있다.
 지금 전 세계가 중국을 주목하고 있는 것도 바로 이런 이유 이다.중국을 향하신 하나님의 구원역사의 손길이 어떻게 역사를 하는지 볼 수 있어야 한다.
 그동안 중국 정부는 교회(특히 가정교회 중심)와 선교사들에 대해서 관용하지 못했다는 사실은 익히 알고 있는 사실 이다.
 복음을 향한 외로운 행진은 물론 많은 주의 종들이 여러 모양으로 어려움을 당했다는 사실은 알려진 사실 이다.
 하나님의 구원역사의 과정으로 이해 할 수 있다고 생각 되어 진다. 이제 중국의 영향력이 모든 분야에 국제적으로 그 영향력을 미치고 있음을 볼 때 올림픽을 기점으로 삼자교회를 중심으로 교회의 문이 대내외적으로 아름다운 모습으로 열려질 것으로 추측해 본다
 그렇기 때문에 우리는 이에 대한 대응방안을 모색해 두지 않으면 당황 할 수밖에 없으며 능동적인 변화에 수동적으로 대응 할 수밖에 없음을 알아야 한다.
 이제 우리 한국교회는 그동안 조선족(200만명) 위주의 선교중심축이 가져온 지리멸렬한 답보상태 에서 한걸음 나아가 과단성 있는 결단

을 통해 전 중국을 바라볼 수 있는 거시적인 안목을 가지고 비상해야 할 때 이다.

중국(960만 평방)은 우리 한국(99,000평방)에 비해 100 배에 가까운 면적과 인구비례(중국 15억/한국4,800만)를 보아도 30 배에 가까운 국가 이며 중국을 둘러싸고 있는 16 개 국가를 보더라도 선교 전략적으로 아주 중요한 나라이다.

이제는 한국교회가 중국선교의 중요성을 다시 한 번 자각하고 중국교회와 동반자적인 시각으로 접근해야 할 때 이다.개 교단주의를 지양하고 상호 협력을 통한 중국교회가 성숙될 수 있도록 해 주어야 한다.

중국교회의 요구와 필요를 채워줄 수 있는 협력선교가 되어 지기를 요청 한다.한국교회에 주신 축복은 인적자원 이다. 무한한 잠재능력이 갖추어진 인적자원을 적재적소의 원리에 따라 올바르게 사용 되어 지기를 강구해야 한다.

현재 한국교회의 최대의 장점은 그동안 유형, 무형으로 준비된 인적자원이 상대적으로 많이 준비 되어 있다는 사실 이다.

그러나 중요한 것은 그 고급 인력들이 방치 될 뿐 만 아니라 사장 되고 있다고 해도 과언이 아니다. 이것은 전적인 손실임 과 동시에 엄청난 자원의 낭비라고 지적하고 싶다.

준비된 인력들을 이제는 선교현장에 투입이 되어야 함은 당연한 사실이다.이를 위해서 한국교회가 선교인력 은행을 운영함으로 선교문화를 새롭게 창출할 수 있어야 한다.

문제는 선교인력을 필요한 선교지에 투입하기 위한 재정 확보가 관건이라고 볼 수 있다.지금 전 세계에 먼저 파송되어 사역을 하고 있는 선교지마다 인적자원의 고갈로 인해 창조적인 사역을 하기가 제한적 이라고 볼 수 있다.

이를 위해서 한국교회가 전 세계에 있는 우리 동포들과의 네트웍을 통한 인적교류 시스템 구축이 시급 하다고 볼 수 있다.

KOIKA(한국문화교류재단)와 같은 기구 마련을 통해 범 교단 적으로 범선교단체간의 협력 시스템 구축을 통해 사역의 효율성을 극대화 할 수 있기를 촉구 한다.

지금 전 세계는 우수한 인재를 확보하기 위한 총성 없는 전쟁을 치르고 있다. 특히 삼성이 글로벌 기업문화를 창조 하여 명품 애니콜을 탄생 시킨 것도 무관하지 않다는 사실 이다.

삼성이 배출한 인력이 지금 한국 전 기업에서 두각을 나타내며 세계 경쟁 속에서 선두주자를 위해 몸부림 치고 있는 사실 에서 우리는 배워야 한다.

중동 두바이 신화는 몇 사람의 창조적인 사고를 통해 중동의 작은 한 어촌을 세계의 허브 국가로 자리매김을 하고 있다는 사실이 결코 우연이 아니다.

이제 우리 한국교회도 기업문화 에서 지혜를 배워야 한다. 전 세계 각 선교지 마다 우수한 인재를 발굴하여 이를 시스템화 하고 체계적이며 조직적으로 전략적인 선교를 통해 효과적인 열매를 거둘 수 있어야 될 때 이다.

경쟁 지향성 보다는 상호 협력 시스템을 구축해 나가야 한다. 우리가 이 시대를 바라보는 안목과 시각을 좀 더 넓고 멀리 그리고 깊게 높이 바라보자.

71. 총성 없는 영적전쟁터 에서 살아가는 선교사들

해외에 나가 있는 기업인들에 대해서 '총성 없는 전쟁을 치른다' 는 표현을 사용하는 것을 언젠가 기사에서 읽으면서 타문화권(회교문화권, 불교문화권)이나 공산문화권에 나가서 사역을 하고 있는 선교사들을 일컬어서 진정으로 총성 없는 영적 전쟁터 에서 살아가고 있다는 표현이 더욱 잘 어울린다는 생각 이다.

오늘도 총성 없는 영적 전쟁터에서 복음으로 무장한 선교사들이 사방의 감시 체재 하에서 때로는 카멜레온처럼 본능적으로 자기 보호색을 띠고 자신을 은폐할 수 있어야 하는가 하며 때로는 야누스처럼 두 얼굴의 모습으로 살아 갈수 밖에 없는 비극의 현실 이다.

숨을 죽이며 보이지 않는 영적 전쟁을 치르고 있는 작금의 현실을 우리 한국교회와 성도들은 간과해서는 안 된다는 사실을 명심해야 한다.

전쟁터에 나가 있는 군인들이 한가하게 관광이나 즐기고 잡담이나 하면서 희희낙낙 한다면 이미 군인의 자격을 상실한 패잔병에 불과 할 수밖에 없음을 우리는 잘 알고 있다.

차제에 총성 없는 영적 전쟁터 한가운데서 승리 할 수 있는 길을 우리는 다시 한 번 상기 하면서 하나님의 영적 군인으로서 십자가로 승리 할 수 있기를 기대해 본다.

먼저 선교현장은 언제나 영적 긴장감이 있다는 사실을 알아야 한다.

사람이 인생을 살면서 때로는 영적 긴장감을 가지고 살아간다는 사실은 우리에게 언제나 각성을 가지게 한다는 사실 이다.

긴장감이 없는 삶이란 자칫 삶이 무미건조 할 뿐만 아니라 태만을 가지고 올 수 있다는 사실을 우리는 간과 하지 말아야 한다는 사실 이다.

나아가서 선교현장 에서 승리 할 수 있는 비결은 말씀과 기도만이 영적전쟁 에서 우리를 승리 하게 한다는 사실 이다.

수많은 선교사들이 사역현지 에서 실패하는 근본적인 원인은 말씀의 영양실조에 걸려 있을 뿐만 아니라 기도의 부족으로 인하여 하나님의 뜻과는 상반된 삶을 살아 갈 때가 많다는 사실 이다.

선교사들 스스로 영적 자가진단을 통해 새롭게 거듭남은 물론 변화되지 않으면 자신은 물론 사역자체도 실패하고 만다는 사실을 직시해야 한다.

선교사들은 누가 간섭하는 사람이 없기 때문에 방종에 빠져들기 쉬울 뿐만 아니라 주변의 유혹에 쉽게 노출될 수밖에 없음을 알아야 한다.

오늘날 전 세계에 나가있는 선교사들이 본연의 자리에서 이탈하여 탈선하는 경우들이 많으며 본질적인 사역과는 무관하게 생활전선에 뛰어드는 경우가 많은 것은 물론 한국교회도 동일한 책임을 간과해서는 안 된다는 사실 이다.

이제는 선교현장을 한국교회가 공동책임을 가지고 새로운 패러다임으로 나아갈 수 있어야 한다는 사실 이다.

한국교회도 이제는 더 이상 선교현장 방문을 관광을 위주로 하는 1회성 방문은 가급적이면 지양해야 한다.

한국교회 에서 방문 하는 목회자들이 관광을 염두에 두고 선교 지를 방문 하는 한 현지사역을 하고 있는 선교사들에게 더 이상 무엇을 기대 할 수 있단 말인가. 선교지 마다 한국교회 목회자들이 선교를 빙자해서 몰려다니는 사실은 언제 오늘의 일이 아니다.

선교지 방문 이후에 나타나는 후유증은 오히려 선교를 방해하는 결과만 초래 할 뿐 이라는 사실 이다.

선교지에 방문하는 목회자들 일수록 진정으로 선교 지를 사랑 할 뿐만 아니라 철저하게 말씀준비와 기도를 통해서 영적 은혜를 끼칠 수 있어야 한다.

해외방문 이나 관광형식의 선교지 방문은 현지에 있는 선교사들이 가급적이면 사양해야 한다.

평신도들은 평생 교회를 섬기며 봉사 하면서 해외여행 한번 나오기가 쉬운 일은 아니지만 오늘의 한국교회 목회자들은 도시교회는 물론 이거니와 농촌교회 심지어 미 자립교회나 무임 목회자들까지도 해외여행이 선교를 빙자하여 비일비재 하게 이루어지고 있다는 사실 이다.

여행사들의 상업주의에 맞물려 돌아가는 오늘의 한국교회 성지순례 상품이나 해외 선교지 방문이 순기능은 고사하고 역기능을 초래 하고 있다는 사실은 이미 잘 알려져 있다는 사실 이다.

이제 우리 한국교회는 선교가 하나의 이벤트 상품이 아니라는 사실 이다. 백화점에 있는 나열식 끼어 맞추기 상품이 아니라는 사실을 우리는 바로 알아야 한다.

선교는 해도 그만 안 해도 그만 이라는 사실이 아니라 교회의 근본적인 존재목적 자체가 선교라는 사실을 명백하게 성경이 말해 주고 있기 때문이다.

선교에 대한 바른 인식 이야말로 선교를 새롭게 할 수 있는 출발점이다. 오늘날 한국교회와 목회자들이 선교에 대한 인식이 왜곡되어 있는 까닭에 바른 선교를 기대 할 수 없다는 사실 이다. 선교신학적인 관점이 아니더라도 성경을 바르게 읽을 수만 있어도 진정으로 주님이 원하는 선교가 무엇 이지 잘 알 수 가 있다.

 총성 없는 영적 전쟁터 에서 살아가는 선교사들에 대해서 한국교회는 새롭게 인식을 하고 후방 병참선 기지로서의 역할은 물론 새로운 선교지에 대한 나침반의 역할을 잘 해 줄 수 있어야 한다.

 이제는 성숙된 한국교회의 선교역량을 제대로 보여 줄 수 있기를 기대해 보면서 차제에 우리 모두는 선교를 새롭게 인식 하여 윈-윈 전략을 통해 승리의 팡파레를 힘 있게 울릴 수 있기를 기대 한다.

72. 패러다임 전환을 통한 새로운 중국 선교 전략

21 세기의 가장 강력한 국가로 부상하고 있는 중국은 이제 전 세계에 위협의 대상임과 동시에 기회의 땅 이기도 하다. 정치, 경제, 문화, 역사 어느 방면 에서도 중국을 제외 하고서는 대화가 불가능 하다는 사실은 어제 오늘의 일은 아니다.

지금 전 세계의 핵심 키워드는 단연 중국임에는 틀림이 없다.

세상은 하루가 다르게 급변 하고 있는 반면에 우리의 선교 전략이 전 근대적인 방법만을 고수 하고 원론적인 것만 고집 하고 추구 한다면 시대에 뒤 떨어질 수 밖 에 없음을 알아야 한다. 오늘의 중국을 바라보면서 시대에 맞는 패러다임을 새롭게 구축 하지 않으면 우리 한국 교회의 중국선교는 진일보는 고사 하고라도 뒷걸음만 치다가 마는 것이다.

먼저 전통적인 농촌선교에서 이제는 도시산업 선교로 전환을 해야 한다.

중국의 농촌 인구가 급속도로 감소하고 있는 반면에 도시 인구가 팽창 하고 있기 때문 이다.

이전에는 중국의 농촌 인구 비율이 80 %였지만 근래의 비율은 70 % 이하로 계속 감소 추세이다. 기계문명의 발전에 더불어 농촌의 젊은이들이 도시로 나가고 있기 때문 이다.

광동성의 경우 공장에 와서 일하는 젊은이들만 대략 9,000 만 명이나 된다는 사실 이다.

산동성 청도에 있는 우리 한국 기업만 하더라도 줄잡아 만개 이상이나 있음을 우리는 간과해서 는 안 된다.

한국교회의 경우를 보더라도 1960 년대의 산업화 시대에 농촌의 젊은이들이 공단으로 몰려와 도시산업 선교에 대한 전략을 통해 공단에서 일하는 젊은이들에게 복음이 효율적으로 전해졌기 때문 이다.

그리고 우리의 선교 패러다임을 학원선교로 많이 전환을 해야 한다는 사실 이다. 중국의 대학교를 졸업하는 학생들이 매년 500 만 명이나 된다는 사실은 다시 한 번 체계적인 학원선교에 전심을 기울여야 할 때 이다. 현재 중국의 대학교(전문대 이상)는 3,000 여개 정도 이다. 지식인들을 선교의 대상으로 삼아야 함은 당연 하다고 볼 수 있다.

그동안 우리 한국교회는 농촌을 중심으로 사역을 하다 보니 믿고 주께로 돌아온 사람들은 많았지만 재 생산적인 측면 에서는 효과를 거두지 못했음은 자명한 사실 이다.

자연적으로 중국교회의 지도자들 대부분이 세상 학력을 비교해 볼 때 2/3 이상이 초등학교나 중학교 수준에 불과 하다는 사실 이다.

정확한 통계는 모르지만 중국은 지금 대학교 이상을 졸업한 사람들이 최소한 수 억 명이 된다는 사실을 우리는 알아야 한다.

우리 한국도 마찬 가지였지만 중국 이라고 예외가 아닌 것은 비록 부모들은 배우지 못했어도 자식들 에게는 농사를 지어서라도 공부를 가르쳤기 때문 이다.

나아가서 이제는 현재 목회를 하고 있는 평신도 목회자들을 전문적으로 훈련을 시켜서 사역을 할 수 있도록 해 주어야 한다. 지금 중국교회의 70 % 이상이 정규신학교를 졸업 하지 못하고 목회를 하고 있는 실정 이다.

우리 한국교회는 지금 전문 인력이 넘쳐나고 있다. 준비된 인력이 사역지가 없어 유리방황함으로 사회문제화 가 되고 있다고 해도 과언이 아닌 오늘의 시점에서 우리 한국교회는 저들을 제도적 인 관리를 통해 선교지에 재배치 할 수 있는 시스템을 마련해서 조직적으로 필요한 선교지에 파견 할 수 있어야 한다.

 이때를 위해서 우리 주님은 일찍이 예비해둔 인력 이라는 사실을 우리는 분명히 알고 효과 적으로 대처 할 수 있어야 한다. 저들을 유효 적절 하게 활용 할 수 없다면 분명 한국교회의 엄청난 손실 이라는 사실을 우리는 알아야 한다. 범 교단적인 대책 마련이 시급 하다고 볼 수 있다.
 수도권만 하더라도 현재 무임 목회자가 수천 명 이라는 사실은 그동안 한국교회는 교단간의 경쟁이라는 허울 좋은 미명하 에 양적인 것에만 치중하고 무분별 하게 신학 원을 세워서 목회자들을 양산했기 때문이다.교단간의 목회자 수급계획을 바로 세워서 인력관리를 제대로 했더라면 이와 같은 현상은 일어나지 않았으리라 생각 한다.
 뿐만 아니라 한국교회는 전문화된 사역을 할 수 있는 사역자들이 현지 사역에 많이 필요로 하고 있음을 알아야 한다. 지금 중국교회가 필요로 하는 것은 주일학교 교육이나 성가대 및 청년사역에 대한 전문화 된 사역을 필요로 하고 있다. 중국 종교법에 의하면 18 세 미만 에게는 복음을 전하지 못하도록 되어 있으며 교회에서 이를 위한 집회를 금하고 있는 것은 주지의 사실 이다. 하지만 어린 영혼의 소중함을 아는 교회 에서는 정부의 눈을 속이면서도 믿음으로 주일학교를 운영 하고 있는 교회들이 많이 있다.
 주일학교를 어떻게 운영해야 하는 지 어린 영혼들에 대해 무엇을 어떻게 가르쳐야 하는지 이에 대한 구체적인 대안 마련이 있어야 한다. 그리고 대부분의 농촌교회는 반주자가 없이 예배를 드리는 교회가 많다. 이를 위해서 음악학교 운영을 통한 교회 반주자와 성가대를 조직 할 수 있도록 전문 인력 을 훈련 시켜 주어야 한다.

　마지막으로 중국교회가 선교하는 교회로 패러다임을 바꾸어 줄 수 있어야 한다. 오늘의 한국교회 부흥성장의 이면에는 미국 선교사들로부터 전해들은 복음의 빚을 우리 한국교회가 전 세계에 선교사를 파송함으로서 주님의 지상 명령을 수행했기 때문 이다. 전 세계에 흩어져 있는 화교들의 숫자가 6,000 만 명이나 되고 있는 중국의 영향력은 가히 폭발적 이라고 볼 수 있다. 중국교회의 사명은 아랍권(회교)복음화이다. 이를 위해서 전 세계 교회는 물론 우리 한국교회가 저들이 마지막으로 이 사명을 감당 할 수 있도록 선교 인력을 훈련 시켜 주어야 한다. 하나님 의 구원 역사의 최대 정점은 이스라엘 민족의 구원 이다. 그러기 위해서는 아랍권의 장벽을 뛰어 넘어야 만이 이스라엘 민족의 구원을 이룰 수 있다고 생각 한다.
　이제는 중국교회가 경제발전과 더불어 선교하는 교회가 될 수 있도록 해 주는 길이 우리에게 주어진 사명임을 다시 한 번 자각 하고 총력을 다 해 전진 할 수 있기를 기대 해 본다.

73. 중국선교, 사역의 사회적 책임과 상관관계

　최근 인도네시아 정부가 기업에 대한 사회적 책임문제를 정식 입법화 시킴으로 향후 전 세계적 으로 영향력이 미칠 것은 당연한 일 이라고 볼 수 있다. 당장 인도네시아에서 사업을 하고 있는 기업인들로부터 인도네시아에 대한 사회적 책임에 대해 심각하게 고민 하지 않을 수 없는 현실 이다.

일지기 U. N 에서도 '사회적 책임' 문제를 거론 한 적이 있다. 차제에 우리는 그리스도인으로서의 사회적 책임문제를 논 할 때가 되었다고 생각해 본다.

우리 한국뿐만 아니라 전 세계적인 추세는 사회적 책임에 대한 이슈가 공론화 되고 있는 시점에 와 있다. 자연인 이라 할지라도 우리는 사회를 떠나서는 살아 갈 수 없기 때문에 당연히 사회적 책임을 간과 할 수 없기 때문에 이 문제에 대해서는 우리 스스로가 냉철하게 고려해야 할 필요성을 느끼기 때문임은 자명 하다.

오늘날 한국교회의 사회적 책임에 대해 세상이 보는 측면은 예전에 비해서 긍정적인 면보다도 부정적인 면이 부각 된 것은 그리스도인들의 사회적 책임에 대해 망각된 자세는 물론 이지만 최근 아프가니스탄에 봉사활동을 통해 탈레반들에 인질로 잡힌 이후 언론의 대미를 장식하고 부터 한국교회와 한국교회 성도들에 대한 갑론을박이 도마 위에 오르기 시작 하였다는 사실 이다. 중국에서 사역을 하고 있는 한 선교사로서 중국사역을 하면 할수록 중국과 중국인에 대한 사회적 책임에 대해 늘 염두에 두고 부분적으로 선교사로서의 사회적 책임에 대한 사역현실과 입장을 정리해 볼 필요성을 정리해 보는 것이 거시적인 관점에서 볼 때 바람직한 일이기 때문 이다.

현지사역을 통해 선교사로서의 사회적 책임을 어떻게 감당해야 할 것인가에 대한 합리적인 대안마련이 우선적 이라 생각 한다.

그렇지만 오늘의 현실이 현지에서 살아가고 있는 대부분의 선교사들은 생활자체가 힘들기 때문에 사역이나 사회적 책임에 대해서는 쉬운 일이 아님을 언급할 필요성을 느끼면서 한국교회가 파송한 선교사들에 대해서 이 부분을 수용 할 수 있도록 대책과 대안을 필요로 하기 때문 이다.

가급적이면 현지문화를 존중 하면서 공격적인 선교는 자제해야 함은 지극히 당연 함은 물론이다. 직접적인 선교 보다는 현지교회의 지도자들을 통해서 아름다운 협력사역에 대한 상호보완적인 관계설정이 중요 하다고 생각 한다.

대부분의 선교사들은 현지인들과의 커뮤니케이션의 부재로 일방적인 선교를 통해 사역의 효율성은 차지하고서라도 오히려 선교지의 질서를 깨뜨리며 불신감을 증폭 시키고 있다고 해도 과언이 아니다.

선교사의 사회적 책임을 거론하기 앞서 현지교회와 사역자들을 우선적으로 존중 하면서 저들의 요구를 겸허히 수용해 주면서 함께 협력할 수 있는 대안 마련이 시급하다.

대부분의 기독교인들의 사고는 타종교에 대해 무조건적으로 배타주의적인 근성을 가지고 있다. 상대방의 종교에 대해서는 일고의 가치도 없다는 듯한 사고방식의 구조는 개선해야 될 여지가 있다고 본다.

물론 성경은 유일신 사상을 강조 하고 있는 것만은 틀림이 없다. 그런 관계로 우리들은 타종교에 대한 이해보다는 배척 과 배타주의로 일관함으로 사회적으로 기독교인들에 대한 반감의식을 불러일으키게 된 원인이 오늘 우리에게서 찾아야 한다.

우리 입장에서 본다면 기독교를 제외한 모든 종교는 물론 구원이 없는 것임에는 틀림이 없는 것은 성경이 그렇게 말하고 있기 때문 이다.

그렇다고 해서 우리들의 선교 방법이 무조건적으로 옳다는 것만은 아니다. 하나님은 세상을 사랑 하셨고 세상을 구원하기 위해 이 땅에 오셨다는 사실을 우리는 간과해서는 안 된다.

세상 속에서의 그리스도인의 사회적 책임 (빛과 소금의 역할)을 도외시 하고 일방적인 선교 방법만을 고집함으로서 천편일률적인 대동소이한 방법을 가지고 세상 속으로 들어 감으로 인해 파생되어지고 야기되어진 문제들이 많았다는 사실 이다.

기독교인들만의 특유의 고집과 편견 그리고 아집이 비기독교인들 에게 투영 되어지는 모습이 아름답지 못한 모습으로 비춰지기 때문에 오늘날의 기독교가 가십거리로 회자 되고 있음을 우리는 반성의 계기로 삼아야 한다.

기독교의 구원 사상은 인간의 노력을 배제한 하나님의 일방적인 은혜로만이 되어 진다는 사실을 성경은 교훈 하고 있다.

그렇기 때문에 그리스도인으로서의 사회적 책임을 올바르게 감당 할 수만 있어도 비 기독교인들에게 기독교가 지탄의 대상이 될 수 없다는 사실 이다. 구원문제는 하나님의 주권이기 때문에 왈가왈부 할 성질이 아님을 명심해야 한다. 이제는 구원받은 그리스도인의 대 사회적 책임만이 요구 될 뿐 이다.

이제 전 세계에 나가서 사역하고 있는 선교사들은 선교지 국가의 문화와 전통, 제도 를 존중 하면서 어떻게 하면 선교를 현지문화 속에서 아름답게 토착화 시켜야 하는 것은 오늘 우리들의 책임 이라고 볼 수 있다.

무조건적으로 교과서적인 사역만을 고집하고 그대로 현지에 이식 하는 것이 중요한 것이 아니라 저들의 전통과 문화 안에서 아름답게 수용 되어 질 수 있도록 특단의 노력을 경주해야 할 것이다.

본질적인 것에서 벗어나지 않는 범위 안에서 비본질적인 것은 과감하게 형식의 틀을 깨어 버리고 현지 상황에 맞게 조화와 균형 감각을 가지고 나아갈 수 있어야 한다.

선교지 문화를 존중하고 저들을 이해 할 수 있어야 한다.

우리식만이 옳은 것이 아니라는 사실을 바로 인식 하면서 저들의 삶을 이해하고 존중 하는 풍토가 선행 되어져야 한다.

이제 우리는 그리스도인 이라는 이유 하나만 으로 사회적 책임을 간과 하지 말아야 한다. 그리스도인은 특별한 사람이다. 그러기 때문에 세상이 우리를 엄격한 잣대로 적용하고 특별하게 취급 하려고 하는 것은 지극히 당연 하다.

그러므로 우리에게는 사회적 책임이 갈수록 중대 하다고 볼 수 있다. 이제 우리는 근시안적인 구조의 틀을 벗어나 거시적인 안목을 가지고 세상을 관조 할 수 있어야 한다.

그리스도인이나 교회와 선교사들도 이제는 과감하게 전근대적인 사고의 틀에서 안주 하지 말고 천국 백성답게 웅지의 나래를 힘차게 펴고 비상 할 수 있기를 기대 한다.

세상 속에서 세속문화를 따라 안주하며 떠내려 갈 것이 아니라 힘차게 세상과 세속문화를 극복하며 거슬려 올라갈 수 있어야 한다.

더 나아가서는 세상을 리드 할 수 있는 자질을 갖추어 세상 속에서 그리스도인의 사회적 책임을 담대하게 수행 할 수 있을 때만이 오늘의 기독교가 정체성을 바로 찾을 수 있게 되어 질 때 완성 되어 질 수 있다.

74. 중국교회와 아랍권 선교의 상관관계 이해

최근 아프간사태를 통해 탈레반에 인질로 잡혔다 42 일 만에 풀려난 23 명의 한국인에 대한 국제적인 여론의 주목을 받고 있는 시점에 한국교회의 공격적 선교문제가 제기 되면서 자성의 소리와 함께 아랍선교에 대한 선교뿐만 아니라 한국교회의 선교에 대한 전반적인 새로운 시각이 대두 되고 있는 시점에 와있다.

이런 가운데 샘물교회 에서는 다시 '기존의 선교방식에 대한 반성과 정부의 허가를 전제로 장기적으로 아랍선교를 계속 하겠다' 는 데서 여론의 귀추가 주목 되고 있다.

차제에 우리는 다시 한 번 한국교회의 선교 적 상황과 향후 선교 적 재검토가 필요한 시점에 와 있기 때문에 주관적인 시각의 틀 을 벗어나 객관적인 관점을 토대로 시대적으로 한국교회의 선교에 대한 전반적인 성찰이 필요 하다고 본다.

한국에 복음이 들어 온 시기는 카톨릭의 경우 1784 년을 기준시점 으로 삼고 있지만 개신교 에서는 1884 년을 그 기준시점으로 삼고 있다.

한국교회의 최초 개신교 선교사로서는 1884 년도 인천 제물포항 으로 입국을 하여 사역을 시작한 알렌(의사 신분) 과 1885 년도에 들어와 알렌과 함께 합류한 언더우드 와 아펜젤러를 초기 선교사로 분류를 하고 있다.

초기 선교사인 알렌과 언더우드 아펜젤러는 그 당시 병원과 학교를 세워 의료선교와 학원선교를 시작 하면서 한국에 복음을 전하게 되었다.

알렌이 세운 한국 최초의 병원이 광혜원 이며 그 후 제중원으로 발전

하였으며 오늘날 세브란스 병원으로 크게 발전을 할 수 있었다.

 선교사들이 세운 최초의 학교가 경신중학교 이며 이후에 수십 여 개의 학교가 세워져 교육사역을 통한 선교의 초석을 마련했으며 이화여대, 연세대, 배재대등 유수의 대학이 그 당시에 선교사들이 세운 학교들 이다.
 한국교회는 초기 미국과 캐나다 네덜란드 등지 에서 찾아온 저들의 헌신과 희생의 바탕위에 세워짐 으로 인하여 사랑의 부채를 짊어지게 되었다.
 향후 한국교회가 부흥과 성장 발전을 함에 따라 성경의 원리대로 교회의 선교 적 책임에 따른 사명을 수행하기 시작 하였다.
 그 결과 한국교회는 전 세계로 선교 적 사명을 가진 사람들을 훈련시켜 파송 하게 되었으며 오늘날 미국 다음으로 선교 역사상 두 번째로 많은 선교사들을 파송하는 나라로 발돋움 했다고 볼 수 있다.
 이는 세계교회 선교 역사상 불가능한 일임에는 틀림이 없음을 역사가 증명 하고 있으며 전 세계교회가 이로 인하여 한국교회에 주목을 하고 있다는 사실이 증명 하고 있다.
 전적인 하나님의 은혜임과 동시에 한국인들만이 할 수 있는 특수적 기질과도 상관관계가 있다고 볼 수 있다. 이것은 전적인 은혜의 역사 이기에 더 이상 설명이 불가능 하다는 사실 이다.
 이제 오늘의 중국교회와 아랍선교에 대한 상관관계에 대해서 함께 토론 하고자 한다.
 한. 중간의 외교적 수교가 1992 년에 시작이 되어 15 년의 역사를 가지게 되었다. 한. 중 수교 15 주년을 맞이한 오늘 두 나라의 정부는 서로의 우의를 다짐 하면서 자축하는 분위기를 연출하고 있음을 메스미디어를 통하여 전해지고 있다.

　한국교회가 본격적인 중국선교를 시작 한지가 15년의 역사를 가지게 됨으로 인하여 다시 한 번 한국교회의 중국선교에 대해 이해와 성찰을 필요로 하는 시점에 와 있다.

　1992년도에 한. 중 수교를 계기로 북방선교의 문이 열림과 동시에 한국교회는 성급할 정도로 중국을 제대로 이해도 하지 못한 가운데 무분별 하게 경쟁적으로 중국에 밀물처럼 들어오기 시작 하여 오늘에 이르렀다.

　이제 우리는 '중국선교 이대로 좋은가 ? 라는 시각을 가지고 아프간 사태를 거울로 삼아 교훈을 잊지 말고 다시 한 번 검토를 해야 하는 시점에 와 있기에 냉정 하면서도 주도면밀하게 중국선교를 돌아볼 수 있는 기회를 가졌으면 한다.

　개신교는 카톨릭(로마 교황청을 중심으로 한 단일집단 체재) 과는 다른 개체교회 주의요 개체교단 주의라는 문화적 특성을 가지고 있다.

　개신교의 이런 문화를 이해하지 않고서 함부로 교회를 제단 해서는 안 된다고 볼 수 있다. 이런 특성을 안고 있는 관계로 선교 역시 예외는 아니다.

　개체 교회 에서 아니면 개체 교단 에서 선교사를 제 각기 파송 하다 보니 무분별 하게 보이게 되었으며 무질서한 가운데 서로 경쟁적으로 선교사역을 수행 하다 보니 수많은 문제점이 도출 되고 말았다는 사실이다.

　초대교회의 선교역사를 보면 안디옥 교회를 중심으로 일사분란 하게 움직인 것과는 정반대의 현상이 한국교회의 특성상 경쟁적인 선교 결과를 가져 오게 되었다.

오늘의 중국선교 역시 그런 문화적 배경을 토대로 형성 되다보니 순기능적인 면 보다는 역기능적인 면이 부각 되어 부정적인 시각으로 비춰지게 될 수밖에 없음을 이해하여야 한다는 사실 이다.

중국교회는 예전의 중국교회가 아니라는 사실을 우리는 망각하지 말아야 한다. 이제 중국교회는 한국교회와의 파트너 보다는 서서히 화교들과의 네트웍 중심체재를 구축 하여 나가고 있음을 예의 주시 해야 될 부분 이다.

한국교회의 중국선교는 아직도 초보 단계를 벗어나지 못한 가운데 구태의연한 방식을 가지고 여전히 선교에 임하고 있다는 사실을 간과해서는 안 된다.

이제 수많은 중국교회는 한국교회 선교 방식에 식상해 가고 있음도 우리는 직시해야 한다.

전 세계에 흩어져 있는 화교 교회들이 서서히 기지개를 켜면서 밀물처럼 밀려들고 있는 오늘 한국교회와 현지에 나와 있는 선교사들이 정신 차리지 않으면 중국에 설 자리를 서서히 잃어 가고 있다는 사실을 볼 수 있는 안목이 필요 하다는 사실 이다.

차제에 우리 한국교회는 아랍선교에 대한 인식을 새롭게 해야 될 시점에 와 있다. 굳이 우리들이 아랍을 복음화 해야 한다는 환상을 버리는 것이 우선적으로 중요 하다고 볼 수 있다.

왜냐하면 하나님께서는 이미 중국 사람들을 통하여 아랍선교의 문을 지금 열어젖히고 있기 때문 이다.

중국정부가 석유자본 확보를 전제로 아랍권역 과의 수교를 통해 현재 아랍지역 에서는 중국 사람들을 환영하는 분위기임을 우리는 감지해야 한다.

이 일은 우리에게 중국선교를 다시 재정비해야 하는 시점에 직면해 있다고 보아야 한다. 다시 말하면 한 단계 성숙한 자세로 중국을 새롭게 보아야 한다는 사실 이다.

지금 중국 에서는 요원의 불길처럼 전국에서 젊은이들이 일어나고 있음을 우리는 하나님이 주신 절체절명의 기회로 받아 들여야 한다는 사실 이다.

'아랍선교는 중국인으로 하여금' 이란 캐치프레이즈는 어떨까 생각해 볼 수 있는 발상의 전환을 한국교회가 가져 보았으면 한다.

중국교회는 지금 '선교의 중국' 이라는 찬양이 힘 있게 불려지고 있음을 우리는 바로 볼 수 있어야 한다. 마치 세계선교는 우리가 독식해야 한다는 사고를 경계할 때 가 왔다.

반드시 한국을 통해서만이 세계 복음화를 이루시는 하나님이 아니라는 사실을 망각 할 수 있어야 한다.

아랍선교를 중국교회가 할 수 있도록 여건과 문화를 조성하여 저들로 하여금 사명감을 고취 시키고 젊은이들을 훈련 하여 거부감이 없는 아랍지역에 파송 할 수 있어야 한다.

이 일을 위하여 한국교회와 중국교회가 서로 전략적으로 사역에 대한 새로운 논의를 필요로 한다는 사실 이다.

75. 새롭게 디자인 되어야 하는 중국선교

　우리 앞에 놓여 진 역사의 현실을 직시 하면서 끊임없이 변화하고 있는 새로운 역사의 변혁을 지켜보며 다시 한 번 역사의 주관자 되시는 전능하신 그 분 앞에 겸손히 무릎을 꿇을 수밖에 없음을 고백 한다.
　시대의 변혁은 우리로 하여금 새로운 패러다임의 구조 속에서 위기와 기회를 동시에 제공함으로서 새롭게 펼쳐지는 역사에 도전과 응전을 통해 비상의 나래를 힘 있게 펼칠 수 있기를 요구 하고 있는 시점에 와 있다고 볼 수 있다.
　중국사역을 시작 한지가 16 년차를 맞이하지만 여전히 중국사역이 중압감으로 닥아 오는 것은 사명감의 부족보다도 시대를 향한 주님의 섭리하심으로 볼 수 있기를 기대 한다.
　국제사회 속에서 차지하는 중국의 영향력을 극대화 시킬 수 있는 절호의 기회를 맞이하고 있는 시점에 와 있기 때문 이다.
　지금은 전 세계의 이목이 중국으로 향하고 있다고 해도 과언이 아닌 것은 중국이 가지고 있는 무한한 잠재력의 가치가 전 세계인들 에게는 기회와 희망의 땅 이기 때문 이다.
　전 세계 1/4 을 차지하고 있는 인구는 엄청난 구매력을 지니고 있는 반면에 960 만 평방키로의 넓은 대륙은 세계인들 에게는 아직도 미지의 땅으로 무한한 가치를 지닌 것으로 평가를 하기 때문에 세계인들의 가슴속에 중국 이라는 수식어를 통하여 희망을 가져 다 주고 있다고 볼 수 있다.

인류의 역사는 창조 이래 인간들의 도전과 응전을 통해서 끊임없이 항상 새롭게 쓰여 지고 있다고 볼 수 있다.

지구상에 수많은 나라들이 일어났다가 역사의 뒤안길로 사라지는가 하면 한 나라 속에 보이지 않는 미미한 존재처럼 여겨지던 종족들이 힘을 합하여 새로운 자신들만의 둥지를 만들기 위해서 투쟁을 벌이는 일들이 지금도 계속적으로 일어나고 있음을 우리는 알 수 있다.

시대는 하루가 다르게 변혁되어 지고 있는 변화무쌍한 시대에 우리가 살 고 있다고 해도 과언이 아니다. 전도서 기자의 말처럼 "이미 있던 것이 후에 다시 있겠고 이미 한 일을 후에 다시 할지라. 해 아래는 새것이 없나니 무엇을 가리켜 이르기를 보라 이것이 새것이라 할 것이 있으랴 우리가 있기 오래 전 세대들에도 이미 있었느니라.

이전 세대들이 기억됨이 없으니 장래 세대도 그 후 세대들과 함께 기억함이 없으리라" (전1:9~11) 이미 성경을 통해서 역사에 대해 바르게 인식을 하도록 언급 하고 있다는 사실 이다.

급속하게 변혁이 되고 있는 시대의 흐름을 보면서 우리는 시대가 요구하는 방향으로 변혁 되어져야 한다는 사실을 간과해서는 안 된다.

하나님의 말씀은 영원불변의 진리 이지만 우리 앞에 놓여 있는 상황이 우리로 하여금 수시로 변화를 요구함으로 우리는 신속하게 대처 할 수 있는 패러다임을 구축 할 수밖에 없음을 보여 주고 있다. 지금 우리는 스피드를 요구하는 다변화된 사회 속에서 살아가고 있다.

시세를 바로 볼 수 있는 안목이 없으면 퇴보 할 수밖에 없는 현실을 직시하고 능동적으로 대처해 나 갈 수 있는 지혜가 필요 하다고 볼 수 있다.

중국의 변화와 발전 속도는 아무도 예측 불가능 할 정도 로 전진 하고 있다. 지금까지 의 방법론만 가지고는 수동적인 상황인식 안에서 구태의연한 교과서적인 근시안적 방향만 제시 할 수밖에 없다.

이제 우리는 중국선교를 새롭게 디자인 할 수밖에 없는 상황에 처해 있음을 알아야 한다. 그러기 위해서는 처음부터 다시 시작하는 마음으로 중국을 접근해야 한다는 사실 이다.

학자들이 주장하는 학설적인 논리도 중요하고 경험자들이 말하는 현장경험도 중요 하지만 이제 우리는 백지 상태에서 주님 앞에 겸손히 무릎을 꿇고 주님의 도우심을 받아야 한다.

언제나 그랬듯이 세상을 변화 시키는 것은 무력이나 어떤 힘이 아니라 우주만물을 다스리시는 만왕의 왕 되시는 그 분만이 역사를 주도하심을 바로 알고 전적으로 그 분을 바라보는 길만이 유일한 대안임을 알고 있다.

중국의 영혼에 대해 중국의 영혼을 사랑 하시는 분은 오직 주님 이시다. 우리는 그 분이 사용 하시는 도구에 불과 하기에 절대적으로 그 분의 지혜를 구하며 그 분의 뜻 을 바로 아는 길만이 시대를 향한 우리에게 주어진 사명임을 망각 하지 말아야 한다.

중요한 것은 우리 속에 변질 되어진 영성을 새롭게 회복 하는 길이 우선적으로 해야 할 일이다. 하나님과의 관계성의 회복이 우선시 되어야 한다는 사실 이다.

문제는 그 어떤 수단이나 방법이 아니라 오늘 우리가 새롭게 다시 한 번 주님의 심성으로 돌아가자는 것이다. 주님이 원하시는 것이 과연 무엇인지 주님은 우리들을 통해서 무엇을 요구 하시는지 아는 것이 급선무라는 것 이다.

주님의 심정을 가지고 세상을 바라 볼 수 있어야 한다. 지금 주님이 중국에 오시면 무엇부터 먼저 하실 런지 우리가 알지 못한다면 우리의 사역 자체가 하나님과는 아무런 연관성이 없다는 사실 이다.

오늘날 많은 사람들이 나름대로 주의 일을 한다고 동분서주 하지만 주님과 관계가 없이 자기 뜻대로 자기의 주관대로 자기의 방법대로 자기의 고집대로 자기의 철학대로 하나님의 일을 하는 사람들이 많이 있다는 사실 을 간과해서는 안 된다.

매사에 우리는 주님과 동행 한다고 말 하면서도 무엇이든지 주님께 물어보지 않고 결정해 버리는 경우가 많이 있다.

마치 사사기에 나오는 사사시대에 "그 때에 이스라엘에 왕 이 없으므로 사람이 각기 자기의 소견에 옳은 대로 행 하였더라"(삿 21:25) 는 방식과 다를 바가 없다는 것 이다.

우리가 살고 있는 지금의 시대는 하나님의 구원역사의 마지막 때를 살아가고 있다고 볼 수 있다.

우리가 원하는 방식으로 사역을 하는 것이 아니라 주님의 원하시는 방식과 이 땅에 살고 있는 중국인들이 필요로 하는 방식으로 선교의 패러다임을 새롭게 구조 조정 해야 한다는 것을 명심해야 한다.

지금 중국은 전 세계인들 보다도 자국민과 전 세계에 흩어져 있는 화교들을 통해서 중국사역이 아름다운 방식으로 진행 될 수 있기를 원하고 있음을 우리는 알아야 한다.

그러기 때문에 우리들 에게는 중국사역을 위한 시간이 많지 않다는 사실 이다.

중국은 정치, 경제, 역사, 문화, 종교 까지도 자국민들을 통해서 이루어 나 갈 것이다. 세계인들의 간섭을 원하지 않을 뿐만 아니라 간섭 할 수도 없다는 사실을 우리는 일지기 간파 하고 이에 대한 새로운 대책이 수립 되어야 할 것이다.

21 세기에 중국은 절대 강국으로서 세계를 지배해 나가려고 만반의 준비를 이미 갖추어 두었다. 중국이 종이호랑이 불과 하지 않다는 사실을 우리는 갈수록 분명히 알게 될 것이다. 지금 중국은 강, 온 양면 정책을 통해 수위를 적당히 조절해 가고 있음을 인식해야 한다.
중국은 특유의 중화사상을 통해 전 세계를 장악해 나갈 것이다.
중국은 무한한 잠재력을 가진 나라임에는 틀림이 없다. 이제 우리 한국과 한국교회가 현실을 직시 하고 중국과의 아름다운 하아모니를 이룰 수 있도록 대안을 준비해야 한다.
중국과 한국은 역사적으로나 지리적으로 불가분리의 관계임을 부인 할 수 없다. 한국이 일본과 중국 사이에서 샌드위치로 전락 될 것이냐 아니면 양국 사이에서 원만한 동반자 내지는 협력자의 역할로 나 갈 것이냐의 갈림길에 서 있기 때문에 우리는 정신을 차려야 한다.
한국역사를 살펴보면서 정치인으로 인하여 한국의 국운이 융성 해진 것이 아니라는 사실이 역사가 증명을 하고 있는 시점에 한국교회의 역할과 사명이 그 어느 때보다도 중차대한 기로에 서 있음을 알아야 한다.
이제 우리 한국교회가 중국선교 아니 세계선교를 새롭게 디자인 할 때가 왔다는 사실을 인정하고 하나님의 구원역사의 전환점을 만들어 갈 수 있기를 기대해 본다.

76. 사천성 대지진, 시대를 향한 주님의 경고

최근 미얀마 에서 싸이크론이 발생해 수십만이 목숨을 잃었는가 하면 지난 5월 12일에 발생한 사천성 원촨(沅川) 지역을 중심으로 일어난 대지진을 통해 작금의 사태를 보면서 시대를 향한 하나님의 뜻 과 섭리 앞에 우리는 겸손히 무릎을 꿇어야 함을 교훈을 삼아야 한다.

지금 중국은 올림픽을 목전에 둔 상태에서 티벳 분리 독립운동, 조류독감 문제 그리고 사천성 대지진이 발생하여 중국 정부가 적잖은 고민을 하고 있음을 알 수 있다.

이번에 발생한 대지진에 대해 "1976년도에 발생한 '탕산(唐山)대지진'보다 더 크다" 는 발표를 원자바오 총리를 통해서 이미 밝힌바 있을 정도로 엄청난 인류의 대재앙 이라고 해도 과언이 아니다. 한반도 면적(220,000평방키로)의 절반 정도(100,000 평방키로/우리나라 면적 99,000평방키로)의 지역이 지진의 피해권역 이며 경제 손실액만도 74조원 이라는 천문학적인 발표가 이를 증명해 주고 있는 현실 이다.

중국 사천 성 대지진을 향하신 하나님의 인류를 향한 경고성 메시지를 우리는 간과해서는 안 될 것이다. 실로암 망대가 무너져 18명이 죽임을 당한 사건을 통해 우리 보다 저들의 죄가 더 많은 것이 아니라 "너희도 만일 회개하지 아니하면 다 이와 같이 망하리라"(눅13:4,5)는 강력한 메시지를 오늘날 우리에게 던지고 있음을 알아야 한다.

또한 우리 주님은 "너희가 천지의 기상은 분변 할 줄을 알면서 어찌 이 시대는 분변치 못하느냐"(눅12:56) 고 말씀 하고 있다.

먼저 우리는 대지진을 통해 이 시대를 향하신 하나님의 경고성 메시지를 알아야 한다. 지금 이야말로 우리 모두는 하나님 앞에 겸손히 회개할 때라는 것이다.

 하나님은 끊임없이 시대를 향해서 메시지를 보내고 있다. "너희도 만일 회개하지 아니하면 다 이와 같이 망하리라" 우리들을 돌아보면서 회개 할 수 있는 것 자체가 축복이 아닐 수 가 없다. 회개 하는 자만이 살 수 있다는 것이다.

 자신의 죄와 민족의 죄 그리고 우상을 섬긴 죄, 믿음대로 살지 못한 죄, 말씀에 순종 하지 않은 죄 등을 회개해야 한다. 회개만이 민족과 국가 그리고 세계를 살릴 수 있는 길이다.

 나아가서 우리는 주님이 오실 때가 임박 했다는 메시지를 알아야 한다. 성경이 경고하고 있는 마지막 종말에 일어날 현상들이 지금 그대로 이루어지고 있는 시점에 와 있음을 분명하게 알 필요가 있다. 그러므로 우리는 "깨어 있어야 한다." 는 주님의 경고를 가슴 깊숙이 간직하고 정신을 차려야 한다. 중국만의 일이 아니다.

 중국을 통해서 인류에게 주는 메시지로 받아야 한다. 이 지구상 어디라도 절대적인 안전지대는 없다는 사실도 우리는 분명히 알아야 한다.

 뿐만 아니라 복음의 시급성을 우리는 망각해서는 안 된다는 사실 이다. 인생은 내일 일을 모르는 불확실성의 존재 이다.

 하나님의 구원 역사는 현재 진행형 이다. 믿음의 사람들이 구원의 절대가치를 인정 하면서도 구원의 시급성에 대해서는 관심이 없다.

 내 자신, 내 가정, 내 교회, 내 민족, 내 국가 외에는 관심 밖의 대상 이다. 오늘 우리는 글로벌 시대에 지구촌 에 살고 있다.

 중국만의 문제가 아니라 이제는 전 세계가 동일시 할 수 있어야 한다. 수많은 선교사들이 지금 아브라함처럼 고국을 떠나 제 3 세계 에서 선교 적 사명감 하나로 살아가고 있다.

전도와 선교는 선택사항이 아니라 필수라는 재인식이 필요 하다. 국내뿐만 아니라 문화권을 달리 하는 해외선교 에도 관심을 증폭 시켜야 한다.

선한 사마리아인 과 같은 마음의 자세가 시대적으로 필요 하다고 볼 수 있다.

우리 한국교회는 시대적 사명감을 가지고 이 시대에 주님이 진정 으로 원하는 일에 관심을 가져야 한다. 중국선교는 시대적으로 구원사적 으로 볼 때 중심에 와 있음을 알아야 한다.

이러한 때에 전 세계교회가 중국교회를 향해 긍휼의 마음가짐을 필요로 하고 있다는 것을 보여 주어야 한다. 차제에 중국교회도 더욱 겸손의 본 을 보여 주어야 할 때이다.

하나님 앞에서는 교만은 더 이상 설 자리가 없다는 사실도 명심해야 함은 당연한 것이다. 중국정부도 더 이상 이 땅에 들어와 사역을 하고 있는 선교사들을 더 이상 핍박 하지 말기를 촉구 하고 싶다.

중국정부가 복음을 제대로 이해하여 주었으면 한다. 진정한 기독교의 복음은 사회구원 보다는 개인 영혼구원에 초점을 맞추고 있다. 개인의 영혼이 구원 받아야 천국에 들어간다는 것이 기독교 복음의 핵심이요 근간 이다.

구원 받은 영혼들이 세상 속에서 그리스도인으로 빛의 역할과 소금의 역할을 제대로 감당하게 되면 사회는 순화되어지고 아름다워 질 수 있다는 사실 이다. 문제는 그리스도인의 사회적 역할 자체가 문제인 것이다.

중국이 이제는 거역 할 수 없을 정도로 세계의 중심 국가로 부상 하고 있음을 모두 다 알고 있다. 중국의 문제는 이제 전 세계의 문제로 투영 되고 있다는 사실도 간과 할 수 없는 사실 이다. 중국 정부가 세계 속에서 올바른 방향을 잡을 수 있는 아름다운 조타수 역할을 해 주기를 기대 한다.

19 세기에는 영국의 문화가 세계를 지배 하였으며 20 세기에는 미국의 문화가 전 세계에 영향력을 미쳤지만 이제 21 세기에는 중국의 문화가 세계에 영향을 미치고 있다고 해도 과언이 아니다.

전 세계 인구의 1/4 을 차지하고 있는 중국은 서서히 '중화주의' 사상을 중심으로 세계의 패권주의를 준비 하고 있지만 그렇게 되기 위해서는 중국이 기독교 문화를 제대로 수용 할 때 만이 가능 하다는 사실 또한 간과해서는 안 된다는 사실 이다.

지금 중국은 사천 성 대지진으로 인하여 중국인들 가슴속에 영적 대공황을 맞이하고 있다고 해도 과언이 아니다.

중국의 희망은 복음밖에 그 무엇도 불가능 하다는 사실을 바로 알았으면 한다. 텅 빈 가슴속에 주 예수 그리스도로 채워 줄 수 있을 때 환경과 상황을 초월한 평강이 넘치게 된다는 사실 이다.

이 땅에 들어 와 사역을 하고 있는 선교사들 에게 그리스도를 마음껏 전할 수 있는 무대가 펼쳐 질 수 있기를 기대해 본다.

그리스도의 복음은 중국의 체재를 위협 하는 것은 절대로 아니다. 오히려 애국주의를 통해 중국을 더 사랑 하게 할 뿐 만 아니라 진정한 애국이 무엇 인지를 가르쳐 준다는 사실 이다.

상대적으로 열악한 복지시설이나 장애인에 대한 배려 그리고 열악한 환경을 변화 시킬 수 있는 것은 복음의 능력만이 가능 하다는 사실 이다.

중국정부가 복음의 본질을 바르게 재평가함으로 이 시대를 향하신 주님의 경고성 메시지에 귀를 기울이고 진정한 국민을 향한 대의 정치가 성실과 공의 그리고 정직을 바탕으로 아름답고 조화롭게 세워 질 수 있었으면 한다.

국가는 진정 국민을 위하고 국민은 참으로 애국 애족 하며 이웃을 내 몸 같이 사랑 할 수 있는 아름다운 사회가 세워 질 수 있기를 기대 하면서 우리 주님이 중국에 긍휼을 베푸시며 축복 할 수 있기를 기대해 본다.

77. 새로운 패러다임을 요구하는 중국선교

연이어 조류독감 문제가 발생하여 또 한 번의 홍역을 치루는가 싶더니 이번에는 사천 성 대지진 문제로 인하여 전 중국은 물론 전 세계가 촉각을 세울 수밖에 없는 상태에 이르게 됨으로 중국정부가 지금은 상당히 긴장을 하고 있는 시점에 와 있음으로 인해 우리들의 중국선교에 대한 전략도 불가피 하게 수정 할 수밖에 없다는 사실 이다.

이제 중국은 서서히 세계의 중심 국가로 부상함과 동시에 지리적으로나 경제적으로 세계선교의 중심 위치에 놓여 있다고 해도 과언이 아니다.

중국을 둘러싸고 있는 16개 국가 가운데 선교학적인 중요한 용어인 10/40 창문 역할을 하는 곳이 바로 중국을 중심으로 하는 국가들이기 때문 이다. 중국과 인접한 국가 가운데 인도의 인구가 11 억 이며 러시아를 포함한 15개 국가의 인구를 합친다면 전 세계 인구의 2/3 정도이기에 중국을 중심으로 한 선교 질서의 재편은 불가피한 실정 이라고 볼 수 있다.

하나님의 구원 역사의 중심축이 이제는 이미 중국을 통과 하고 있으며 중동을 복음화 하는 일들이 우리 세대에 관심의 초점 이라고 볼 수 있다.

사도바울이 이미 로마서 9장~11장을 통해서 밝혔지만 주님의 마지막 관심은 이스라엘 민족의 구원임을 분명히 알고 이를 간과해서는 안된다는 사실 이다.

이제는 우리가 총력을 다 해 주님의 최대 관심지역인 이스라엘 복음화 이전에 중국을 복음화 하여 십자가의 군병으로 무장을 하게하고 중국교회로 하여금 중동선교를 담당 할 수 있도록 해야 한다.

이 시대에 성경이 예언한 대로 처처에 기근과 지진이 일어나며 여기저기서 수많은 거짓 선지자가 출현하여 택하신 자라도 미혹하고 있는 이때에 우리는 영적인 잠에서 깨어 일어나 정신을 차리고 우리에게 주신 대 사명을 위해서 앞장서야 할 때 이다.

우리 주님은 지금도 우리를 향해서 ·근신하라 깨어라'고 말씀 하시며 "시험에 들지 않게 깨어 있으라."고 요구하심을 잊지 말아야 한다.

죽어가는 수많은 영혼들의 울부짖음을 들을 수 있는 귀가 열려지기를 바라며 영안이 열려 시대를 바르게 볼 수 있는 영적안목을 지닐 수 있기를 촉구 한다.

이제 우리가 살고 있는 이 시기는 분명 ·자다가 깰 때가 되었다'는 사실을 식시해야 함을 잊지 말고 무사안일 주의적인 사고의 틀을 과감히 떨치고 분연히 일어서야 할 때이다.

시대를 향하신 주님의 구속사적 계획을 우리는 성경을 통해 바르게 알 수 있기를 바란다. 홍수시대 에 마실 물이 없듯이 말씀의 홍수시대를 살아가는 이 시대에 갈급한 영혼들이 우리 주변에 많이 있음을 아는 것이 중요 하다.

우선적으로 하나님의 종들부터 깨어 일어나야 한다. 기도 하는 일과 말씀 전하는 일들을 위해서 전심전력 할 수 있어야 한다.

한 영혼이라도 더 주님께로 인도하기 위한 영혼에 대한 몸부림이 있을 때 주님이 기뻐하신다는 사실을 우리는 알고 영혼 구령에 불타는 심정을 가 질 수 있기를 기대해 본다.

마지막 때 의 선교는 사도요한 과 같은 순교자적인 영성을 가진 사람들이 많이 일어나야 한다. 목회를 실패한 사람들이나 부교역자만의 경력만을 가지고 선교현장에 뛰어 들어서는 안 되는 것은 선교사는 우리나라를 대표하는 민간 외교관과도 같은 사람이기에 선교사 일수록 그 자격기준에 엄선된 사람들이 선교현지에 파송 되어져야 한다는 사실 이다.

한국교회는 부교역자들의 퇴출 장소 내지는 무분별 하게 열정 하나만으로 선교사들을 쉽게 파송하는 우를 범해서는 안 된다는 것 이다.

목회사역에 경험도 없는 자 들을 선교지로 내몰아 파생 되어지는 순기능적 측면보다는 역기능적 측면들이 많다는 사실을 도외시 말아야 한다.

이제 우리 한국교회는 미국 선교사들로부터 복음을 받아 들인지 벌써 120 년의 세월이 지나갔기에 성숙한 선교의 모델이 되어져서 제 3 세계 교회들 에게 구심점의 역할과 사명을 감당 할 때임을 자각해야 할 때이다.

이제 세계교회는 한국교회를 주목 하고 있다고 해도 과언이 아니다.

미국을 비롯한 유럽교회가 복음의 사양길을 걷고 있는 반면에 한국도 서서히 복음이 퇴색 되어지는 조짐을 보이고 있어 우려 되지만 중국교회는 지금 강력한 성령의 역사로 부상하고 있기에 우리 한국교회가 시대적 사명을 감당 하는 일에 더욱 매진해야 한다. 다시 한 번 초대교회로 돌아가는 운동을 통해 교회의 순수성과 거룩 성은 물론 시대를 향한 선교사명에 불타오를 수 있기를 기대해 본다.

 중국선교의 새로운 패러다임의 출발점은 언제나 그랬듯이 사역자들을 통해 먼저 강력한 회개 운동을 통한 성결운동이 우선적으로 일어나야 한다.

 그리고 말씀운동과 기도운동을 통해 영적 각성운동이 수반 되어 질 때 비로소 사역에 임할 수 있음을 우리는 분명히 알고 있어야 한다.

 그리고 변화된 사역자들을 통해서 선교지가 새롭게 회복 될 수 있다는 사실을 성경은 분명히 우리에게 그 방향성을 제시해 주고 있다.

 중국이 다양한 선교전략을 요구 하고 있는 것은 그만큼 사역지가 방대함과 동시에 다민족 국가이기에 맞춤식 선교전략이 구축 되어져야 할 것 이다.

 비근한 예로 중국은 한 지역(성 단위)을 한 개 국가로 보고 전략을 세워야 한다.

 전 세계 인구의 1/4 을 차지하고 있는 중국은 신 중국 건설을 기치로 미국에 버금가는 패권주의를 구축함으로 중화사상을 중심으로 비상하고 있기에 우리 한국이 각성 하지 않으면 주변국가로 전락 할 수밖에 없다는 사실을 직시해야 한다.

 중국은 전 세계에 흩어져 있는 화교자원을 극대화 하고 있다. 8,000

만 명의 화교자원이 중국의 든든한 우군 역할을 하고 있기에 중국은 이제 외국자본이 없이도 스스로 일어 설 수 있는 역량이 준비 되어져 있어 담대하게 세계를 향해 포효 할 수 있다는 사실을 우리는 자각 하고 이에 대비 할 수 있기를 기대해 본다.

한국교회도 하나님의 구속사적인 경륜 속에서 거시적인 안목과 혜안을 통해 시대를 관조 할 수 있기를 기대 하면서 세계 교회사 속에 아름다운 역량을 통해 역할과 사명을 감당 할 수 있었으면 한다.

전 근대적인 사고와 구조를 과감히 탈피 하고 '하나님의 나라'라는 구조 속에서 '하나님의 교회'를 세움과 동시에 '하나님의 선교'라는 대명제 아래서 새로운 패러다임을 구축 함 으로 세계교회 를 리더 할 수 있는 리더쉽을 발휘 할 수 있기를 기대해 본다.

78. 중국선교, 화교자원을 네트웍 하자

1992 년도에 한, 중 수교 이후에 한국과 중국의 관계가 이명박 대통령의 중국 방문을 기점 으로 ·'전략적 동반자적 관계'로 격상 되면서 한국교회의 중국선교도 다시 한 번 새롭게 재정립 하면서 향후의 중국선교에 대한 새로운 방향과 비전 그리고 대안을 제시 하고자 한다.

이러한 때에 우리는 중국사역에 대한 새로운 이정표를 제시 할 수 있는 방향설정 내지는 향후 한, 중 관계를 고려하면서 세계역사와 구원 사속에 중국을 향한 하나님의 섭리 그리고 한국교회의 역할과 사명에 대한 고찰을 필요로 하는 시점에 와 있다고 볼 수 있다.

지금 중국은 대재난 이라고 할 수 있는 사천 성 대지진을 통해 전 중국이 하나로 단합 하면서 새롭게 응집력을 가지고 결집 하고 있다.

중국 정부로서는 올림픽을 앞두고 티벳 문제로 세계의 이목이 집중되고 있는 시점에 사천 성 대지진을 통해 모든 민족이 하나로 결집 될 수 있는 기회를 맞이하게 되었다. 사천 성 대지진 에 대한 재난 극복을 위해 남녀노소 빈부귀천을 막론하고 전 국민이 일치단결하여 총력을 다 하고 있는 모습이 연일 메스컴을 통해서 국민들의 마음에 감동을 가져다주고 있다.

이번 대지진을 통해 사람들의 마음속에 두려움과 공포가 있는 반면에 복음에 대한 수용성이 커졌다는 사실 이다.

하나님의 구원사역이 예루살렘을 출발하여 로마와 영국으로 그리고 태평양을 건너 일본을 거쳐 한국으로 다시 한국에서 복음이 역수출 되어 중국을 통해 중동지역을 거쳐 예루살렘이 복음화 됨으로 이스라엘 민족이 하나님 앞으로 돌아오게 되면 구원역사의 대단원의 막을 내리게 된다고 볼 수 있다.

이번 대지진이 일어난 사천 성 원천현장의 중심부근인 스팡 이라는 지역은 불교가 가장 왕성한 지역임과 동시에 중국 공산당의 창시자라고 볼 수 있는 모택동과 개혁 개방의 설계자인 등소평의 고향에 지진이 일어나 많은 피해를 가져다주었다.

그리고 몐양 이라는 지역은 중국의 핵시설이 밀집된 지역으로 군사 전략 요충지이기도 하다.

이번 대 지진 으로 공산당을 창건한 제1세대와 제2세대의 고향 마을, 중국의 핵시설이 위치한 전략적인 장소가 전 세계에 공개 되었다는 사실이 우리에게 시사하는 바가 크다고 볼 수 있다. 하나님은 우주 만물을 창조 하시고 다스리시며 절대 주권자임과 동시에 역사를 주관하시며 예수님이 이 땅에 오심으로 인류역사의 분기점이 되었다는 사실도 역사가 증명하고 있다.

 이러한 때에 우리는 다시 한 번 하나님의 섭리 앞에 경외심을 가지고 시대를 바르게 관조 할 수 있는 안목이 열려지기를 기대 한다.

 이번 대지진이 가져다주는 교훈 앞에 우리는 경거망동 하지 말고 우리에게 주신 기회를 선용 할 수 있었으면 한다. 구원역사의 주체는 하나님이시기에 그 분이 그 분의 방법대로 역사를 이루어 나가심을 잊지 말아야 한다.

 전 세계에 흩어져 있는 화교자원이 중국의 입장에서 보면 자원의 보고 와 다를 바가 없다. 중국정부는 적극적으로 화교자원을 인정 하고 중국전역을 화교들에게 개방함으로 저들의 자본과 인력을 십이분 활용 하고 있다고 해도 과언이 아니다.

 홍콩을 비롯하여 대만은 물론 싱가포르와 말레이시아등 에 편재 되어 있는 화교자원을 이제는 선교 동력 화 할 수 있어야 한다.

 화교인적 네트윅을 통한 중국 복음화는 오래전부터 진행이 되어 왔지만 한국의 선교 단체들이나 한국교회간의 네트윅 구축은 저들과는 상반된 사역을 해왔다고 볼 수 있다.

 한국에도 화교 교회들이 있지만 이방인 취급만 하였지 상호협력 문제는 관심 밖이었다고 볼 수 있다. 이제 한국교회도 화교권에서 사역하는 선교사들을 매개체로 해서 전 세계에 흩어져 있는 화교권을 활용함으로 중국 선교의 동반자적인 전략을 수립 할 수 있기를 촉구 한다.

화교 인적 네트웍 구축은 선교의 효율성과 긴밀성은 물론 중국과 같은 특수 상황에서 최대한의 선교 네트웍을 통한 중국선교의 제반 편의성을 가져다주기 때문 이다. 중국에서의 우리 한국 교회가 설 수 있는 자리는 서서히 한계성이 있다고 볼 수 있다.

이러한 때에 한국교회는 중국선교에 대한 개 교회 주의나 개 교단 주의를 지양 하고 서로 협력과 공조체재를 구축함으로 체계성 있는 시스템을 구축 하여 발전 지향적으로 나아갈 수 있어야 한다.

그동안 화교들로 인한 중국선교 복음화에 미친 영향력은 측량 할 수 없을 정도라고 해도 과언이 아닌 것은 동일 민족이기 때문 이다. 중국선교를 논할 때 화교를 도외시 하고 중국선교를 예기 해서는 안 된다.

대만을 비롯하여 싱가포르와 홍콩 그리고 전 세계에 디아스포라처럼 흩어진 화교들로 인하여 중국선교에 지대한 영향력을 지속적으로 끼쳐 왔음을 우리는 인정해야 한다.

화교 인적 네트웍 구축은 이 시대에 주님이 원하시는 중국선교의 한 방편 이라고 볼 수 있다. 화교들은 그동안 고국을 떠나 타국에서 생활하면서 열심히 일하면서 재정적으로 부족함이 없으며 언어 구사 능력 또한 문제가 없다. 중국정부는 얼마 전부터 화교 자원을 포용 함 으로 중국의 경제발전을 위한 한 축으로 인정 했다는 사실 이다.

지금 중국은 시대적인 변화나 환경적인 변화로 인하여 복음이 가일층 속도를 내고 있다.

할 수만 있으면 복음화를 위하여 동원 할 수 있는 모든 가능성의 문을 열어 두고 창의력을 통해 중국의 복음화를 앞당길 수 있는 길을 모색해야 할 것 이다. 오늘 우리는 시대를 바르게 관조 할 수 있는 안목을 가지고 능동적 로 대처 할 수 있어야 한다.

중국 복음화는 곧 바로 세계 복음화의 지름길 이라는 사실을 알아야 한다. 중국을 핵심으로 하여 중국을 둘러싸고 있는 16 개 변방 국가의 중요성은 차지하고라도 지금 전 세계는 중국을 필요로 할 수 밖에 없는 사실을 우리는 간과해서도 안 된다.

이러한 때에 우리 한국교회는 이 시대에 우리에게 주신 중국선교의 중요성을 다시 한 번 알게 됨으로 마지막 때에 우리에게 주신 믿음의 분량을 따라서 최선의 노력을 다해 선교 할 수 있기를 기대해 본다.
 하나님은 중국 복음화를 위해서 일지기 화교자원을 다양한 모습과 방법으로 예비 하시고 때가 되시매 아름다운 모양으로 사용 하시는 모습을 바라보고 중국을 사랑 하시는 하나님의 아름다운 계획을 보면서 감사 하지 않을 수 없다.
 중국 변방에 인접해 있는 16 개 국가를 이미 복음화 할 수 있는 자원을 예비해 두셨다는 사실 이다.
 이제 우리는 전 세계에 디아스포라 마냥 흩어둔 화교자원을 통해 중국 복음화를 위한 병기임을 바로 아는 것이 중요 하다.
 중국과 변방 16 개 국가를 합치면 전 세계 인구의 2/3 를 차지하는 선교의 황금 어장임을 바로 알고 중국을 중심으로 한 세계 복음화의 새로운 질서가 구축 될 수 있기를 기대해 본다. 이 일을 위해서 우리 한국인들 역시 전 세계의 선교자원 으로 예비해 두셨기에 우리 민족이 이 마지막 때에 주님 앞에 선교를 위해 아름다운 모습으로 쓰임 받을 수 있었으면 한다.

79. 상생과 윈, 윈(win-win)전략을 통한 효율성

우리가 살고 있는 세상은 생존경쟁이 치열 한 사회이기에 살아남기 위해서는 수단 방법을 가리지 않고 불굴의 투지와 정신으로 험한 세파와 싸워 나갈 수밖에 없는 현실에 처해 있다.

최근에 이명박 정부가 탄생한 이후로 정국의 난맥상 가운데 하나인 인사문제로 인하여 불거진 권력 암투만 보더라도 여실히 증명 하고도 남음이 있다.

성경을 통해 보더라도 이삭의 가정에 리브가를 통해 쌍둥이가 출생이 되는 가운데 뱃속 에서부터 에서와 야곱이 치열한 경쟁을 하면서 출생하는 장면(창 25:19-26) 이나 예수님 당시에도 제자들 간에 보이지 않는 가운데 치열하게 자리다툼을 하는 장면 (눅 9:33-34) 그리고 자기자녀를 위한 좋은 자리를 부탁하는 어머니의 모정 가운데서도 잘 나타나 있다.(마 20:20-28) 사람이 살아가는 현장 에서는 언제 어디서나 정도의 차이는 있을지언정 끊임없는 자리다툼 내지는 세력다툼이 벌어질 수밖에 없음을 보여 주고 있다.

목회현장 이나 선교현장도 예외는 아니다. 선교지에서 선교사들 간에 협력선교를 통한 조화와 균형을 추구해야 함에도 실상이 그렇지 못해 서로간의 불신의 벽을 뛰어넘지 못하는 경우로 인해 사역의 순기능적인 면 보다는 역기능적인 면으로 인하여 공감대를 형성 하지 못하고 사역에 어려움을 당하기도 한다.

교회도 교회 간에 서로의 벽을 허물고 진정한 하나님의 나라를 위한 큰 안목을 가져야 함에도 보이지 않는 경쟁원리로 인해 오히려 사회의 지탄을 초래함으로 서로 간에 불신의 장벽은 높아 가기만 한다.

　선교현장의 사역이 깊이를 더 할수록 폭넓은 사역을 할수록 교회와 목회자들 그리고 동역 자들 간에 바람직한 커뮤니케이션을 통한 올바른 파트너쉽 관계가 이루어졌으면 하는 바램 이다. 선교하는 교회와 선교 지는 서로 상생관계가 중요 하다고 볼 수 있다.
　세상 모든 일들이 상대방이 없는 일이란 있을 수가 없기 때문 이다. 신학자 마틴 부버가 말한 것처럼 '나와 그것'과의 관계가 아닌 '나와 너'의 관계가 정립이 올바로 되어 질 때 비로소 관계형성을 통한 사역이 아름다워 질 수 있다는 사실 이다.
　한국교회가 선교의 붐이 일어나면서 부터 무분별하게 경쟁적으로 너도 나도 선교현장에 뛰어 들면서 선교현장에 질서는 사라져 버리고 조화와 균형은 깨어지고 말았다는 사실 이다.
　우리 모두는 다 같은 하나님의 자녀임에도 서로가 융합 하지 못하고 교회 간에 목회자간에 질시와 반목이 존재함으로 세상이 보는 기독교의 가치관이 이미 상실 된지 오래 되었다고 볼 수 있다. 서로 사랑 하라고 하신 주님의 말씀은 구호로만 메아리칠 뿐 말씀을 실천 하는 능력은 용도 폐기처분 되고 말았다.
　세상이 보는 기독교가 독불장군 식 이나 유아 독존 격이 되어서는 안 된다. 이제는 성숙한 기독교의 모습을 보여 줄 때가 되었다. 세상 속에서 빛 과 소금의 역할과 사명이 아름답게 나타날 수 있어야 한다. 선교지와 교회 간에도 서로 상생의 관계로 나아가야 한다.
　'나만 살고 너는 죽는'식이나 '너만 살고 나는 죽는' 것도 아닌 '나도 살고 너도 사는' 윈윈(win-win) 전략을 통한 목회 지나 목회자 그리고 선교 지나 선교사간의 아름다운 조화와 균형을 통한 아름다운 역사가 나타날 수 있기를 기대해 본다.

오늘날 우리가 살고 있는 사회도, 국가도, 지구촌도 마찬 가지다. 서로가 살 수 있는 상생의 길과 윈윈(win-win)의 길을 도외시 하면서 자구책을 마련하지 않는다면 모두 공멸 하고 만다는 공통분모를 인식하고 있기에 국가 간에 사회 간에 서로 대화와 타협을 통한 새로운 패러다임을 모색 하고 있다.

각자의 영역에서 나름대로의 사회적 책임을 서로가 감당해야 한다는 사실 이다. 우리의 몸도 어느 한곳이 부조화를 이루게 되면 각 기능이 면역성을 상실 하게 되어 결국에는 중대한 질병으로 발전 하듯이 모든 면에 조화와 균형을 통한 상생과 윈, 윈(win-win)으로 양방 간에 의사와 소통이 있어야 한다.

효율적인 중국선교를 위해서 현지에서 사역하는 선교사들도 이 문제를 고민 할 수밖에 없는 것은 언젠가는 주님 앞에서 결산할 날이 있기 때문 이다.

교회를 섬기는 목회자나 신학생들을 섬기는 신학자들이나 선교 지를 섬기는 선교사들 모두가 이 문제에 대해서 진지한 자기 성찰을 통한 바람직한 주님이 원하는 방향으로 나아가야 함을 잊지 말아야 한다.

주님을 향한 열정과 헌신만으로 감당하기 어려운 난제들이 우리 앞에 거대한 장벽으로 닥아 올 때가 많이 있다.

지금 시대는 세상의 지혜가 충만하고 세상의 지식이나 학문이 가득한 시대 속에서 그리스도인 으로 정체성을 가지고 세상 속에서 살아가는 일들이 쉬운 일 만은 아니다.

갈수록 사단 마귀는 여러 모양과 방법이나 수단을 통해서 믿음으로 세상을 정복 할 수 없도록 곳곳에 함정과 올무를 놓아두고 우리들의 약점을 이용 할 뿐만 아니라 방심한 틈을 이용하여 신앙을 약화 시키고 있음을 알아야 한다.

중국교회도 이번 사천 성 지진을 통해서 다시 각성 하고 일어날 수밖에 없는 현실에 처해 있다. 이제 우리들의 선교 방식이나 방법을 새롭게 현실 상황에 맞도록 재정비해야 할 때이다. 중국교회와 한국교회 그리고 중국 목회자들과 한국목회자들 그리고 선교사들이 서로 상생과 윈, 윈(win-win)전략을 통한 아름다운 조화와 균형 감각을 가지고 나아가야 한다.

민족주의를 극복하고 주님의 심정을 지니며 안목을 넓게 하면서 시대를 향한 하나님의 뜻을 펼칠 수 있기를 기대 한다.

국제정세가 다변화 하는 가운데 하루를 예측 할 수 없는 불확실성의 시대에 예기치 못한 난기류가 형성 되어 지고 있으며 자원의 고갈이나 자연재해를 통한 천재지변 현상 이 계속적으로 발생 하고 있다.

오늘 우리는 시대를 바르게 볼 수 있는 영적 안목을 지니고 영적 지도자로서 세상을 향해 선지자적인 사명을 제대로 감당해야 될 때 이다.

교회나 지도자들이 세상을 리더 할 수 있어야 함에도 불구하고 오히려 세상에 뒤쳐지고 있는 우리의 현실 앞에 안타까움을 토로 할 수밖에 없다.

포스트모더니즘 시대에 다양한 가치관이 난무 하고 있는 오늘의 현실 앞에 바른 진리의 말씀 으로 세상을 바르게 진단하고 허울 좋은 군상들 앞에서 세례요한 같은 사명을 가지고 "회개하라 천국이 가까이 왔느니라" (마3:2) 는 말씀처럼 시대를 향해 파수꾼과 같이 바른 청지기 적인 삶이 있어야 할 것이다.

표면적으로는 라오디게아 교회의 성도들처럼 " 나는 부자라 부요하여 부족함이 없다 하나 네 곤고한 것과 가련한 것과 가난한 것과 눈먼 것과 벌거벗은 것을 알지 못하는 도다" (계 3 :17) 라고 말씀 하시는 주님의 음성에 우리는 귀 기울여야 한다.

지금 우리가 살고 있는 시대는 분명히 말세지말 임을 시대의 징조를 통해 알고 있다. 이미 성경이 말씀 하고 있는 종말의 징조가 곳곳에 일어나고 있음으로 우리를 향한 영적 각성을 요구 하는 것을 알아야 한다.

마치 노아 시대처럼 "홍수전에 노아가 방주에 들어가던 날까지 사람들이 먹고 마시고 장가들고 시집가고 있으면서 홍수가 나서 그들을 멸하기까지 깨닫지 못하였으니 인자의 임함도 이와 같으리라" (마 24:38-39)는 주님의 경고를 기억해야 할 것 이다.

주님의 때가 얼마 남지 않은 시기에 우리는 상생과 윈, 윈(win-win) 전략을 통해 주님의 마음을 잘 알고 주님이 원하시는 방법으로 주님의 나라를 이루어 날 갈 수 있기를 기대해 본다. 고도의 전술 전략을 통해 우리를 미혹하는 사단 마귀의 유혹에 떨어지지 않도록 정신을 차리고 근신하여 깨어 있을 때만이 중국선교는 물론 세계선교 그리고 목회현장도 더욱 풍성 하게 될 것 이다.

80. 새로운 비전을 제시해야 할 중국선교의 전환점

　지금 우리가 살고 있는 오늘의 세계는 미국 에서 출발한 금융 위기의 도미노 현상으로 인해 국가들이 부도가 나고 기업들과 가정들이 위기로 내몰리면서 개인의 운명도 일촉측발의 위기국면에 진입 하였다고 볼 수 있다.

　반면에 새로운 변화를 부르짖는 미국인들의 '변화와 개혁'에 힘입어 제 44 대 대통령에 아프리카 출신의 흑인인 버락 오바바가 대통령에 취임을 하면서 새로운 질서가 재편이 되는 시점에 와 있다.

　경기의 침체가 경제 불황을 가져 오고 실업자들이 속출 하면서 국가마다 비상운용 시스템을 가동 하면서 경제 살리기에 올인 하면서 최선의 노력을 경주 하고 있다.

　전 세계의 경제 지표가 모두 마이너스 성장을 보여 주고 있는 가운데 중국만이 유일하게 플러스 성장의 지표가 유일한 희망을 가져다주고 있는 것은 유럽과 미국 중심의 질서의 축이 서서히 아시아, 태평양 시대의 문화권으로 그 중심축이 이동하고 있다고 보는 것은 무리한 추론 일거라고 예측 하면서 우리는 현실의 사태를 주시 할 수밖에 없다고 본다.

　지금 유럽과 미국을 중심한 서구교회가 서서히 문을 닫고 있다고 보아도 과언이 아니다. 물질문명이 가져다 준 결과 신앙은 형식적 이고 의식적 이며 하나님에 대한 헌신과 열심은 마치 무화과나무의 잎은 무성 한데 열매 없는 무화과처럼 변질이 되고 저들의 '처음 사랑' 이 식어지고 있기에 물질문명으로는 더 이상 희망이 없다는 사실을 보여 주고 있음을 우리는 간과 하지 말아야 할 것 이다.

아시아 특히 한국을 중심으로 선교 운동이 강력 하게 일어나고 있음에 우리는 감사 할 뿐 이다. 한국교회 선교 역사 120 여년 만에 2 만여 명의 선교사를 전 세계에 파송을 할 수 있었던 것은 참으로 주님의 은혜가 아닐 수 없다.

그러나 오늘의 한국교회 역시 선교운동이 시들어 지고 있음을 우리는 직시해야 한다.

한국교회에 다시 한 번 성령의 능력으로 인한 강력한 선교운동이 일어 날 수 있기를 기대해 본다. 그렇지 않으면 선교의 촛대마저 우리 주님께서 중국이나 다른 나라에 옮기신다면 우리 한국에는 아무런 비전을 제시 할 수 없을 뿐 제 3 국가로 전락해 버리고 만다는 사실 이다.

중국은 하루가 다르게 급변해 가고 있기에 그 속도를 전세계 어느 나라도 감히 흉내 혹은 모방을 할 수 없을 정도 이다. 지금 중국은 1 세대(모택동), 2 세대(등소평), 3 세대 (강택민),을 거쳐 4 세대 (후진타오)를 맞이하고 있는데 2012 년도가 되면 새로운 5 세대(시진핑) 가 출범 하게 되어 있다.

중국의 정치 프로그램은 예측 할 수 있을 정도로 조직과 질서 속에서 조화와 균형을 통해서 아름답게 진행 되고 있다. 그런데 최근에 중요한 정보는 5 세대를 책임질 세대가 되면 중국의 기독교가 자연스럽게 외국에 개방이 될 것이라는 조짐이 보여 진다는 사실 이다.

중국 정부는 서양의 기독교를 받아들이는 것보다는 한국형의 기독교를 받아들일 채비를 지금 하고 있다는 사실 이다.

중앙정부 에서 한국형 기독교를 연구 하고 있다는 사실을 우리는 염두에 두고 우리도 이에 새로운 비전을 제시 할 수 있도록 한국교회가 준비 하지 않으면 안 된다는 사실 이다.

한국의 60년대의 새마을 운동을 중국 정부가 많은 정부의 관리들을 보내어 연구와 더불어 훈련을 시키고 있다는 사실을 바로 알아야 한다. 이제 우리 한국교회가 새롭게 변화 하지 않는다면 시대적인 사명을 감당 할 수 없다는 사실을 우리는 알아야 한다.

한국교회에 주신 축복은 인적자원 이다.

각 전문 분야에 신앙으로 무장한 아름다운 주의 일꾼들이 도처에 예비 되어 있다. 그리고 선교를 위한 물적 자원도 이제 부터는 더 많이 준비해야 할 것 이다.

때가 되면 우리 하나님께서 우리 민족의 숙원인 남, 북 의 통일도 허락 할 것 이다. 우리는 이 모든 때를 위해서 앞서서 준비 하지 않으면 그 무엇도 감당 할 수 없을 것 이다.

지금 전 세계가 위기라 해도 과언이 아닌 이때에 우리 모두는 분연히 일어 설 때 이다. 민족의 위기 만 아니라 세계적인 위기의 때에 교단과 교파 그리고 개 교회를 초월 하여 하나님의 선교 명령을 수행 할 수 있는 만반의 준비가 되어져 세계를 향한 새로운 비전을 우리가 저들에게 줄 수 있어야 한다.

위기는 곧 하나님의 일하심의 기회이기에 우리는 하나님을 자원으로 마지막 시대에 마지막 주자처럼 자리에서 일어나야 할 시점에 와 있다.

영적으로 준비된 자만이 시대를 바로 볼 수 있기에 우리는 깨어 기도 하면서 주님으로 부터 주시는 메시지에 귀를 기울여야 한다.

전 세계를 향한 우리들의 중보기도 사역이 이제는 아름다운 꽃을 피울 수 있는 때가 왔다는 사실 이다. 우리 한국 민족은 위기 때에 강하다는 사실을 역사가 우리들에게 증명을 하고 있다. 세계는 물질문명으로는 한계가 왔다는 사실을 증명이라도 하듯이 현실적으로 보여 주고 있다.

지구상에는 24,000 종족이 살고 있는데 아직도 10,000 여 종족은 복음을 접하지 못하였으며 지구상 에는 약 6,700 언어가 사용되고 있는데 번역된 성경을 가지고 있는 언어는 3,000 언어에 불과 하다는 것이다.

복음과 교회가 유럽에서 왕성 할때는 유럽이 세계 역사의 중심에 있었으며 미국교회가 왕성 하고 선교가 일어날 때 미국이 세계 역사의 중심에서 오랫동안 역할을 하였는데 지금은 아시아 특히 중국교회가 부흥하고 있기에 중국이 세계사의 중심이 될 가능성이 커지고 있다.

우리는 '일어나 함께 가자' 는 메시지를 전 세계를 향해서 외칠 준비를 해야 한다.

중국교회 지금 그동안 축적된 힘을 응집하여 세계선교를 위해서 일어나려고 용틀임 하고 있는 것을 전국사역을 하면서 볼 수 있다.

과연 어느 나라가 주님의 손에 붙잡혀 마지막 하나님의 구원 역사에 마지막 주자로 쓰임 받는지 오직 주님의 뜻에 준비된 자만이 쓰임 받는다는 사실을 우리는 명심 하고 새로운 시대에 새로운 비전을 제시할 수 있도록 준비해야 할 것 이다.

새로운 시대는 새로운 패러다임을 필요로 하지만 언제나 우리는 하나님의 말씀 중심으로 강력한 중보기도를 통해 '하나님의 나라' '하나님의 선교' 라는 대명제를 가지고 믿음으로 전진 할 수 있기를 기대 한다.

하나님을 원동력으로 삼고 우리 시대에 우리를 중심으로 역사가 진행될 수 있는 새로운 비전이 우리로 부터 출발 할 수 있기를 기대 하면서 비상 할 수 있기를 바라본다.

81. 중국선교, 한국교회에 새로운 방향 제안

중국을 둘러싸고 있는 선교의 환경이 가져다주는 변화가 우리가 예측할 수 없을 정도로 진화 하면서 그 패러다임이 놀라울 정도로 예측 불가능 할 정도의 시스템으로 변화 되고 있다. 이제 우리는 중국선교에 대한 새로운 방향을 설정 할 수밖에 없는 현실을 이해하는 것이 중요하다고 볼 수 있다.

그동안 한국교회는 중국선교에 대해서 1992 년도부터 한, 중 수교 이후에 다양한 모습으로 중국선교에 특별한 관심을 가지고 경쟁적으로 공격적인 선교를 해 왔다고 해도 과언이 아니다. 그 결과로 오히려 중국정부를 자극함으로 인하여 득 보다는 실이 더 많았음을 시인 할 수밖에 없다.

중국선교를 시작하기 전에 우리는 중국교회를 그리고 중국을 제대로 연구 하지 않았기 때문에 가져온 결과이기에 고비용을 치를 수밖에 없었다는 사실 이다.

무엇보다도 한국인 특유의 기질로 인하여 화합과 일치를 추구 하면서 섬김의 정신 보다는 중국인에 대한 우월주의가 가져다주는 폐해 성 으로 인하여 실패를 자초 할 수밖에 없었다는 사실 이다.

중국 기독교의 역사는 우리보다도 80 년 정도 앞서 있다는 사실 이다. 중국교회가 작년에 선교 200 주년을 맞이 한데서 알 수 있다.

중국의 공산당 은 불과 60 년의 역사(1949 년 공산당 창건)에 불과 하다는 사실 에서 우리는 중국을 새롭게 이해하여야 하는 당위성을 가져야 한다.

중국을 제대로 이해하기 위해서는 중국역사를 바로 알아야 하며 중국 기독교 역사를 제대로 이해 할 수 있어야 중국과 중국교회를 제대로 볼 수 있다는 사실 이다.

 반면에 중국 교회는 문화 대혁명(1966-1976)으로 인하여 수많은 고난과 역경 그리고 환난을 경험 하면서 연단되어지는 가운데 성숙 되어 졌다고 볼 수 있다.

 그런 가운데 공산당 창건과 동시에 정부 주도의 삼자교회가 새롭게 등장 하면서 중국의 기독교는 양분 되어지는 아픔을 겪기 시작 했다는 사실 이다.

 그 결과로 지금 중국의 기독교는 양극화 현상을 더욱 심화 시키게 되었으며 서로가 불신과 불화를 통해 갈등 구조로 가고 있다는 사실 이다.

 삼자교회가 새롭게 출현 하면서 중국정부 에서는 삼자교회 위주의 정책을 지향 하고 있으며 가정교회는 불법종교로 규정하였기 때문에 지금도 가정교회의 종교 활동이 법적으로 보장을 받지 못함으로 인하여 여전히 고난을 통해 아픔을 겪고 있다는 사실 이다.

 지금은 중국의 종교정책이 '2008 년 베이징 올림픽' 이후로 다소 완화 되었지만 여전히 통제 가운데 있는 것은 당연 하다고 볼 수 있다.

 갈수록 중국 선교의 환경이 악화되어지고 있는 실정이 우리들의 선교가 위축 될 수밖에 없다는 사실 에서 새롭게 선교방향의 수정을 요구하고 있다는 사실 이다.

 지금 한국에는 중국에서 유학 온 학생들이 최근의 통계를 보면 56,000 명 정도 이다. 한국교회가 더 이상 특별한 경우 외에는 가급적 중국에 선교사를 파송 하지 말고 이미 파송된 선교사를 돌아보고 섬기는 사역을 할 수 있기를 요청 한다. 반면에 자기 스스로 한국을 찾아와서 유학하고 있는 유학생들에 대한 새로운 대책 마련이 시급 하다고 볼 수 있다.

지금 한국에 들어와 있는 유학생들은 대부분 중국에서 부유한 계층에 속한 자녀들 이라는 사실 이다. 이제 우리 한국교회는 유학생에 대한 새로운 선교 방향을 모색해서 저들이 고국에 들어가기 전에 그리스도의 복음을 통한 사랑의 실천 그리고 교육을 통한 제자 양육에 초점을 맞추었으면 하는 바램 이다.

중국 사회는 급속히 변화 하고 있는데 그 속도는 괄목 할 정도 이다. 이후에 저들이 고국에 들어가면 저들에 대한 중국 정부의 새로운 고민이 시작 될 것으로 본다. 그 이유는 이미 한국에서 4 년~6 년의 기간을 통해 저들의 사고가 유연화 되었으며 한국문화에 많이 길들여져 있다는 사실 이다.

오늘의 세계는 글로벌 시대를 통하여 국경의 의미가 많이 퇴색되어지고 있으며 지구촌이 거의 일일 생활권 으로 변화 되었기에 중국 정부도 부득불 변화에 대한 새로운 선택을 하지 않을 수 없는 기로에 서 있다고 볼 수 있다.

중국은 2012 년이 되면 새로운 지도자가 세워진다. 중국의 제 2 대 국가 주석인 등소평 이후에 수많은 중국의 젊은이 들이 서방 세계로 유학을 갔으며 그 시대의 사람들이 중국에 많이 돌아 왔다.

그리고 한, 중 수교가 이루어진 이래 한국 에 들어 온 유학생 들이 이제는 얼마 있지 않아 10 만 명 이상이 될 것으로 보는 것은 매년 중국의 수능고사 수험생이 1,000 만 명을 넘고 있는 반면에 학교의 수용인원의 한계로 대학에 들어갈 학생들의 수가 600 만이라는 사실에서 더 많은 유학생들이 몰려들 것이다. 중국은 한해에 졸업하는 대학생들이 대략 700 만 명으로 추산 하고 있다.

한국의 대학들이 중국 학생들과 동남아 등지에서 온 학생들로 채워져 가고 있는 가운데 한국교회는 캠퍼스 사역의 강화를 재검해야 할 것이다.

우리 한국교회는 중국선교를 근시안적인 시각 보다는 거시적인 안목을 가지고 새롭게 볼 수 있는 안목들이 열려졌으면 하는 바램 이다.

중국선교는 이제 한 단계 업그레이드되어야 중국교회를 제대로 섬길 수 있다는 사실 이다. 교회당을 건축해 주는 문제 보다는 중국교회의 지도자 들을 양육해 주는 문제가 더욱 시급 하다는 사실 이다.

한국교회의 아름다운 신앙적 전통문화를 중국교회와 더불어 나눌 수 있기를 기대 한다. 지식적인 전달교육도 중요 하지만 섬김과 영성 그리고 봉사와 희생을 통한 하나님 나라에 대한 인식이 새롭게 전개 되어야 한다.

중국교회와는 대등한 형제교회라는 관점으로 서로의 부족함을 채워 줄 수 있는 아름다운 선교문화가 형성 되어 지기를 기대 한다.

이제 중국교회는 서서히 선교하는 교회로 변화되고 있음을 우리는 바로 알고 할 수만 있으면 '현지인으로 하여금 현지선교 전략'을 모색 하면서 동반자적인 아름다운 문화를 통해 아름다운 동행이 되었으면 한다.

현지에 보내는 선교사들에 내해 역량 있는 헌신 자들이 파송되어 지고 더 이상 중국을 선교 실험적인 인식을 바꾸어야 한다.

중국교회가 이제는 중동을 선교 할 수 있는 준비를 하고 있음을 우리는 간과해서는 안 된다. 중국의 기업인들 가운데 선교를 위해서 헌신하는 사람들이 많이 일어나고 있다는 사실 이다. 중국교회가 중동선교의 전진 기지가 되어 지고 젊은이들이 중동에 파송이 되어져 주님의 마음을 시원케 하는 일에 우리 모두가 연대감을 가지고 협력 할 수 있어야 한다.

한국교회의 유일한 희망은 '선교하는 한국교회'가 되어 지기를 기대 한다. 주님이 교회를 설립 하신 목적 자체가 영혼을 구원하기 위함 인데 결국은 구원받은 영혼들이 최종적으로 해야 하는 일이 선교 이다.

선교를 위해 우리 모두는 아름다운 모습으로 세우셨기에 그 목적에 부합할 수 있도록 한국교회가 다시 한 번 영혼구령과 선교를 위해서 매진 할 수 있기를 촉구 한다.

82. 새로운 전술과 전략이 요구되는 중국선교

미국으로부터 시작된 금융위기가 전 세계적으로 불어 닥치면서 유럽의 몇 개 국가가 국가부도 사태를 가져 오는가 하면 일본경제의 종착역이 어딘지 모를 만큼 파급효과가 커지고 있는 시점에서 서서히 출구가 아득하게 보이기 시작했다.

금융위기의 사태는 결국 선교지에 그 영향력을 극대화하기에 이르러 많은 선교사들이 사명감과는 상관없이 선교 지를 떠날 수밖에 없는 상황에 부닥치고 말았다.

고환율이 가져다주는 폐해는 가뜩이나 힘든 선교지에 믿음으로 사역

하는 선교사들 에게는 치명적인 상황을 연출 하고 있음은 익히 아는 사실 이다.

중국의 화폐단위인 위안화는 천정부지 모르게 인상이 되어 작년에 비해 선교비가 거의 반 토막이 될 수밖에 없는 현실을 현지에서 살아가는 선교사들의 허리를 더욱 조여들게 만들어 가뜩이나 어려운 선교사들의 목줄을 잡고 있어 위기 상황 가운데 돌파구를 찾기 위한 몸부림을 칠 수 밖에 없음을 보여 주고 있는 오늘의 현실 이다.

이런 상황 가운데 처해있는 선교지의 현실에 대해 한국교회는 아예 무관심 이다. 한국교회는 '보내는 선교' 에 대해서는 세계 2 위를 자랑할 정도로 열정을 가지고 개 교회나 선교 단체나 교단 적으로 경쟁적인 파송 대열 에서 사명을 감당해 왔다고 볼 수 있다.

선교지에 대한 기본 이해는커녕 아무런 대책도 없이 무조건 보내고 보자는 심정으로 일관해 온 것 이다.

한국교회의 교회성장은 그 유례를 찾아 볼 수 없을 정도로 괄목할 성장을 이루어 왔으며 반면에 세계선교에 앞장선 선교 열정도 전 세계의 연구대상이 될 정도의 수준에 이르렀음을 보여주고 있다. 파송된 선교사 가운데 과반수 이상은 지금도 선교지 에서 열악한 환경 에서 오직 믿음으로 주님을 바라보며 묵묵히 선교사명을 감당하고 있다는 사실 이다.

이제 우리 한국교회는 지금 부터라도 보내는 선교에 대해서는 신중을 기울여 주었으면 하는 비램 이다. 보내는 것이 중요하지 않다는 것이 아니라 앞서 보내어진 선교사들을 체계적으로 관리 하는 것이 더욱 소중 한 과제라고 생각 한다.

조직적 이면서 체계적인 시스템을 통해 이미 전 세계로 보내어진 선교사들을 보듬어 안아주는 사역이 필요함은 당연 하다.

새로운 선교의 전술과 전략이 필요 하다는 사실 이다. 이제는 새롭게 전열을 재정비 할 때가 온 것이다. 선교는 개 교회나 개 교단 그리고 선교단체를 망라하여 종합적 이며 체계적인 관리를 필요로 하는 통합 시스템을 필요로 한다.

'하나님의 나라' '하나님의 선교'라는 대명제를 바탕 로 새로운 패러다임을 구축해야 할 시점에 와 있다는 사실 이다.

산술계산적인 경쟁적 시스템 로는 발전이 없다. 선교의 시스템은 모든 것을 총망라 하여 하나님의 관점 에서 새롭게 출발해야 한다는 사실 이다.

세상은 지금 시시각각으로 변화해 가고 있는데 우리는 거기에 바르게 대처 할 수 있는 전술과 전략이 필요함은 우리 모두의 과제라고 생각 한다.

갈수록 중국에는 선교사들이 설 자리가 차츰 줄어들고 있다는 사실은 고무적 이라고 볼 수 있다. 중국 자국민들의 선교 적 열정이 이제는 서서히 기지개를 켜면서 부상 하고 있다는 사실 이다. 중국교회가 선교하는 교회로 일어서고 있음을 곳곳에서 감지되고 있음을 알 수 있다.

그동안 우리 한국교회는 전 세계 선교에 앞장서 왔다는 사실을 부인 할 수가 없다. 그 결과로 우리 대한민국에 주시는 축복은 가히 상상을 초래 할 정도 이다.

이제 우리 대한민국은 전 세계에서 중요한 자리를 차지해 가고 있는 현실 에서 다시 한 번 우리 한국교회가 선교를 재점화 시킴으로 하나님의 구원역사에 앞장서야 할 것 이다.

 독수리가 창공을 비상 하듯이 우리도 거시적인 안목을 가지고 새로운 패러다임을 구축하여 비상해야 할 것 이다.

 이제는 전 세계가 한국을 필요로 하는 시점에 와 있다. 차제에 우리 한국교회가 소아병적인 반목과 질시 에서 벗어나 큰 가슴을 지닌 그리스도인답게 보이지 않는 영성과 영적인 파워를 가지고 리더 할 수 있기를 기대해 본다.

 21 세기는 미국 주도의 일방적이며 패권주의 적이 아니라 미국 과 중국이 동반자적 으로 주도하는 새로운 질서 가운데 국제질서가 새롭게 재편이 되고 있는 시점에 와 있음을 알 수 있다. 이러한 때에 우리 한국의 위상도 갈수록 그 영향력을 확대 재생산 하고 있는 가운데 한국교회의 선교역사도 새롭게 쓰여 져야 할 것 이다.

 '세계 중심의 국가' 로 발돋움 하려고 전 방위적으로 포석을 하고 있다. 이러한 때에 우리 한국도 나라를 새롭게 정비하여 나아가야 할 것 임은 자명한 일이다.

 '하나님의 구원역사의 중심' 에 설 수 있도록 한국교회가 분발하여 심기일전해야 할 것 이다. 다음세대를 준비하는 한국교회가 새로운 시스템을 구축하여 세계교회에 영적대안을 제시 할 수 있도록 되어야 할 것 이다. 한국교회의 중요한 자산은 '영적 자산' 인데 이를 잘 관리 하고 육성 발전 시켜야 할 것 이다.

 이제는 균형적인 감각을 가지고 상호 보완적인 자세로 나아가야 한다. 동반자적인 자세로 서로 존중하는 문화를 만들어 가야 할 것 이다.

 하나님의 은혜로 구원 받은 우리가 시대적인 안목을 가지고 근시안적

이며 전근대적인 자세를 버리고 아름다운 기독교 문화를 창출해 나아 갈 수 있기를 기대 한다.

하루가 다르게 급변하는 시대의 흐름 속에서 예지예정의 안목으로 세상을 리더 할 수 있어야 한다. 세상을 리더 할 수 있는 지도자들을 양성하여 각 분야 에서 리더쉽을 발휘 할 수 있는 감각을 갖도록 해야 할 것 이다.

중국선교는 새로운 전술과 전략을 필요로 하는 시점에 와 있다. 이제는 삼자교회니 가정교회니 하는 이분법적인 사고를 지양하고 '하나님의 교회'라는 구도적인 관점으로 직시 할 수 있어야 할 것이다.

섬김의 정신과 협력을 통해 아름다운 선교문화를 만들어 갈 수 있어야 한다. 앞으로 2~3 년 후에는 중국선교의 환경이 획기적으로 변 할 것으로 내다본다.

중국이 새로운 제 5 세대가 들어서는 2012 년 에는 대외적으로 교회를 개방 할 것으로 전망 할 수 있다. 선교의 환경도 다변화 할 것임은 자명 하다.

이러한 때를 위하여 우리는 새롭게 대비하지 않으면 희망이 없다. 새로운 전술과 전략을 개발 하여 전진 할 수 있기를 기대해 본다.

83. '전략적 민첩성'이 요구되는 중국선교

유럽의 경역석학 이브 도즈(DOZ) 인시아드(INSEAD) 교수는 '전략적 민첩성'에 대해 '항해'에 빗대어서 "폭풍우가 치는 바다를 건널 때

무작정 처음 항로로만 고집 하다가는 파도에 휩쓸려 난파할 가능성이 크다. 바람과 파도의 흐름을 읽으며 수시로 방향을 바꿔야 목적지에 도달 할 수 있다" 고 했다.

오랜 기간 동안 중국사역을 하면서 결론을 예기 하자면 중국선교는 도식화되고 정형화된 메뉴 얼의 바탕 위에 치밀한 준비를 필요로 하지만 '전략적 민첩성'이 요구 되고 있다는 사실 이다. 갈수록 중국사역이 마치 난공불락의 요새처럼 여겨지는 여리고성 럼 견고해 보이지만 믿음으로 바라보면 허상에 불과한 모래성과도 같다는 생각 이다.

언젠가는 사단 마귀의 견고한 진 이 여리고성처럼 일순간에 믿음 앞에 허물어지고 말것이기에 환경을 초월하는 믿음이 요구 된다고 볼 수 있다.

기업인들의 경영전략 에서 우리는 많은 것을 벤치마킹 하여 새로운 패러다임을 구축하여 실시간으로 변화에 대처 할 수 있는 '전략적 민첩성'을 현장 에서 수용 할 수 있어야 한다.

이에 대해 성경은 잠언 24:6절에 "너는 전략으로 싸우라 승리는 지략이 많음에 있느 니라" 고 했다. 현장사역을 하는 현지 선교사들의 공통된 고민은 변화에 능동적으로 대처 할 수 있는 민첩성이 약하다는 것이다.

결국은 재정능력에 따라 사역의 향방이 결정 되어 지기 때문에 쉽지 않다는 것 이다

선교는 사역을 통해 사람을 키우는 일에 실패를 하게 되면 결국에 가서는 사역자체가 허물어지기 때문에 주님이 원하는 주님의 마음에 합한 지도자를 키우는 일이 선교사역의 성패를 가늠 할 수 있는 척도가

된다는 사실 이다.

　우리 주님도 3년 반 동안 12제자를 키우는 일에 심혈을 기울인 것을 통해 우리에게 하나의 모델을 제시해 주고 있다고 볼 수 있다.

　선교지의 상황은 특히 공산권이나 이슬람권 에서는 예측 불가능하기에 하나님의 지혜와 능력이 아니고서는 그 무엇도 감당 할 수 없다는 사실 이다.

　중국을 18여 년 동안 섬기는 가운데 현지에서 8년간을 살면서 고민한 문제 이지만 사람다운 사람을 키우는 일이 참으로 어려운 때로는 자신도 변하지 않는 가운데 주님의 제자를 만들어 낸다는 사실이 아이러니 하다.

　막연하게 선교지에 들어와서 피상적으로 보는 중국과 현지에 살면서 실제적으로 부딪치며 경험하는 중국과는 판이 하다는데 문제가 있다.

　사중경계를 하며 때로는 카멜레온처럼 야누스의 두 얼굴처럼 살아가며 사역을 한다는 일이 한계상황에 부닥칠 때가 난감 하다고 볼 수 있다.

　중국선교 특히 공산권 선교나 이슬람 문화권 선교는 치밀한 준비를 통해 전략적으로 대처 할 수 있는 민첩성이 요구되기에 고도의 전술과 전략이 필요 하다고 볼 수 있다. 그렇지 않으면 기회비용을 많이 지출 할 수 에 없다.

　우리가 살고 있는 시대는 더욱 깨어 경성 하지 않으면 사단의 전술전략에 무너지고 만다는 사실 이다. 매사에 모든 일에 신중함의 자세가 요구 된다고 볼 수 있다.

　중국 에서는 블로그가 차단 된지 이미 오래 되었으며 이메일 검색은 물론 한국에 들어 와 있는 유학생들이나 근로자들 가운데 상당수가 정보요원 으로 활동을 하기 때문에 예의 주시 하지 않을 수 없다.

한국교회의 중국선교 그리고 세계선교의 열정과 헌신은 이 시대에 우리에게 주신 주님의 선물임과 동시에 사명이기도 하다.

다시 한 번 동기부여를 통해 열정과 헌신의 가슴에 불을 지필 수 있는 원동력과 구심점이 있어야 한다.

한국교회가 보유하고 있는 영적자산(지적, 영적, 지능적, 문화적)이 세계선교를 주도 할 수 있도록 다방면에 걸쳐 다양한 모습으로 준비되어 있기에 유효적절하게 활용 되어 사역현장에 아름다운 모습으로 빛을 발 할 수 있어야 한다. 이제 우리의 사고는 근시안적인 생각을 버리고 거시적인 안목을 가지고 웅비의 나래를 펼쳐야 할 때 이다.

우리 한국은 126년의 기독교 역사(카톨릭 포함226년)를 가지고 있다. 선교지 현장 에서 교단 이기주의와 기득권을 내려놓고 겸손히 더불어 갈 수 있는 아름다운 하아모니를 연출 할 수 있어야 진정 성숙한 그리스도인의 모습 이다.

지금 세계는 국제화 되어져 가고 있으며 급속하게 변화 하고 있기 때문에 능동적으로 기민하게 변화에 대처할 수 있는 '전략적 민첩성'을 더욱 필요로 하고 있다.

사역현장에 거주하며 사역하는 것도 중요 하지만 이제는 '비 거주 선교사'로 사역을 하는 것도 더욱 효율성을 추구 할 수 있다.

선교지에서 얻은 선교정보를 서로 공유할 수 있는 네트웍을 필요로 할 수 있어야 한다. 더 이상 시행착오를 경험함으로 시간적 경제적인 손실을 발생 시키지 말아야 한다.

'하나님의 교회' '하나님의 선교' 라는 도식이 우리에게는 필요 하다. '나' 라는 개인 이기주의 에서 벗어나 '우리'라는 공통된 시각이 있어야 한다.

실적주의나 업적주의를 지양하고 주님 앞에서 사역을 할 수 있는 신실한 자세가 우리 모두에게 있어야 하는 덕목 이다.

선교지 일수록 사단 마귀가 더욱 극성을 부리는 것은 당연 하다고 볼 수 있겠다. 뿐만 아니라 우리나라의 대표적 이단종파들이 지금 중국에서 맹활약을 하면서 영혼을 도적질 하고 있다.

중국 현지에서 이단사역 전문가들이 활약할 수 있는 터전 마련이 시급 하다고 볼 수 있다. 이일을 위해서 대승적인 차원 에서 한국교회가 지원 하여 전문가를 현지에 파송하여 대처 할 수 있어야 더 이상 중국교회가 혼탁 하지 않고 교회의 거룩 성과 순결성을 유지 할 수 있도록 우리가 도와야 한다.

중국교회는 이단에 대해 무방비로 열려 있어 지금도 무수한 영혼들이 저들에게 도적질 당하고 죽임을 당하고 있는 현실 이다. 한국에서 활동 하던 대표적 이단들이 중국 에서 우후죽순처럼 맹위를 떨치며 활동을 하고 있다.

한국교회가 이 일에 대해 책임의식을 가지고 효과적으로 연대감을 구축하여 대책을 세우고 대처 할 수 있는 대안을 제시해 줄 수 있어야 한다.

이제 한국교회는 무분별 하게 선교사를 파송 하는 시대는 끝내야 한다. 양질의 선교사를 파송 할 수 있는 협력사역 시스템을 구축해야 할 때 이다.

개인의 자기 공명심이나 개 교회 주의 혹은 개 교단 주의를 앞세워 실적주의나 업적위주의 선교를 지양해야 한다.

더 이상 중국교회가 오염 되도록 방치 하는 것도 오늘 우리의 공동책임을 필요로 한다.

다시 한 번 중국선교를 냉철하게 재평가 하고 새로운 선교전략을 수립하여 저들의 순수한 신앙이 더 이상 훼손 되지 않도록 각성해야 할 때 이다.

초대교회와 같은 아름다운 교회 공동체, 선교 공동체로 회복될 수 있도록 최선의 노력을 경주하여 선교하는 중국교회로 세워질 수 있기를 기대한다.

84. 급변하는 시대 중국사역의 새로운 해법 찾기

시대의 환경이 급속도로 변화에 변화를 거듭 하듯이 중국사역 역시 시시각각으로 변화해 가고 있기에 교과서적인 원론적인 사역만 으로는 변화무쌍한 시대환경에 효율적 이면서 능동적으로 대처 할 수 없음을 알기에 '뱀같이 지혜롭고 비둘기 같이 순결하게' 하는 길만이 우리들의 사역을 더욱 아름다운 모습으로 나아 갈 수 있다.

지금의 세기는 힘의 논리를 앞세우는 미국과 중국이 한 치의 양보도 없이 마치 마주 달려오고 있는 기차처럼 극단적으로 대처 하고 있음으로 인해 주변의 여건과 환경이 다양한 모습으로 변화 하고 있다는 사실 이다.

지금 우리가 살고 있는 지구환경은 마치 종말을 향해 달려가고 있는 듯한 모습이 연출 되고 있는 시점 이다. 지구촌 전체가 지구 온난화의 영향으로 지진과 기근 그리고 홍수와 화산 폭발 등 다양한 모습으로 지구를 위협하고 있다고 해도 과언이 아니다.

이러한 때에 우리들은 외부적인 환경에 능동적으로 대처 할 수 있는 지혜가 필요 하다고 볼 수 있다.

중국의 선교 적 환경은 한치 앞을 내다 볼 수 없는 여건 이지만 시대를 바로 볼 수 있는 혜안이 필요 할 때 이다.

한국의 경우 선진국에 진입 할 수 있는 기회로 가느냐 아니면 통일한국을 통해 다시 한 번 웅비의 나래를 펼 수 있는 천재일우의 기회를 맞이할 수 있느냐 아니면 예기치 못 한 일들로 인해서 추락 하느냐 하는 중차대한 시점에 와 있다고 볼 수 있다.

중국은 제5세대가 시작되는 해 이다. 중국은 역사적으로 제1세대(마오져둥), 제2세대(등샤오핑), 제3세대(장쩌민), 제4세대(후진타오), 제5세대(시진핑)이 등단한다.

그동안 중국은 끊임없이 성장과 발전을 경험 하면서 안으로는 공산당 정부와 백성간의 이질감 문제, 소수민족들의 분리 독립문제, 다양한 욕구분출 해소 문제 등으로 고민 하고 있기에 더욱 체재를 강화해 나가고 있다.

밖으로는 미국과의 관계설정 문제, 북핵문제, 영토분쟁 문제, 세계 속의 중국의 역할 등 끊임없는 문제로 실타래처럼 엮인 내, 외간의 문제의 해법을 찾기 위해 동분서주 하고 있는 모습 이다. 중국의 정치체계는 국가수반(후진타오) 아래 총리(원자바오)를 중심으로 부총리들이 여러 명이라 서로 역할분담을 통해 조화롭게 움직이고 있다.

중국 백성들의 삶이 경제개방의 영향으로 다변화 하는 가운데 물질만능의 부익부 빈익부의 현상이 계층 간의 갈등으로 진화되고 있는 시점에 직면 하고 있다. 백성들의 공산당 정부에 대한 불신의 골은 갈수록 깊어지고 있는 현실 이다.

중국은 지금 자유를 만끽하고 있는 백성들을 통제하기에는 점차 어려워지고 있다. 종교문제 또한 갈수록 다양화 되어 지고 다변화하기에 새로운 해법 찾기에 고민 하고 있는 모습 이다. 기독교의 영향력 또한 사회문제로 대두되고 있는 환경이 조성되고 있다.

중국은 지금 생명력 없는 종교(이슬람, 불교, 도교, 이단 등)에 대해서는 관용정책을 통해 발전 시켜 나가는 모습이다.

기독교는 생명력이 있는 종교라는 사실을 공산당 정부가 알고 있기에 여러 방법과 모양을 통해 유형, 무형으로 보이지 않는 손이 작용 하여 기독교가 더 이상 발전 할 수 없도록 노력하는 모습이 보여 지고 있다.

 기독교에 대해서는 끊임없이 긴장의 끈을 놓지 못하고 있는 실정 이다. 교회를 보이지 않게 통제를 하며 중국교회의 목사들이나 사역자들을 끊임없이 감시체재(종교국, 통일전선부, 공안국, 안전국)를 동원 하여 사통팔방 으로 감시감독을 하며 특히 중국에 들어와서 활동 하는 선교사들의 동태는 철저히 파악하고 있는 것이 오늘 중국교회의 현주소 이다.

 지난 얼마 전에 홍콩에서 발표하기를 중국교회가 조만간에 개방 될 것이라는 것 이다. 차제에 분명히 알 수 있는 것은 중국정부는 체재를 위협하는 어떤 형태도 용납하지 않는다는 사실 이다.

 중국은 56개 민족이 공존하는 다민족 국가이기에 체재를 위협하는 어떠한 단체나 국가도 용납하지 않는다는 사실 이다.

 중국선교는 갈수록 앞이 보이지 않는 것 같아도 우리들은 믿음의 방법, 그리고 우주만물을 창조 하시고 섭리 하시며 다스리시는 하나님의 절대주권을 믿기에 '오직 믿음' 으로만이 중국선교를 가능케 한다는 사실 이다.

 우리보다도 더욱 중국의 영혼들을 사랑 하시는 하나님이시기에 하나님께서는 우리에게 때를 따라서 지혜를 공급 하셔서 중국교회와 중국선교가 효율적 이며 능률적이고 아름다운 방법으로 역사 하실 것을 확실히 믿는다.

 "이는 힘으로도 아니 되고 능력으로 되지 아니하고 오직 나의 영으로 되느니라"(슥4:6) 하나님의 은혜와 능력과 방법으로만 가능하기에 우리는 더욱 겸손히 그 분 앞에 무릎을 꿇고 그 분의 지혜를 갈구 할 뿐이다.

시대를 따라 역사 하시는 그 분의 은혜로 되어 지기 위해서 우리는 끊임없이 그 분 앞에 겸손해 질 뿐 이다.

인류 역사를 주관 하시는 하나님의 은혜가 하나님이 만드신 우주만물 위에 임할 수 있도록 기도 하자. 지금 우리가 살고 있는 시대는 한 치를 예측 할 수 없는 불확실한 시대에 살고 있음은 분명하다.

사람은 방법을 찾지만 하나님은 사람을 찾고 계신다.' 는 대명제 앞에 우리는 주님 앞에 발견되어 주님의 손에 붙들려 한 시대에 주의 영광을 위해 쓰임 받는 사람이 되어 질 수 있도록 다양한 황경과 상황에 대처 할 수 있는 준비가 되어 있어야 한다. 하나님의 은혜와 긍휼과 능력만이 이 시대를 살아가는 우리들의 유일한 희망 이라는 사실 이다.

중국선교는 하나님만이 주관하심을 잊지 말고 우리는 주님이 사용 하시는 다양한 도구임을 바로 알고 더욱 겸손의 자리에서 중국과 중국교회 그리고 중국성도들을 섬길 수 있는 섬김의 자리로 나아갈 수 있어야 한다.

한국교회는 중국선교를 새로운 각도에서 바라보고 주님의 심정으로 중국교회를 다시 볼 수 있기를 기대 한다.

세계선교를 향한 상호 동반자적인 마음을 가지고 겸손과 섬김의 주님의 정신으로 되돌아가야 한다. 모든 사역의 영역에서 아버지의 마음을 가지고 접근 할 수 있는 새로운 사역의 자세가 요구 되어 진다.

85. 중국선교의 과제와 방향

　중국을 30년 이상 섬기면서 중국의 정치, 경제, 문화, 역사, 종교 등을 나름대로 연구 하게 되었고 그 결과 중국의 비상을 우려할 수밖에 없는 현실 앞에 복음만이 희망을 제시 할 수밖에 없다는 결론을 내릴 수밖에 없습니다.
　유일무이한 복음의 능력만이 그리고 절대적으로 인류의 역사와 운명을 주장 하시는 하나님의 간섭만이 중국을 새롭게 변화 하게 함으로 세계를 섬길 수 있는 국가로 만들어 간다고 생각 합니다. 하나님의 구속 역사 가운데 이슬람 문화권의 중동은 중국을 통해서 변화를 가져올 수밖에 없다는 사실을 알게 되었습니다.

　중국정치는 특유의 사회주의 공산당 국가 이지만 경제는 자본주의를 능가하는 시스템을 가지고 운용 하고 있기에 경제에 대한 중국의 역량은 가히 세계적 이라 할 수 밖에 없습니다. 전 세계가 중국의 값싼 노동력으로 만들어지는 제품의 경쟁력으로 인하여 세계의 물가를 낮추고 있다고 해도 과언이 아니며 중국의 발전이 가져오는 영향력이 전 세계의 블랙홀이 되어 역으로 전 세계의 물건이 역수입 되는 아이러니를 가져 오고 있습니다.
　중국은 우리 대한민국을 다방면으로 연구하는 기관들과 사람들이 상상을 초월할 정도인 반면에 우리나라는 중국을 연구하는 사람들이 많지 않다는 사실에서 경쟁력이 뒤지고 있다는 사실이 위기로 대두되고 있는 오늘의 현실입니다.

더군다나 중국교회와 선교를 연구하는 기독교 전문가들 역시 극소수라는 사실이 다시 한 번 우리의 현주소를 드러내고 있는 한계상황 이라 생각 합니다.

　우리 한국교회를 향하신 작금의 상황에 대해 하나님은 우려를 하고 계십니다. 한국교회의 선교에 대한 열의가 이전에 비해 많이 축소가 되어 지고 있으며 선교자체가 현실성이 없이 전시성으로 단회적인 이벤트로 상품가치가 추락 하고 있다는 사실입니다.
　많은 한국교회의 목회자들이 주로 동남아로 몰려가는 현실이 선교를 빙자한 해외여행을 하고 있는 현실도 우리는 다시 한 번 선교에 대한 재정립이 필요 하다고 생각 합니다.

86. 한국교회에 주어진 과제

　우리는 다시 한 번 중국선교를 새롭게 조명해야 한다는 사실을 염두에 두어야 합니다. 21세기는 미국과 중국의 양대 체재 가운데 다시 러시아가 급부상 하고 있는 오늘의 시점에서 한반도의 정세는 한 치를 예측할 수 없습니다. 이제 우리 한국이 열강의 샌드위치로 끼여서 고민할 것이 아니라 역발상적인 사고로 우리나라 지도를 거꾸로 세워 보면서 무한한 잠재적인 나라가 다시 한 번 일어서야 할 때라는 사실입니다.
　한국교회는 전열을 새롭게 정비하여 마지막 때의 주자라는 사실을 망각하지 말고 깨어 일어나야 합니다. 교회는 선교적 공동체이기에 선교를 위해 총력을 다 해야 할 때이기에 한국교회와 성도들이 어리석은 부자로 전락하지 않도록 전 세계가 우리 한국을 필요로 하고 있으며 한국을 찾아 는 시점입니다.

K-POP 의 열풍이 나비효과를 통해 이제는 전 세계에 강한 돌풍을 동반하여 강력하게 몰아치고 있는 것은 한국교회를 향하신 하나님의 일하심의 시작 이라고 볼 수 있습니다.

지금 이야말로 선교의 호기임을 우리는 간과해서는 안 됩니다.

한국교회가 이 사명을 감당 하지 못하면 하나님의 촛대가 중국이나 아프리카로 갈 수 있다는 사실을 우리는 명심해야 합니다. 한국교회에 주신 무한한 잠재력인 영적, 인적, 물적, 자원의 가지고 이제는 전 세계를 향하여 비상해야 될 때입니다.

이제는 중국과 인도지역을 중심으로 한 세계선교의 시대입니다. 지금의 자리에서 깊은 안목을 가지고 멀리 내다 볼 수 있었으면 합니다.

우리 모두 각자의 위치에서 새로운 선교의 사도행전 29장을 쓸 수 있는 아름다운 역사가 많이 일어나기를 기대해 봅니다. 교회가 이 시대에 아름다운 모습으로 세계를 섬겨 나갈 수 있는 역사를 기대해 봅니다.

감사 합니다.